小白学理财系列

基金定投——投资小白盈利指南

于佳蓉 著

电子工业出版社

Publishing House of Electronics Industry

北京·BEIJING

内 容 简 介

随着国内外投资市场环境的变化，投资者的风险偏好也发生了巨大变化，无论是对个人投资者来说，还是对专业投资机构来说，投资难度均有所加大，对投资小白来说更是如此。他们中的很多人对市场上现有投资品种的种类还不了解，学习基金定投并让自己的资产不断增值似乎成为一件不得不做的事情了，本书就是专门为他们所写的。首先，教他们筛选适合自己的投资品种；其次，教他们筛选适合自己的基金产品，并说明为什么要做出这样的选择；最后，教他们用一套科学理财的思路来建立并管理基金投资组合。

图书在版编目（CIP）数据

基金定投：投资小白盈利指南 / 于佳蓉著. —北京：电子工业出版社，2021.9

（小白学理财系列）

ISBN 978-7-121-41598-2

Ⅰ. ①基… Ⅱ. ①于… Ⅲ. ①基金－投资－指南 Ⅳ. ①F830.59-62

中国版本图书馆 CIP 数据核字（2021）第 141205 号

责任编辑：黄爱萍　　　　　　特约编辑：田学清
印　　刷：三河市鑫金马印装有限公司
装　　订：三河市鑫金马印装有限公司
出版发行：电子工业出版社
　　　　　北京市海淀区万寿路 173 信箱　　　　邮编 100036
开　　本：720×1000　　1/16　　印张：18.25　　字数：318 千字
版　　次：2021 年 9 月第 1 版
印　　次：2021 年 9 月第 1 次印刷
定　　价：69.80 元

推荐序一

我很认同近年来比较流行的一句话：你永远赚不到超出你认知范围的钱！尤其是金融投资。比如，以前不懂金融投资的人如果想要获得高于定期存款的利率，一般都会选择银行或金融机构的固定收益类理财产品，但在 2018 年《关于规范金融机构资产管理业务的指导意见》出台后，理财产品市场发生了根本变化，固定收益类理财产品向净值类产品转化，净值类产品不再保本，甚至打破刚性兑付，很多投资者惊呼银行的理财产品怎么也会下跌！以前的固定收益类理财产品利用期限错配掩饰了产品价格波动的风险，净值类产品则实时反映了投资组合的价格变动，因而更加透明。

这几年，无论是投资市场，还是理财市场，都发生了较大的变化，银行及各类金融机构都推出财富中心、基金超市等，投资产品更加丰富，但对投资者来说，如何选择合适的产品的难度加大。2020 年是基金的丰收之年，购买基金的投资者都获得了不菲的收益，但进入 2021 年，市场发生了变化，跌破面值的新基金比比皆是，投资新手应该何去何从呢？佳蓉的《基金定投——投资小白盈利指南》这本书，首先教投资新手如何筛选适合自己的投资品种。其次，教投资新手如何筛选适合自己的基金产品，以及为什么要做出这样的选择。最后，教投资新手使用一套科学理财的思路与方法来建立并管理基金投资组合。这本书对投资新手来说无疑是一本非常实用的入门级教材。

诚然，这些入门知识不会使一个投资新手瞬间成为一名投资大家，但倘若一个投资新手不去学习这些基础知识，则必然不会成为一名市场赢家。古人云："九层之台，起于累土；千里之行，始于足下。"如果你是一个为自己的资产负责任的投资者，那么就请从佳蓉的这本书开始学习吧！

资深投资人 月风先生

推荐序二

    公募证券投资基金（简称公募基金）在我国已经发展了 20 余年，截至 2021 年 5 月，我国还在存续期的公募基金已经管理了 20 多万亿元规模的资产。可以说，伴随着我国证券市场的发展和壮大，公募基金在投资理财中扮演着越来越重要的角色。近年来，随着我国资本市场的完善，普通投资者从"股民"向"基民"转变的趋势越发明显。但是大部分的新"基民"到底对基金了解多少呢？他们应该如何在投资理财中善用基金这一投资工具实现财富的保值、增值呢？本书作为面向投资小白的普及性图书，将从公募基金的基础知识开始，为投资者讲解简单、易懂的基金定投方法，并为大家解答一些在基金投资中可能遇到的问题。

    工欲善其事，必先利其器。在学习基金定投的方法之前，我们需要了解一些投资的基本原理与公募基金的基础知识。无论你已经是"基民"还是准备参与基金定投，第 1 章的内容都是值得一看的。其实，在现代经济生活中，无论是直接投资还是证券投资，都遵循一些基本的规律和原则。那些反常识、反规律的投资项目或者金融产品必然会存在风险和瑕疵。公募基金是投资于股票、债券等标准化证券的金融产品，收益性、风险性和流动性是基金产品的主要特征。我们需要透过现象看本质，理解基金的收益来源、风险来源和特征，以及明白不同的基金具有不同的流动性，这才是做好基金投资的正确路径。

    基金本质上是由专业机构代替客户投资于股票、债券等证券的一种金融契约。由于广大普通投资者并不具备或者不完全具备专业分析股票、债券的能力，行情研判和组合管理的能力，风险控制和投资操作的能力，以及没有专业分析和管理的时间，所以选择以买基金的形式参与到证券市场不失为一个很好的途径。但是，买基金也需要做好必要的事前准备工作。基金产品是基金公司为自己的目标客户设计的产品，是针对某类客户而设计的。然而，每个投资者都有自己的投资禀赋、投资目标和投资周期，所以正确制订自己的投资计划，是做好基金定投的重要前提。本书的第 2 章会手把手教投资者做好基金定投前的准备工作。

本书第 3 章是非常核心的内容。在认真学完这章的内容后，投资者不仅可以对目前我国各类型的基金产品有较为全面和深入的了解，还能学到判断基金产品优劣、基金公司情况及基金经理能力的基本方法。我国的基金行业已经发展了 20 多年，随着证券市场的繁荣和丰富，以及我国居民理财需求的增长，基金产品的类型也层出不穷。从最早的股票型基金，发展到债券型基金、混合型基金、货币型基金等，可以说现在的公募基金基本上涵盖了从低风险到高风险不同风险等级的产品。产品虽然丰富了，投资者却遇到了问题：基金的数量那么多，我们应该如何挑选呢？本章将从基金的主要分类、基金的绩效评估和基金经理能力的考查等方面为投资者徐徐展开我国公募基金丰富多彩的画卷。

本书第 4 章将正式带领投资者学习买基金的技巧。如果说投资者通过前面的学习了解了如何规划自己的投资，选出了适合自己的基金产品，那么通过对本章内容的学习，投资者能够解决购买时间的问题。在证券投资中，择时是一个很宏大的议题，存在很多的争议。公募基金是专业金融机构用来进行证券投资的产品，所以本身可能具备主动择时的能力。对于择时能力强的基金，投资者只选择买入并一直持有就可以了。但是，大部分公募基金由于受各类监管及风控和考核制度的限制，本身并不会在择时上做太多的努力。这样一来，择时的问题就被抛给了投资者。但是普通投资者怎么能比专业金融机构在择时上做得更好呢？所以，大道至简，对广大普通投资者来说，不择时可能是更好的选择。于是，基金定投的基本理念就这样被摆在了普通投资者面前。

由于基金净值是随着证券市场的变化一直波动的，所以我们很难找到一个或者几个好的买点。那么我们就可以忽略基金净值的波动，以时间为准绳，按固定时间点进行平均投资，这样做的优点是可以摊平我们买入基金的成本，不至于在净值高点买入而在较长时间内被套牢。当然基金定投的方式还可以有很多变化，如估值买入法、分批等比例买入法和金字塔买入法等。

本书的第 5 章至第 7 章针对已经开始进行基金定投的朋友们，讲解了如何面对基金的盈亏、如何止盈止损及如何识别系统性风险等问题。证券投资既是技术，也是艺术，甚至是哲学。所以正确地认识风险，辩证地识别、接受和防范风险，是每一位投资者需要不断学习和积累的技能。虽然基金定投的方法已经在很大程度上帮助投资者解决了选股和择时的问题，但是并不意味着投资者可完全依靠这套方式高枕无忧地赚钱。投资本身是一个学习、成长和修炼的过程，基金定投可以将专业的投资逻辑和哲学思维带给投资者，但是并不代表投资者不需要学习和进阶。

第 8 章的内容涉及现代金融学的一些基础性理论，如果投资者具备一定的金融学知识，或者相信自己能接受挑战，那么可以好好学习一下本章的内容。

第 9 章的内容非常实用。对普通投资者而言，需要了解理财的基本知识和基本逻辑。金融行业一直是受政府高度监管的行业，是由这个行业的特殊属性决定的。所有的金融产品和投资项目在被卖给投资者的那一刻，并不能百分之百地确定收益，所以金融产品的风险识别是比较困难的。这也是在投资理财领域中总是出现道德风险的根本原因。我们只有不断学习各类金融产品的基本知识，了解这些产品的收益和风险的特性，才能理性地看待金融产品。请记住，贪婪和恐惧一直是我们做投资的敌人，只有跟随专业的人学习专业的知识，才能在市场中赚到合理的钱，避免掉进坑里。所以，聪明的你赶紧拿起本书学起来吧！

谢瑶博士

上海埃尘资产管理中心（有限合伙）总经理

前　言

基金定投是投资小白的必修课。对大多数投资小白来说，基金定投也许是性价比相对较高的一种投资方式。

基金定投是指投资者可以定期定额地申购（即买入）基金。其中，定期是指投资者可以在固定的时间内买入基金产品的份额，定额是指投资者可以以固定的资金额度对基金产品进行买入操作。当基金市场行情不好时，投资者可以在下跌行情中不断积攒基金份额；当基金市场行情很好时，投资者可以在上涨行情中不断收获基金净值。

在本书中，笔者将从 9 个方面来跟投资者分享与基金定投相关的知识点及投资经验。

在第 1 章中，投资者可以了解基金的基础知识，如基金代码、基金名称、基金类型、基金净值、基金份额、基金分红、基金回撤，以及基金的其他相关信息。此外，投资者还可以了解一些基金定投常见的观念误区，进而可以降低陷入投资误区的可能性。

在第 2 章中，投资者可以了解如何做好一系列的"定投前期准备工作"，如最适合定投的市场行情是怎样的、投资者的定投目标是什么、如何设置定投时长、如何设置每月合理的定投周期频率、如何设置每月合理的定投金额、定投方式有哪些、如何找到最适合自己的定投渠道、如何最大程度地节省定投费用，以及如何制订适合自己的定投计划。

在第 3 章中，投资者可以系统学习如何从八个方面来筛选一款优质的基金产品。

在第 4 章中，投资者可以学习怎么买基金与何时买基金的相关知识，即解决"怎么买"基金的问题。

在第 5 章中，投资者可以详细了解基金定投过程中的"烦心事"与"解决小妙招"，尽量少走弯路，进而早日实现不同人生阶段的财富小目标。

在第 6 章中，投资者可以学习怎么卖基金与何时卖基金的相关知识，即解决"怎么卖"基金的问题。

在第 7 章中，投资者可以正确认识基金定投与系统性风险，以及基金定投与非系统性风险之间的关系。

在第 8 章中，投资者会逐渐开始理解系统性风险是不可分散风险，而非系统性风险是可分散风险，可以通过构建有效的证券投资组合来合理分散或转移非系统性风险，该方法在基金定投的世界里是非常有效的。

在第 9 章中，笔者为投资小白梳理了一些实用的投资建议，具体包括写给投资小白的理财建议、投资小白购买银行理财产品的注意事项、投资小白购买私募基金的注意事项。

在投资理财的道路上，无论是投资小白还是经验丰富的高手，都要保持终身学习的心态。投资理财是一辈子的事，投资者要不断迭代自己的知识储备，学会以不变应万变。希望读者通过阅读本书，可以学会科学筛选基金、坚持科学基金定投，以及坚持科学投资理财。长此以往，我们的资产会不断实现保值与增值，我们的投资心态会更加理性平和，我们会有更多的时间去陪伴家人，会有更多的精力去做自己喜欢的事情，我们的生活也会更加美好。

最后，如果投资者在投资的过程中有什么疑问，可以关注笔者的公众号"佳话财智双全"并在后台留言。

于佳蓉

2021 年 6 月写于上海

目 录

第 1 章

初识基金与基金定投

基金定投是投资小白的必修课。在开始学习这门必修课之前，我们需要了解基金与基金定投的一些基础知识。

1.1 正确认识投资

对投资小白来说，想要做好投资，就需要先正确地认识投资。具体来说，投资小白需要了解不同投资品种的投资门槛，还需要了解投资品种的收益性、风险性、流动性，以及这三种特性之间的关系。现在，就让我们一起走进投资的世界吧。

1. 投资的门槛

当我们谈论投资理财时，首先需要了解现在市场上都存在着哪些投资品种，然后再正确认识这些投资品种的投资门槛是什么。具体来说，在当今的金融市场中，主要存在以下几个投资品种，分别是银行固定收益类产品（银行活期/定期存款）、股票、基金（公募基金、私募基金）、商品投资、信托产品及期权等。不同投资品种的投资门槛各不相同，表 1-1 所示是部分投资品种的投资门槛与适用人群。

表 1-1 部分投资品种的投资门槛与适用人群

投资品种	投资门槛	适用人群
银行活期/定期存款	1 元	普通投资者
银行理财产品	5 万元	
股票	1 手（通常为 100 股）	

续表

投资品种	投资门槛	适用人群
公募基金	10 元	普通投资者
商品投资	品种不同，交易金额不同	
私募基金	100 万元	高净值投资者
信托产品	100 万元	
期权	50 万元	风险承受能力较强的投资者

1）银行固定收益类产品

银行活期或者定期存款的投资门槛相对较低，基本上 1 元起投；银行理财产品大约是 5 万元起投。

2）股票

如果投资者想在 A 股市场参与股票投资，那么至少需要买 1 手（通常为 100 股）股票。截至 2021 年 1 月 13 日，A 股市场价格最高的股票是贵州茅台，每股股价为 2164.00 元，每 100 股的股价为 216400 元，如图 1-1 所示。也就是说，投资者买入 1 手贵州茅台的股票需要花费 216400 元。同期，A 股市场最低的股票价格低于 1 元/股，即投资者买入 1 手该股票只需要花费不到 100 元。

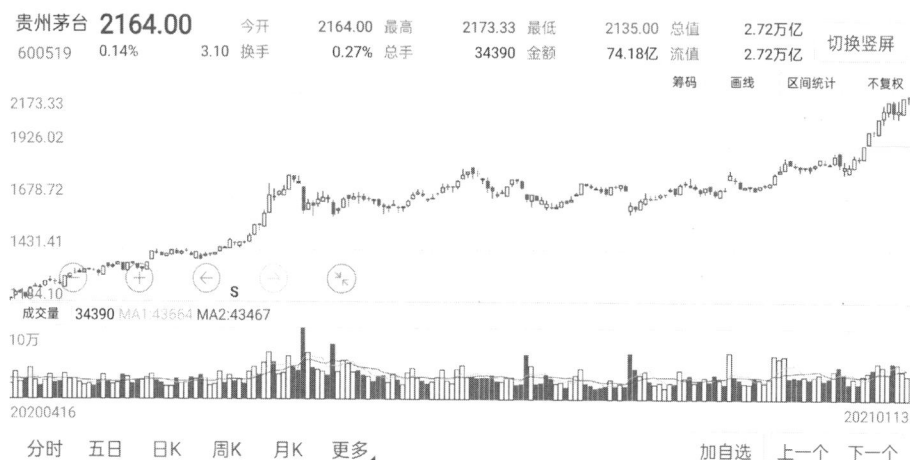

图 1-1 2021 年 1 月 13 日贵州茅台收盘价

3）公募基金

普通投资者参与公募基金投资的门槛相对较低。在通常情况下，如果投资者手中有 10 元或者 100 元，就可以参与公募基金的投资。对参与公募基金投资的投资者来说，可以选择的基金种类比较丰富，有货币型基金、债券型基金、股票型基金、指数型基金等。

4）商品投资

商品投资的标的主要分为农产品类、金属类、能源类及化工类。商品投资的门槛在几千元到几万元之间。在通常情况下，商品价格的波动较大，风险也相对较高。因此，对没有商品投资经验的普通投资者来说，参与公募基金投资会比参与商品投资更加稳妥一些。

5）私募基金与信托产品

私募基金是指以非公开的方式向特定对象募集资金并进行证券投资、股权投资、创业投资、其他私募投资或者私募资产配置的基金。私募基金的投资门槛比公募基金的投资门槛要高，最低投资金额为 100 万元，有的私募基金的投资门槛为 300 万元。同样，信托产品也是面向特定高净值投资者发行的金融产品，投资门槛一般也为 100 万元。

6）期权

对投资经验较为丰富且风险承受能力相对较强的投资者来说，可以尝试期权交易。但是，对投资经验较少且风险承受能力相对较弱的普通投资者来说，选择基金定投也许是性价比最高的投资方式。

投资者可以根据自己的资金情况与风险承受能力来决定选择哪些投资品种进行投资。在进行投资决策之前，我们除了要正确认识市场上主要的投资品种及这些品种的投资门槛，还需要正确认识不同投资品种的收益性、风险性、流动性，以及这三者之间的关系，尽量避免陷入投资理财的误区。

2．投资的收益性

在投资的世界里，投资的收益性与风险性是一对天生的"好朋友"，总是形影不离。投资的收益性是指投资者在进行投资理财时预期或者实际能够获得投资回报的情况。绝大多数投资者都梦想自己在获得最大投资收益的同时承受最小的投资风险，这个"投资梦想"听起来非常美好，但是在实际的投资过程中，是难以实现的。为什么我们说它是难以实现的呢？下面我们通过图 1-2 来为投资者做出详细的解答。

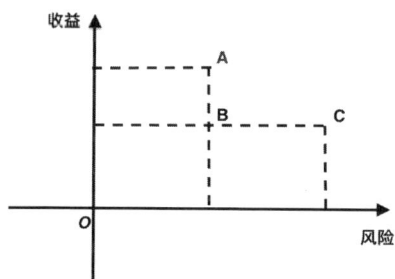

图 1-2　投资收益与风险的取舍

在图 1-2 中，我们可以看到点 A、点 B、点 C，在坐标轴中，用纵坐标来表示收益，用横坐标来表示风险，点 A、点 B、点 C 分别对应着不同的收益与风险情况。我们可以将它们大致分为三种情况来进行比较，即比较点 A 与点 B 的收益与风险情况，比较点 B 与点 C 的收益与风险情况，以及比较点 A 与点 C 的收益与风险情况。下面对每种情况进行具体分析。

情况 1：比较点 A 与点 B 的收益与风险情况

通过观察图 1-3，我们可以发现点 A 与点 B 的风险值一样，但点 A 的收益值比点 B 的收益值高。也就是说，当点 A 与点 B 的风险值一样时，我们会优先选择收益值相对较高的点 A，即当投资者遇到两款投资风险差不多的理财产品时，可以优先选择收益相对较高的那款产品。

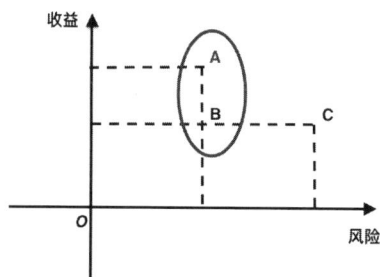

图 1-3　比较点 A 与点 B 的收益与风险情况

情况 2：比较点 B 与点 C 的收益与风险情况

通过观察图 1-4，我们可以发现点 B 与点 C 的收益值一样，但点 C 的风险值比点 B 的风险值高。也就是说，当点 B 与点 C 的收益值一样时，我们会优先选择风险值相对较低的点 B，即当投资者遇到两款收益值差不多的理财产品时，可以优先选择风险相对较低的那款产品。

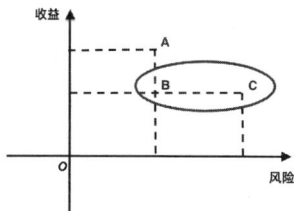

图 1-4　比较点 B 与点 C 的收益与风险情况

情况 3：比较点 A 与点 C 的收益与风险情况

从图 1-3 可知，当点 A 与点 B 的风险值一样时，我们会优先选择收益值相对较高的点 A；从图 1-4 可知，当点 B 与点 C 的收益值一样时，我们会优先选择风险值相对较低的点 B。也就是说，在点 A、点 B 及点 C 中，我们会优先选择收益值相对较高且风险值相对较低的点 A。

3．投资的风险性

投资的风险性是指投资者在进行投资理财时预期或者实际可能会承受的风险情况。在正式参与投资理财之前，投资者可以先问自己 5 个问题，做一个自我测试，如表 1-2 所示。投资者可以根据这些问题对自己的实际情况有一个更加全面的了解。

表 1-2　投资前自我测试参考表

序号	关键词	具体问题
1	预期收益率	想要获得的最高预期收益率是多少
2	预期风险率	能够承受的最高预期风险率是多少？也就是说，最多能承受多大幅度的亏损
3	预期收益率与预期风险率	如果投资者想要获得 15% 的年化预期收益率，那么是否可以承受 15% 的预期风险率呢？这也提醒投资者要充分理解投资的收益性与风险性，不能只考虑收益性而忽略风险性

续表

序号	关键词	具体问题
4	预期流动性	想要购买的理财产品的流动性如何？该款理财产品有没有投资封闭期？大概需要多长时间可以赎回投资的资金？这也提醒投资者要充分理解投资的收益性与流动性，不能只考虑收益性而忽略流动性。如果投资者忽略了投资的流动性，那么投资风险性也会随之提高
5	预期投资周期	预期投资周期是多久？对大部分理财产品来说，如果投资周期过短，那么投资结果有可能不会太好。因此，投资者要做好坚持长期投资的准备

此外，如果投资者遇到一款理财产品，其预期收益率高于市场的平均水平，甚至高于市场中长期业绩较为优秀的理财产品的收益率，此时投资者就需要特别谨慎。高收益率的理财产品的背后往往伴随着高风险，这种高风险可能还会威胁到投资本金的安全性。因此，投资者在选择理财产品的过程中，需要提前将投资的风险性纳入考量。

4. 投资的流动性

投资的流动性是指投资者在将资金投入某款理财产品后是否可以比较容易地将资金转出并进行变现的情况。在实际投资理财中，投资者往往非常关注投资的收益性，而忽视了投资的风险性，更容易遗忘投资的流动性。然而，投资的流动性是非常重要的一个因素，因为它和投资的收益性与风险性密不可分。为什么这样说呢？我们可以从以下两个方面来理解。

1）投资的流动性会直接影响投资的收益性

当预计一款理财产品的收益率很高时，我们可以说它的预期收益率较高，但是不能说它的实际收益率很高。在金融领域里，预期收益率与实际收益率是两个截然不同的概念。预期收益率是投资机构或者投资者预测的某款理财产品在未来一段时间内可能会达到的收益率。实际收益率是投资者在投资某款理财产品后实际获得的收益率。在某种程度上，预期收益率与实际收益率之间存在差异，所以投资者应以实际收益率为准。

当投资者看到一款预期收益率很高的理财产品时，需要特别关注一下该理财产品的流动性是否会出现问题。如果一款理财产品的流动性出现问题，那么投资者可能无法及时将资金转出并变现，同时还会面临较大的投资损失。

2）投资的流动性会直接影响投资的风险性

当一款理财产品的流动性较强时，如果投资者判断该款理财产品的标的可能会面临较大的投资风险，那么其可以选择及时卖出该理财产品进行变现，在进行变现处理时也会相对容易一些。

当一款理财产品的流动性较弱时，如果投资者判断该款理财产品的标的可能会面临较大的投资风险，那么其在进行变现处理时就有可能会遇到流动性风险，不容易变现。也就是说，投资的流动性会直接影响投资的风险性。

在市场上现有的投资品种中，银行活期存款、股票及公募基金的流动性相对较强，银行定期存款与固定收益类理财产品的流动性一般，私募基金与信托产品的流动性相对较弱。不同的投资品种具有不同的投资流动性，所以投资者在筛选理财产品之前，不仅要充分考虑理财产品的收益性与风险性，还要充分评估其流动性。

5. 投资的收益性、风险性及流动性之间的关系

投资的收益性、风险性及流动性之间是互相影响、互相牵制的关系。我们可以将它们之间的关系大致分为三种情况进行讨论：投资的收益性与风险性之间的关系、投资的收益性与流动性之间的关系、投资的风险性与流动性之间的关系。下面我们对这三种情况进行详细分析。

1）投资的收益性与风险性之间的关系

投资的收益性与风险性是成正比的。理论上，具有较高投资收益性的理财产品往往伴随着较高的风险性，而具有较低投资收益性的理财产品往往伴随着较低的风险性，如图 1-5 所示。如果投资者一方面想要获取较高的投资回报率，另一方面又不想承受相应的投资风险，那么其理财计划在实际操作中可能会难以实现。

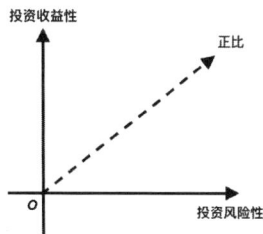

图 1-5　投资的收益性与风险性成正比

2）投资的收益性与流动性之间的关系

投资的收益性与流动性是成反比的。理论上，具有较高投资流动性的理财产品往往伴随着较低的收益性，而具有较低投资流动性的理财产品可能会伴随着较高的收益性，如图 1-6 所示。

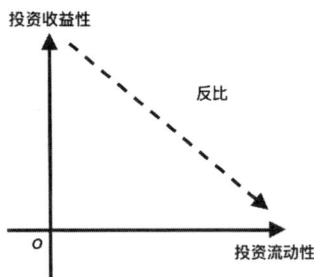

图 1-6 投资的收益性与流动性成反比

让我们以支付宝里面的余额宝为例，当我们有闲置资金时，可以把钱存入余额宝中，随取随用，十分方便。实际上，余额宝属于货币型基金的一种，投资收益率不高，但相对来说比较安全、稳健。截至 2021 年 1 月 15 日，余额宝的七日年化收益率为 2.2370%，如图 1-7 所示。虽然余额宝的年化收益率不算高，但是其流动性非常好。在通常情况下，投资者可以对存入余额宝中的资金随取随用。

图 1-7 截至 2021 年 1 月 15 日，余额宝的七日年化收益率

3）投资的风险性与流动性之间的关系

投资的风险性与流动性是成反比的。理论上，具有较高投资流动性的理财产品往往伴随着较低的风险性，而具有较低流动性的理财产品可能会伴随着较高的风险性，如图1-8所示。

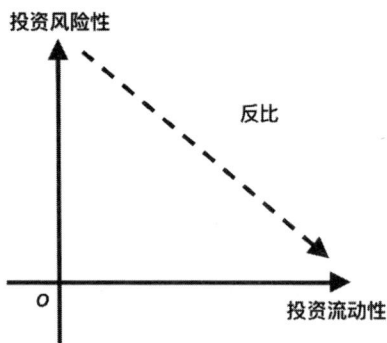

投资风险性

反比

O 投资流动性

图1-8 投资的风险性与流动性成反比

让我们依然以支付宝里面的余额宝为例，我们可以将余额宝理解为一款具有较高流动性的货币型基金产品，同时它也具有较低的风险性。换句话说，余额宝的流动性与它的风险性是成反比的。

在投资决策中，投资的收益性、风险性、流动性三者缺一不可。理论上，几乎所有的投资者都希望拥有一款具有较高收益性、较低风险性、较高流动性的理财产品。但是，在现实生活中，这种"完美的"理财产品几乎是不存在的。

佳话小贴士：

在做投资决策的过程中，投资者需要认真权衡投资的收益性、风险性、流动性，三者缺一不可。

关于投资的收益性、风险性、流动性之间的关系，我们大致可以归纳总结为以下**三条规律**。

■ 如果投资者想要博取较高的收益性，那么他可能需要承受相应的风险性，同时他也要稍微舍弃投资的流动性。

■ 如果投资者不想承受较高的风险性，那么他可能也不会获得较高的收益性，但是他可以享受到较好的流动性。

■ 如果投资者想要获得较好的流动性，那么他可能要降低对收益性的期待，但是他不需要承受很高的风险性。因此，无论投资者在投资的收益性、风险性、流动性之间做出怎样的选择，他都要有所取舍。

根据前面讨论的内容，我们可以知道：在做投资决策之前，投资者首先需要详细了解市场上现存投资品种的种类，如银行固定收益类产品、股票、基金（包括公募基金与私募基金）、商品投资、信托产品及期权等。其次，投资者需要了解不同投资品种的投资门槛。再次，投资者需要了解不同投资品种的收益性、风险性、流动性之间的关系。

在接下来的内容中，让我们一起来了解基金及与基金相关的重要概念。

1.2　基金的基础知识

我们在正确认识投资的门槛与投资的收益性、风险性、流动性之后，还需要继续了解基金的基础知识。

基金投资是一种证券投资方式。在做基金定投之前，我们需要正确理解基金的基础知识，如基金代码、基金名称、基金类型、基金净值（即基金的交易价格）、基金份额（即投资者持有的基金份额）、基金分红、基金回撤，以及基金的其他相关信息。

1．基金代码

基金代码是基金产品在监管机构备案的唯一标识。在通常情况下，基金代码由六位数字组成，每款基金产品都有唯一的基金代码。投资者可以在中国证券监督管理委员会（简称中国证监会）官网、基金公告，以及证券公司交易软件中查询到具体基金产品的基金代码。

现在让我们以中国证监会官网信息为例，向投资者介绍查询"基金代码"的具体步骤。

第1步：打开"中国证券监督管理委员会"官网首页，如图1-9所示。

图 1-9　中国证券监督管理委员会官网首页

第 2 步：找到中国证券监督管理委员会官网首页"服务"一栏中的"监管对象"，如图 1-10 所示。

图 1-10　中国证券监督管理委员会官网首页"服务"一栏中的"监管对象"

第 3 步：在"监管对象"一项中找到"合法机构名录"，如图 1-11 所示。

图 1-11　"合法机构名录"位置索引

第 4 步：在"合法机构名录"中找到"公募证券投资基金名录"与"公募基金管理机构名录"，如图 1-12 所示。

具体来说，在"公募证券投资基金名录"中，投资者可以查询到中国证监会发布的全部公募证券投资基金的名单，也就是我们俗称的全部公募基金产品名单。换句话说，在这个基金名录中，投资者可以查询到具体基金产品的基金代码。

在"公募基金管理机构名录"中，投资者可以查询到中国证监会发布的全部公募基金管理机构名单，也就是我们俗称的全部公募基金公司名单。

图 1-12 "公募证券投资基金名录"与"公募基金管理机构名录"

此外，投资者也可以在基金公告或者"天天基金网"中查询到具体基金产品的基金代码。

2. 基金名称

基金名称，顾名思义，就是基金产品的"名字"。在通常情况下，基金名称可以分为"基金全称"与"基金简称"。投资者可以将基金全称理解为基金产品的"大名"，将基金简称理解为基金产品的"小名"。投资者可以在交易软件的交易界面中看到基金的简称。

在中国证监会官网发布的"公募证券投资基金名录"中，投资者可以查询到全部公募基金产品的基金代码、基金名称（通常为基金全称），以及设立日期。我们根据基金代码对全部公募基金产品进行升序排列，同时选取排在前 10 位的基金产品，如表 1-3 所示。投资者可以在表 1-3 中查询到部分基金产品的基金名称。

表 1-3 部分公募基金产品（按基金代码排序）

序号	基金代码	基金名称	设立日期
1	000001	华夏成长证券投资基金	2001/12/18
2	000003	中海可转换债权债券型证券投资基金	2013/03/20
3	000005	嘉实增强信用定期开放债券型证券投资基金	2013/03/08

续表

序号	基金代码	基金名称	设立日期
4	000006	西部利得量化成长混合型发起式证券投资基金	2019/03/19
5	000008	嘉实中证 500 交易型开放式指数证券投资联接基金	2013/03/22
6	000009	易方达天天理财货币市场基金	2013/03/04
7	000011	华夏大盘精选证券投资基金	2004/08/11
8	000014	华夏聚利债券型证券投资基金	2013/03/19
9	000015	华夏纯债债券型证券投资基金	2013/03/08
10	000017	财通可持续发展主题混合型证券投资基金	2013/03/27

资料来源：公募证券投资基金名录（2020 年 11 月），中国证监会发布。

3．基金类型

根据不同的基金分类标准，基金产品可以分成不同的基金类型。常见的基金分类标准主要有四种，它们分别为证监会基金分类标准、东方财富（投资范畴）分类标准、东方财富（应用类）分类标准，以及第三方基金分类标准（如晨星基金分类标准）。在每种基金分类标准之下，投资者都可以看到基金产品被划分为不同的基金类型，如表 1-4 所示。

表 1-4　主要基金分类标准之下的基金类型

序号	基金分类标准	基金类型
1	证监会基金分类标准	根据证监会基金分类标准，基金可分为六大类，分别为：（1）股票型基金；（2）货币型基金；（3）债券型基金；（4）混合型基金；（5）QDII 基金；（6）短期理财债券型基金
2	东方财富（投资范畴）分类标准	根据东方财富（投资范畴）分类标准，基金可分为四大类，分别为：（1）股票型基金；（2）混合型基金；（3）债券型基金；（4）其他基金
3	东方财富（应用类）分类标准	根据东方财富（应用类）分类标准，基金可分为四大类。（1）应用一级分类：开放式基金、封闭式基金；（2）应用二级分类：股票型基金、混合型基金、债券型基金、货币市场型基金、QDII 基金、封闭式基金，以及商品型基金；（3）应用三级分类：普通股票型基金、被动指数型基金、增强指数型基金、偏股混合型基金、平衡混合型基金、偏债混合型基金、长期纯债型基金、中短期纯债型基金、混合债券型基金、货币市场型基金、保本型基金、QDII 基金、封闭式基金、商品型基金，以及灵活配置型基金；（4）应用概念分类：LOF 基金、ETF 基金，以及创新封闭式基金

续表

序号	基金分类标准	基金类型
4	第三方基金分类标准（如晨星基金分类标准）	根据第三方基金分类标准（如晨星基金分类标准），基金可分为两大类。（1）非 QDII 基金：股票型基金、混合型基金、可转债基金、债券型基金、货币市场基金、保本基金、另类基金、商品基金、其他基金、封闭式股票型基金、封闭式混合型基金、封闭式债券型基金、封闭式另类基金、封闭式其他基金、ETF 基金、LOF 基金，以及指数型基金；（2）QDII 基金：股票型基金、混合型基金、债券型基金、商品基金，以及其他基金

数据来源：东方财富 Choice 数据。

4．基金净值

投资者在了解基金代码、基金名称和基金类型之后，就可以运用科学的方法对基金产品进行筛选，进而进行买卖交易。当投资者在对基金产品进行买卖交易时，需要知道基金产品的交易价格，该交易价格也就是我们常说的"基金净值"。在通常情况下，基金净值可以分为三类，分别为基金的单位净值、基金的累计净值、基金的复权净值。

1）基金的单位净值

基金的单位净值，是指当前的基金总净资产与基金总份额之间的比，单位为元。每个交易日对应一个净值日期，每个净值日期对应一个基金净值。通俗地说，基金的单位净值就是指基金在某一净值日期的单位价格，也是基金产品的交易价格。换句话说，基金的单位净值是指每一份额的基金值多少元。如果一款基金产品的单位净值为 1.50 元，那么该基金产品的每一份额值 1.50 元。

关于基金的单位净值，具体的计算公式可以表示为：

$$基金的单位净值 = \frac{基金总净资产}{基金总份额}$$

其中，

■ 基金总净资产：是指基金净资产实际代表的总价值，单位为元。

■ 基金总份额：是指发行在外的基金份额的总量，单位为份。

佳话小贴士：

投资小白即使看不懂上面的内容，也不要担心，只要记得基金的单位净值是基金产品的交易价格即可。

当投资者对基金产品进行申购或者赎回操作时，投资者需要使用基金的单位净值这一数值。如果投资者在交易日 15:00 点之前对基金产品下达交易指令，那么交易系统会按照交易日当天的基金净值进行计算；如果投资者在交易日 15:00 点之后对基金产品下达交易指令，那么交易系统会按照下一个交易日的基金净值进行计算。也就是说，投资者需要注意 15:00 点这个时间点。

投资者还可以关注基金单位净值的增长率。基金单位净值的增长率，是指基金在一段时间内（如一天、一个月、一年等）单位净值增长的百分比。在通常情况下，投资者可以用基金单位净值的增长率来评估一款基金产品在一段时间内的业绩增长情况。基金单位净值的（日）增长率的具体计算公式如下所示。

$$基金单位净值的（日）增长率 = \frac{指定日期单位净值 - 上一交易日单位净值}{上一交易日单位净值} \times 100\%$$

其中，

- 指定日期单位净值：是指在指定日期内的基金单位净值，单位为元。

- 上一交易日单位净值：是指指定日期上一个交易日的基金单位净值，单位为元。

此外，对于其他与基金的单位净值相关的专有名词及名词解释，投资者可以在表 1-5 中查询。

表 1-5　与基金的单位净值相关的专有名词及名词解释

序号	专有名词	名词解释
1	区间单位净值增长	基金的单位净值在指定区间内的净增长，单位为元
2	区间单位净值增长率	基金的单位净值在指定区间内的增长率
3	区间最高单位净值	基金在指定区间内的最高单位净值，单位为元
4	区间最低单位净值	基金在指定区间内的最低单位净值，单位为元

2）基金的累计净值

基金的累计净值，也称为基金的累计单位净值，是指基金自成立以来（即基金合同生效以后）的累计净值涨跌幅情况，可以表示为基金的单位净值与基金自成立以来累计单位分红的总和。具体的计算公式如下所示。

$$基金的累计净值 = 基金的单位净值 + 基金累计单位分红$$

其中，

■ 基金的单位净值：是指当前的基金总净资产与基金总份额之间的比，单位为元。

■ 基金累计单位分红：是指基金自成立以来至指定交易日期间的单位分红总和，单位为元。

佳话小贴士：

基金的累计净值是指基金自成立以来所取得的累计收益。如果投资者在基金运行一段时间以后才开始买入该基金产品，那么该投资者账户中的累计收益可能与基金的累计净值有所差异，这点是需要投资者特别注意的。

投资者还可以关注基金累计净值的增长率。基金累计净值的增长率，是指基金自成立以来（即基金合同生效时）累计单位净值增长的百分比。在通常情况下，投资者可以用基金累计净值的增长率来评估基金自成立以来业绩的表现情况。具体的计算公式如下所示。

$$基金累计净值的增长率 = \frac{指定日期累位净值 - 上一交易日累位净值}{上一交易日累计净值} \times 100\%$$

其中，

■ 指定日期累计净值：是指在指定的日期内基金的累计单位净值，单位为元。

■ 上一交易日累计净值：是指指定日期上　个交易日的基金累计单位净值，单位为元。

此外，对于其他与基金的累计净值相关的专有名词及名词解释，投资者可以在表 1-6 中查询到。

表 1-6　与基金的累计净值相关的专有名词及名词解释

序号	专有名词	名词解释
1	区间累计净值增长	基金的累计单位净值在指定区间内的净增长，单位为元
2	区间累计净值增长率	基金的累计单位净值在指定区间内的增长率
3	区间最高累计净值	基金在指定区间内的最高累计单位净值，单位为元
4	区间最低累计净值	基金在指定区间内的最低累计单位净值，单位为元

3）基金的复权净值

基金的复权净值也称为基金的复权单位净值，是指将基金的单位净值加上基金的分红之后进行再投资的复权计算得到的值，单位为元。在通常情况下，基金的复权净值更能真实且全面地反映一款基金产品的业绩表现。与此同时，基金公司与第三方金融机构也更加倾向于使用基金的复权净值来评估基金的业绩情况。

投资者还可以关注基金复权单位净值的增长率。基金复权单位净值的增长率是指基金复权单位净值在指定日期的增长率。具体的计算公式如下所示。

$$基金复权单位净值的增长率 = \frac{指定日期复权净值 - 上一交易日复权净值}{上一交易日复权净值} \times 100\%$$

其中，

■ 指定日期复权净值：是指在指定的日期内基金的复权单位净值，单位为元。

■ 上一交易日复权净值：是指指定日期上一个交易日的基金复权单位净值，单位为元。

此外，对于其他与基金的复权净值相关的专有名词及名词解释，投资者可以在表 1-7 中查询。

表 1-7　与基金的复权净值相关的专有名词及名词解释

序号	专有名词	名词解释
1	区间复权单位净值增长	基金复权单位净值在指定区间内的净增长，单位为元

续表

序号	专有名词	名词解释
2	区间复权单位净值增长率	基金复权单位净值在指定区间内的增长率
3	区间最高复权单位净值	基金在指定区间内的最高复权单位净值，单位为元
4	区间最低复权单位净值	基金在指定区间内的最低复权单位净值，单位为元
5	自成立日起复权单位净值增长率	基金自成立以来的复权净值回报率
6	复权单位净值相对大盘增长率	所选时间段内基金复权单位净值增长率减去同期大盘指数增长率

基金的复权净值的计算公式较为复杂，我们在这里暂时先不做过多的解释，投资者可以在交易软件中查询到具体基金产品的复权净值数据。

佳话小贴士：

基金的复权净值更能真实且全面地反映一款基金产品的业绩表现，投资者可以重点关注这个数值。

4）基金的单位净值、基金的累计净值及基金的复权净值之间的区别

对于基金的单位净值、基金的累计净值及基金的复权净值三者之间的区别，投资者可以参考表1-8。

表1-8 基金的单位净值、基金的累计净值及基金的复权净值之间的区别

基金净值的分类	三者之间的区别
基金的单位净值	基金的交易价格
基金的累计净值	基金的累计净值是将基金分红金额加到单位净值中得到的新的单位净值，但是这个新的单位净值不可用来计算基金的复利情况
基金的复权净值	基金的复权净值是将基金分红金额加到单位净值中得到的新的单位净值，同时这个新的单位净值可以用来计算基金的复利情况

让我们举个例子，在一款基金产品刚成立时，它的单位净值、累计净值及复权净值均为 1.00 元。在运行一段时间之后，该款基金产品分红 0.10 元。此时它的单位净值为 0.90 元，累计净值为 1.00 元，复权净值为 1.00 元。当该基金产品在分红后净值继续上涨20%时，它的单位净值为 1.08 元，累计净值为 1.18 元，复权净值为 1.20 元。具体的计算过程，如表1-9 所示。

表 1-9　基金的单位净值、累计净值及复权净值的计算

基金净值	基金产品刚成立	基金产品分红 0.10 元	基金产品分红后净值上涨 20%
单位净值（元）	1.00	0.90	0.90×（1+20%）= 1.08
累计净值（元）	1.00	1.00	0.90×（1+20%）+ 0.10=1.18
复权净值（元）	1.00	1.00	1.00×（1+20%）= 1.20

佳话小贴士：

　　我们可以将上述情况进一步归纳、总结成一条规律，即：如果某只基金在 T 日的净值是 N 元，同时该基金以 T 日作为基准日进行分红（登记日和除息日也是 T 日），具体的分红金额为 X 元，那么该基金在 T 日的单位净值为（N-X）元，在 T 日的累计净值为 N 元，在 T 日的复权净值也是 N 元。

5．基金份额

当投资者在对基金产品进行交易时，他还需要知道自己持有的份额是多少，该份额就是我们常说的基金份额。关于基金份额，我们将从以下五个方面为投资者进行解读。

1）基金份额的概念

基金份额是基金的计量单位，单位为份。投资者可以在基金公告中查询到具体的基金份额数据。如果投资者没有增加申购（即没有继续买入该基金产品），那么他所持有的基金份额是固定不变的。由于基金的净值是在不断变化的，所以投资者持有的基金市值也是在不断变化的。基金市值的计算公式如下所示。

基金市值=最新的基金净值×持有的基金份额

其中，

■ 最新的基金净值：是指投资者持有的基金产品的最新净值数据，单位为元。

■ 持有的基金份额：是指投资者持有的基金产品的份额，单位为份。

2）基金份额变化

投资者需要关注基金份额的变化情况。具体的计算公式如下所示。

基金份额变化＝截止交易日基金份额－起始交易日基金份额

其中，

■ 截止交易日基金份额：是指基金产品在截止交易日的基金份额，单位为份。

■ 起始交易日基金份额：是指基金产品在起始交易日的基金份额，单位为份。

投资者还可以关注基金份额的变化率，其具体的计算公式如下所示。

$$基金份额的变化率 = \frac{截止交易日基金份额 - 起始交易日基金份额}{起始交易日基金份额} \times 100\%$$

其中，

■ 截止交易日基金份额：是指基金产品在截止交易日的基金份额，单位为份。

■ 起始交易日基金份额：是指基金产品在起始交易日的基金份额，单位为份。

3）报告期的基金份额

关于报告期的基金份额，投资者主要可以从报告期总申购份额、报告期总赎回份额及报告期申购赎回净额的角度进行了解。同时，投资者可以在基金公告中查询到报告期总申购份额、报告期总赎回份额及报告期申购赎回净额的数据，单位均为份。

4）单季度的基金份额

关于单季度的基金份额，投资者可以从单季度总申购份额、单季度总赎回份额、单季度申购与赎回净额及净申购赎回率的角度进行简单了解。

5）基金份额结转

关于基金份额结转，投资者可以关注货币基金的份额结转方式与份额结转日。货币基金的份额结转方式主要可以分为按日结转与按月结转。按日结转的收益率是按照复利的方式进行计算的，而按月结转的收益率是按照单利的方式进行计算的。投资者对此有一个简单的印象就可以，不用对此有过多的研究。

6. 基金分红

在投资者买入基金产品并持有一段时间后，基金产品可能会进行分红。在通常情况下，基金分红主要有两种方式：现金分红与红利再投资。投资者可以在表 1-10 中看到具体的介绍。

表 1-10　基金分红的两种方式

分 红 方 式	概　　念	注　　释
现金分红	将基金分红直接打到投资者的银行账户中	现金分红属于单利增值
红利再投资	将基金分红继续作为投资本金，再次进行投资	红利再投资属于复利增值

佳话小贴士：

"红利再投资"的分红方式可以让投资者享受复利增值，是一个相对来说更优的选择。此外，如果投资者选择"红利再投资"的分红方式，那么投资者是不需要对这部分进行红利再投资的金额缴纳申购费的。

关于基金分红，我们还可以从以下四个方面来了解，具体内容如下所示。

1）基金单位分红

投资者可以在基金公告中关注基金的单位分红、单位年度分红及单位累计分红，单位均为元。具体介绍如表 1-11 所示。

表 1-11　基金单位分红的基本情况

相 关 概 念	解 释 说 明	参 　 数
单位分红	基金在某次分红中每一基金份额分配的金额，单位为元	具体的基金交易日期
单位年度分红	基金在指定年度内的单位分红之和，单位为元	年度
单位累计分红	基金自成立日期至指定交易日期间的单位分红之和，单位为元	基金的成立日期与基金的指定交易日期

2）基金分红总额

关于基金分红总额，投资者可以在基金公告中关注基金的年度分红总额、累计分红总额及区间分红总额，单位均为元。具体介绍如表 1-12 所示。

表 1-12　基金分红总额的基本情况

相 关 概 念	解 释 说 明	参 　 数
年度分红总额	基金在指定年度内的分红总额，单位为元	年度
累计分红总额	基金自成立日期至指定交易日期间的累计分红总额，单位为元	基金的成立日期与基金的指定交易日期
区间分红总额	基金在指定区间内的分红总额，单位为元	基金的起始交易日期与基金的截止交易日期

佳话小贴士：

当基金公布本期实际发放的红利时，以本期实际发放的红利作为本期分红。当基金未公布本期实际发放的红利时，投资者可以参考以下公式对本期分红金额进行计算。

本期分红＝本期单位税前红利×登记日前最新公布的基金总份额

其中，

- 本期单位税前红利：是指当期基金单位税前的红利金额，单位为元。

- 登记日前最新公布的基金总份额：是指在登记日前最新对外公布的基金份额总和，单位为份。

3）基金分红次数

关于基金分红次数，投资者可以关注基金的年度分红次数、累计分红次数及区间分红次数，单位均为次。具体介绍如表 1-13 所示。

表 1-13　基金分红次数的基本情况

相 关 概 念	解 释 说 明	参 数
年度分红次数	基金在指定年度内的分红次数	年度
累计分红次数	基金自成立至指定交易日期间的累计分红次数	基金的成立日期与基金的指定交易日期
区间分红次数	基金在指定区间内的分红次数	基金的起始交易日期与基金的截止交易日期

4）基金分红的重要日期

关于基金的分红，投资者还需要关注几个重要日期，如权益登记日、收益分配基准日、除息日及红利发放日。具体介绍如表 1-14 所示。

表 1-14　基金分红的重要日期

重要日期	解释说明	资料来源
权益登记日	基金最新一次分红的权益登记日	基金公告
收益分配基准日	基金最新一次分红的收益分配基准日	
除息日	基金最新一次分红的场内除息日	
红利发放日	基金最新一次分红的红利发放日	

7．基金回撤

在通常情况下，基金产品的净值曲线并不会一直上涨，净值曲线出现回撤是很正常的一件事。投资者可以将回撤理解为资金账户中资金减少的情况。但是，当一款基金产品的净值曲线出现较大幅度的回撤时，投资者需要保持谨慎并分析一下该基金产品出现较大回撤的原因，并适当性地做出调整。关于基金回撤，投资者可以从以下三个方面来进行了解。

1）基金净值回撤

基金净值回撤，是指在一段时期内资金账户的净值由相对高点回落到相对低点的下跌幅度。具体的计算公式如下所示。此外，投资者也可以在交易软件中查询到具体的回撤数据，不一定需要自己亲自计算。

$$回撤 = \frac{T日的复权单位净值}{T日之前的历史最高复权单位净值} \times 100\%$$

其中，

- T 日的复权单位净值：是指基金产品在 T 日的复权单位净值，单位为元。投资者可以在交易软件中查询到具体的数据。

- T 日之前的历史最高复权单位净值：是指基金产品在 T 日之前的历史最高的复权单位净值，单位为元。投资者可以通过了解基金的历史净值数据找到该数值。

2）区间最大回撤

区间最大回撤，是指在某一特定时间区间内，基金的复权单位净值从最高点回落到最低点的下跌幅度。

3）区间最大回撤期间

区间最大回撤期间，是指与区间最大回撤相对应的时间区间。

8. 基金投资情况

在通常情况下，投资者可以在基金公告中查看基金的基本投资情况，如基金的投资风格、投资目标、投资范围、投资策略、投资组合比例上限、投资组合比例下限、投资理念、投资原则及投资风险等级等。投资者可以参考表 1-15 中的内容进行初步了解。

表 1-15　基金的投资情况

序号	投资情况	解释说明	资料来源
1	投资风格	成长型、收益型、平衡型等	
2	投资目标	不同的基金产品有不同的投资目标	
3	投资范围	不同的基金产品有不同的投资范围	
4	投资策略	不同的基金产品有不同的投资策略	
5	投资组合比例上限	不同的资产类别对应着不同的投资比例上限。资产类别包括：权益类资产、股票、基金、固定收益类资产、债券、资产支持证券等	基金公告
6	投资组合比例下限	不同的资产类别对应着不同的投资比例下限。资产类别包括：权益类资产、股票、基金、固定收益类资产、债券、资产支持证券等	
7	投资理念	不同的基金产品有不同的投资理念	

续表

序号	投资情况	解释说明	资料来源
8	投资原则	不同的基金产品有不同的投资原则	
9	投资风险等级	根据风险等级划分参考标准，我们可以将基金产品的风险等级分为五类，分别为：低风险（R1）、中低风险（R2）、中风险（R3）、中高风险（R4）、高风险（R5）。投资者可以根据自己实际的风险承受能力来选择适合自己的基金产品	基金公告

9．基金收益分配情况

投资者可以在基金公告中查看基金的收益分配情况，可参考表 1-16 中的内容进行大概了解。

表 1-16　基金的收益分配情况

序号	收益分配情况	解释说明	资料来源
1	收益分配原则	基金收益分配原则	
2	收益分配方式	基金收益分配方式	
3	收益分配计息规则	交易型货币基金的收益分配计息规则	基金公告
4	收益结转方式	货币基金的收益结转方式，包括按日结转、按月结转。如果基金的收益分配原则是按日支付，那么我们可以判定基金的收益结转方式为按日结转；如果基金的收益分配原则是按月支付，那么我们可以判定基金的收益结转方式为按月结转	

10．基金跟踪标的的情况

投资者可以在基金公告中查看基金跟踪标的的具体情况。投资者可以参考表 1-17 中的内容进行大概了解。

表 1-17　基金跟踪标的的情况

序号	跟踪标的的情况	解释说明	资料来源
1	业绩比较基准	截止日期适用的业绩比较基准	
2	主要跟踪标的代码	在基金业绩比较基准中，所占比例比较大的标的的代码	基金公告
3	主要跟踪标的指数涨跌幅	在基金业绩比较基准中，所占比例比较大的指数的日涨跌幅	

注：如果基金公告中没有部分数据，投资者可以在交易软件中进行查询。

11．基金参与主体的情况

在通常情况下，基金的参与主体主要有三类，分别为基金管理人、基金托管人、基金投资人。具体内容如表 1-18 所示。

表 1-18　基金的三大参与主体

序号	主体名称	解释说明	资料来源
1	基金管理人	基金管理人是指基金产品的募集者与管理者，负责集中管理基金资产的投资运作，在控制好风险的基础上为基金投资人争取最大的投资回报	基金公告
2	基金托管人	基金托管人是指负责监督基金管理机构的投资操作与保管基金资产的托管机构	
3	基金投资人	基金投资人是指基金投资的出资人、基金资产的所有者，以及基金投资收益的受益者	

在基金投资中，基金管理人、基金托管人及基金投资人三者缺一不可。

12．基金成立、存续、到期、赎回及终止的情况

在通常情况下，投资者还可以在基金公告中查看基金成立、存续、到期、赎回及终止的情况。投资者可以参考表 1-19 中的内容进行了解。

表 1-19　基金成立、存续、到期、赎回及终止的情况

序号	具体时间	解释说明	资料来源
1	基金成立日	基金的成立日期，具体到年、月、日	基金公告
2	基金成立年限	基金的成立年限，单位为年	
3	基金存续期	基金的存续年限，单位为年	
4	基金剩余存续期	基金的剩余存续年限，单位为年	
5.	基金到期日	基金的到期日，具体到年、月、日	基金公告
6	基金赎回起始日	开放式基金日常赎回起始日，具体到年、月、日	
7	基金终止原因	开放式基金的终止原因及原因说明	

13．基金评级

在通常情况下，基金的评级机构会依据科学的方法与标准对不同的基金

产品进行综合性的评估并给出相应的评级。投资者可以参考基金的评级与自身的风险承受能力来综合评估一款基金产品，进而决定自己是否要买入或者卖出该基金产品。值得投资者注意的是，基金评级只代表该基金产品的历史业绩表现，并不能代表该基金产品未来的发展情况。

在本节中，我们学习了基金的基础知识。在接下来的内容中，我们一起来学习基金定投常见的一些观念误区。

1.3　基金定投常见的观念误区

通过了解一些基金定投常见的观念误区，投资小白可以降低陷入投资误区的可能性。具体介绍如下所示。

1. 误区一：等到将来有钱时再理财

对很多刚步入社会工作的年轻人来说，在每个月付完房租与日常开支后，很容易成为"月光族"。也许到月末的时候，银行卡里只剩下 500 元或者 1000元。此时，很多人会说："哎，等我有钱了，再去考虑理财这件事吧！"于是，投资理财这件事就被遥遥无期地"搁浅"了。

每当我听到这样的话时，我都想赶紧告诉他/她："如果我们坚持基金定投，即使每个月的工资只剩下 500 元或者 1000 元，我们依然可以获得一份很不错的投资收益回报。"现在，就让我们用历史数据来验证这一观点，具体分析步骤如下所示。

第 1 步：查看现存基金市场中成立年限在 10 年以上的基金产品有哪些。根据东方财富 Choice 数据，截至 2021 年 1 月 15 日收盘，基金市场中共有 11240款基金产品，成立 10 年以上的基金产品共有 731 款。

第 2 步：根据"年化收益率"参数对上述成立年限在 10 年以上的基金产品进行降序排列，同时参考"年化波动率"参数找到排名相对位于头部的基金产品。具体来说，根据"年化收益率"参数（基于自 2015 年 1 月 1 日至 2021年 1 月 15 日的收盘数据）进行降序排序，我们可以找到基金市场中业绩排名相对比较优秀的 20 款基金产品，如表 1-20 所示。

表 1-20　部分基金产品按年化收益率排序（基金产品成立 10 年以上）

证券代码	证券名称	成立年限（年）	年化收益率（%）	年化波动率（%）
161903.SZ	万家优选	15.52	40.77	23.11
162605.SZ	景顺鼎益	15.85	38.60	23.39
180012.OF	银华富裕主题混合	14.18	37.54	21.80
260108.OF	景顺长城新兴成长混合	14.57	36.81	23.01
110011.OF	易方达中小盘混合	12.59	36.21	20.13
110022.OF	易方达消费行业股票	10.42	35.26	21.56
163406.OF	兴全合润混合	10.75	34.48	20.51
460005.OF	华泰柏瑞价值增长混合 A	12.52	33.28	23.76
110015.OF	易方达行业领先混合	11.82	33.16	23.11
519674.OF	银河创新成长混合	10.06	32.81	26.51
519068.OF	汇添富成长焦点混合	13.86	32.33	21.87
110013.OF	易方达科翔混合	12.19	32.30	23.63
570001.OF	诺德价值优势混合	13.76	31.88	21.53
519688.OF	交银精选混合	15.31	31.35	21.15
519066.OF	汇添富蓝筹稳健混合	12.54	31.12	19.20
519091.OF	新华泛资源优势混合	11.52	30.90	19.80
519702.OF	交银趋势混合	10.08	30.88	22.37
040016.OF	华安行业轮动混合	10.70	30.79	21.55
160212.SZ	国泰估值	10.94	30.76	25.68
100020.OF	富国天益价值混合	16.60	30.58	22.18

数据来源：东方财富 Choice 数据。注：年化收益率与年化波动率是基于自 2015 年 1 月 1 日至 2021 年 1 月 15 日的收盘数据计算的。

通过观察表 1-20，我们可以发现基金产品"万家优选"的年化收益率为 40.77%，与之相对应的年化波动率为 23.11%；基金产品"景顺鼎益"的年化收益率为 38.60%，与之相对应的年化波动率为 23.39%；基金产品"银华富裕主题混合"的年化收益率为 37.54%，与之相对应的年化波动率为 21.80%。投资者可以在表 1-20 中查看其他成立年限在 10 年以上的基金产品的年化收益率与年化波动率。

第 3 步：根据"年化收益率"参数对上述成立年限在 10 年以上的基金产品进行降序排列，同时参考"年化波动率"参数找到中等排名的基金产品。具体来说，根据"年化收益率"参数（基于自 2015 年 1 月 1 日至 2021 年 1 月 15 日的收盘数据）对这些基金产品进行降序排列，我们可以发现基金产品"光大保德信量化股票"在 731 款成立年限在 10 年以上的基金产品中位于中等排名位置。同时，该基金产品的年化收益率为 14.09%，与之相对应的年化波动率为 20.21%，如表 1-21 所示。

表 1-21　基金产品"光大保德信量化股票"的基本情况

证券代码	证券名称	成立年限（年）	年化收益率（%）	年化波动率（%）
360001.OF	光大保德信量化股票	16.40	14.09	20.21

数据来源：东方财富 Choice 数据。注：年化收益率与年化波动率是基于自 2015 年 1 月 1 日至 2021 年 1 月 15 日的收盘数据计算的。

佳话小贴士：

　　基于不同时间区间的数据，投资者可能会得出不同的结论。毕竟市场行情是实时变化的。

第 4 步：回测 2015 年年初至 2020 年年底坚持基金定投的历史收益数据。如果投资小白每个月可以强制自己储蓄 1000 元钱，同时坚持用科学的方法进行基金定投，那么他在大概率上会获得一笔很可观的投资回报。

具体来说，如果投资小白从 2015 年 1 月开始每个月存下 1000 元钱，并且坚持用科学定投的方式投资一只排名中等的基金（如基金产品"光大保德信量化股票"），那么截至 2020 年 12 月月初他的账户里已经有了 32.77% 的收益，连本带息加在一起，共有 94267.42 元，如表 1-22 所示。

如果投资小白从 2015 年 1 月开始每个月存下 1000 元钱，并且坚持用基金定投的方式投资一只排名相对位于头部的基金（如基金产品"万家优选"），那么截至 2020 年 12 月初他的账户里已经有了 192.34% 的收益，连本带息加在一起，共有 207561.35 元，如表 1-22 所示。

表 1-22　基金定投收益回测（2015 年 1 月 1 日至 2020 年 12 月 1 日）

定投基金名称	光大保德信量化股票 （基金代码：360001.OF）	万家优选 （基金代码：161903.SZ）
基金排名	中等排名	头部排名
定投开始日	2015 年 1 月 1 日	
定投结束日	2020 年 12 月 1 日	
定投周期	每月 1 次	
定投日	每月 1 日	
定投金额（元）	1000	
申购费率	1%	
分红方式	红利再投资	
开始日是否首次扣款	是	
投资期数	71	
投资总本金（元）	71000	
平均申购成本（元）	1.0407	0.7199
期末总资产（元）	94267.42	207561.35
定投总收益（元）	23267.42	136561.35
定投总收益率	**32.77%**	**192.34%**
定投年化收益率	9.47%	36.56%

数据来源：东方财富 Choice 数据，笔者测算。

现在，让我们来观察一下自 2015 年 1 月初至 2020 年 12 月初上证指数的行情走势图，如图 1-13 所示，同期指数累计涨幅 9.09%。2015 年 1 月初至 2020 年 12 月初深证成指的行情走势图，如图 1-14 所示，同期指数累计涨幅 29.84%。虽然上证指数与深证成指的累计涨幅还不错，但是期间股市行情大起大落，让投资者的心情也是跌宕起伏。如果投资者选择了基金定投，那么他在投资过程中可能不会这样煎熬。

上证指数 20141231 − 20201204　周期个数　304　最高　5178.19　均价　3153.66　总手　3446.26亿
000001　起始价 3157.60　最终价 3444.58　涨跌幅　9.09%　最低　2440.91　换手　917.72%　金额　4048685亿

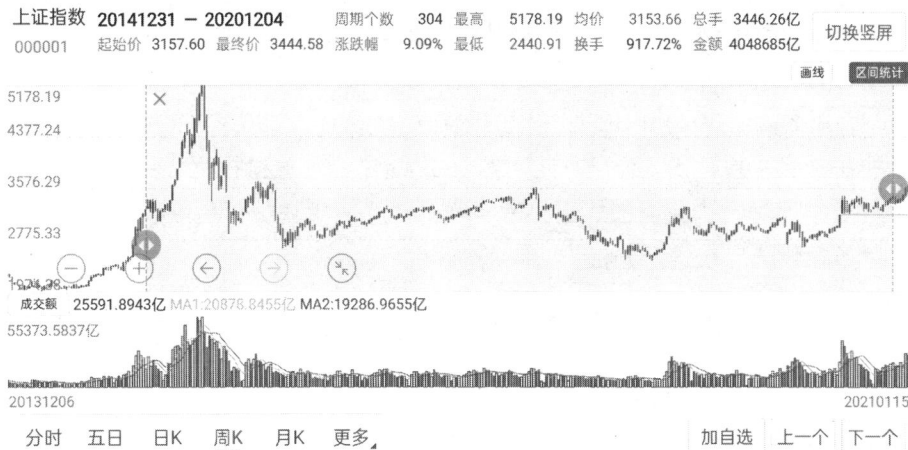

图 1-13　2015 年 1 月初至 2020 年 12 月初上证指数的行情走势图

深证成指 20141231 − 20201204　周期个数　304　最高　18211.76　均价　10719.35　总手　3726.14亿
399001　起始价 10802.64　最终价 14026.66　涨跌幅　29.84%　最低　7011.33　换手　1988.80%　金额　4979408亿

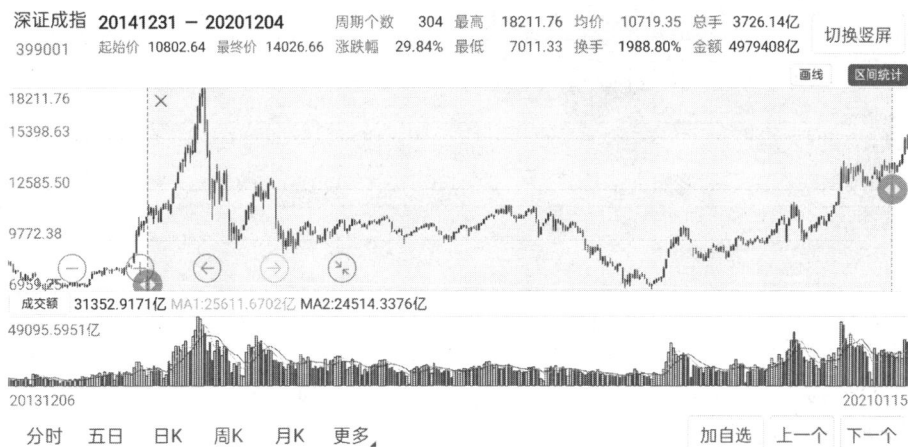

图 1-14　2015 年 1 月初至 2020 年 12 月初深证成指的行情走势图

第 5 步：回测 2010 年年初至 2020 年年底坚持基金定投的历史收益数据。如果投资小白每个月可以强制自己储蓄 1000 元钱，同时长期坚持用科学的方法进行基金定投，那么他在大概率上会获得一笔很可观的投资回报。

具体来说，如果投资小白从 2010 年 1 月开始，每个月存下 1000 元钱，并且坚持用科学定投的方式投资一只排名中等的基金（如基金产品"光大保德信量化股票"），那么截至 2020 年 12 月初，投资小白的账户里已经有了 66.12% 的收益，连本带息加在一起，共有 217611.04 元，如表 1-23 所示。

如果投资小白从 2010 年 1 月开始，每个月存下 1000 元钱，并且坚持用科学定投的方式投资一只排名相对位于头部的基金（如基金产品"万家优选"），那么截至 2020 年 12 月初他的账户里已经有了 296.37% 的收益，连本带息加在一起，共有 519249.71 元，如表 1-23 所示。值得投资者注意的是，为了前后方便对比，我们依然选择基金产品"光大保德信量化股票"与基金产品"万家优选"来进行分析。

表 1-23 基金定投收益回测（2010 年 1 月 1 日至 2020 年 12 月 1 日）

定投基金名称	光大保德信量化股票 （基金代码：360001.OF）	万家优选 （基金代码：161903.SZ）
基金排名	中等排名	头部排名
定投开始日	2010 年 1 月 1 日	
定投结束日	2020 年 12 月 1 日	
定投周期	每月 1 次	
定投日	每月 1 日	
定投金额（元）	1000	
申购费率	1%	
分红方式	红利再投资	
开始日是否首次扣款	是	
投资期数	131	
投资总本金（元）	131000	
平均申购成本（元）	0.8318	0.5310
期末总资产（元）	217611.04	519249.71
定投总收益（元）	86611.04	388249.71
定投总收益率	**66.12%**	**296.37%**
定投年化收益率	8.94%	23.56%

数据来源：东方财富 Choice 数据，笔者测算。

现在，让我们来观察一下 2010 年 1 月初至 2020 年 12 月初上证指数的行情走势图，如图 1-15 所示，同期指数累计涨幅 6.15%。2010 年 1 月初至 2020 年 12 月初深证成指的行情走势图如图 1-16 所示，同期指数累计涨幅 1.36%。通过观察上述行情走势图，我们可以发现：无论是上证指数还是深证成指，它们在过去十年内的涨跌幅度都相对较小。但是，如果投资者在过去十年内坚持科学基金定投，那么他会获得一份很不错的投资收益。

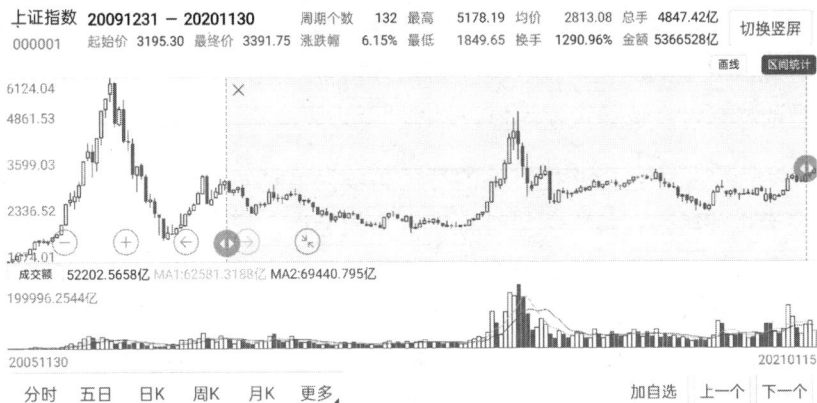

图 1-15　2010 年 1 月初至 2020 年 12 月初上证指数的行情走势图

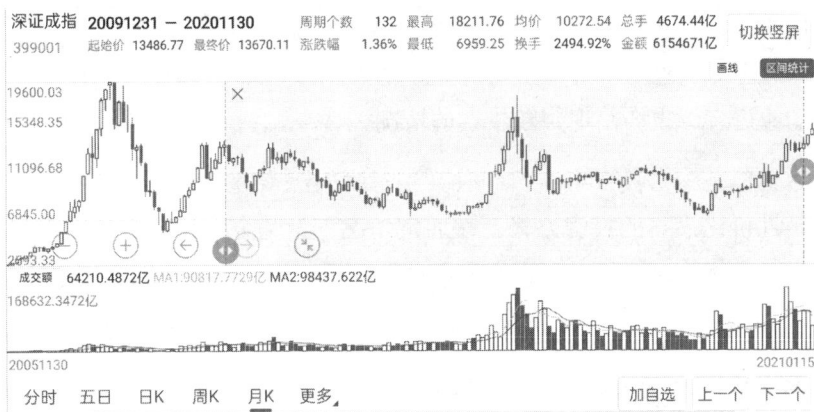

图 1-16　2010 年 1 月初至 2020 年 12 月初深证成指的行情走势图

通过上述分析，相信很多投资小白心想："如果我早点儿知道基金定投，那么我现在肯定能有一笔很不错的存款与投资回报！"的确如此，通过基金定投强制自己储蓄并长期坚持，哪怕每个月存下 500 元或者 1000 元，投资小白也可以为自己存下一笔数目不小的资金。

最后，再次温馨提示投资者，科学理财绝对不是等到一个人有钱时才有机会参与。坚持科学基金定投不仅可以帮助投资小白不断实现资产的保值与增值，还可以帮助投资小白实现人生的阶段性目标。

2. 误区二：盲目止损

当市场行情呈现持续上涨趋势时，部分投资者会选择止盈离场，提前将盈利收入囊中；当市场行情呈现持续下跌趋势时，部分投资者会选择止损离场，避免承受更大的投资损失；当市场行情呈现无规律震荡时，部分心理素质较差的投资者会选择止损离场。

在实际交易中，无规律震荡的行情是较为常见的一种行情走势。如果投资者在无规律震荡行情中频繁进行盲目止损操作，那么他很有可能会不断地承受投资亏损。那么，什么时候进行止损才是最合适的呢？关于这个问题，在实际交易中并没有一个统一的答案。换句话说，不同的投资者对止损的标准有不同的交易原则与纪律。对专业的投资者来说，严格遵守及时止损的交易原则与纪律，是一件非常严肃的事情。

如果你是一个交易经验较为丰富的投资者，那么当你发现自己的证券投资标的出现明显的背离时，你可以考虑及时止损。但是，值得投资者注意的是，这种止损方法并不是完全正确的。在实际交易中，即使是交易经验十分丰富的投资者，也会出现判断错误的情况。

如果你是一个投资小白，同时又没有时间经常盯盘，那么选择基金定投也许是性价比最高的投资方式。在通常情况下，基金定投的交易原则是止盈不止损，具体的原因分析，我们会在后面的章节中为大家详细介绍。

3. 误区三：频繁进行短线交易

在现实的投资交易中，很多投资者的心情很容易受到市场行情的影响。我们可以将市场行情大致分为三种情形，具体分析如下所示。

情形 1：当市场行情大涨时，很多投资者后悔自己没有多买入一些证券投资标的，随后频繁地进行加仓或者调仓。

情形 2：当市场行情大跌时，很多投资者后悔自己没有早点儿止盈卖出或者提前止损卖出手中持有的证券投资标的，随后频繁地进行补仓（俗称"越跌越买"）或者买入其他证券投资标的。

情形 3：当市场行情不温不火时，很多投资者可能会由于缺乏耐心而频繁地选择将手中持有的还没开始上涨的证券投资标的调换成已经开始上涨的证券投资标的。但是，在投资者调完持仓后，新买入的证券投资标的反而开始下跌了。换句话说，如果投资者选择频繁地进行短线交易，那么他可能并不会获得一份相对较好的投资收益。

无论市场处于哪种行情中，很多投资者都容易受到不理性因素的影响而频繁地进行短线交易。如果一个投资者在 2017 年年底开始投资沪深 300ETF，那么他可能需要忍受长达一年之久的熊市行情。换句话说，自 2017 年 12 月 29 日至 2018 年 12 月 28 日，他的资金账户大约会累计亏损 25.41%，如图 1-17 所示。在这一年内，如果投资者频繁地进行短线交易，那么他亏损的概率是极大的，亏损幅度可能还会超过 25%。但是，如果该投资者将他的投资年限拉长到 2021 年 1 月中旬，那么他的资金账户会累计盈利 34.75%，如图 1-18 所示。

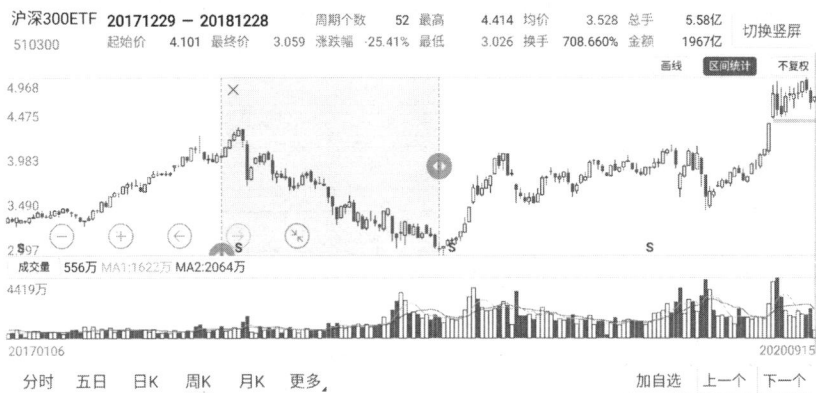

图 1-17　2017 年 12 月 29 日至 2018 年 12 月 28 日沪深 300ETF 累计亏损 25.41%

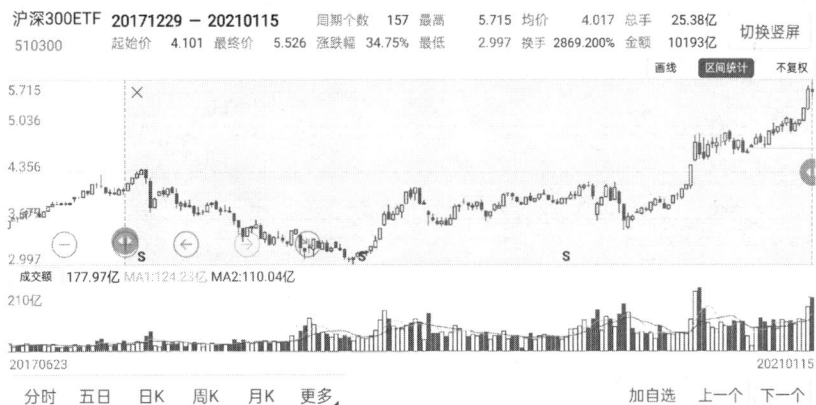

图 1-18　2017 年 12 月 29 日至 2021 年 1 月 15 日沪深 300ETF 累计涨幅 34.75%

让我们再举一个例子。如果投资小白从 2018 年 1 月 1 日开始，每个月存下 1000 元钱，并且采用每月定投的方式参与基金产品"博时精选混合 A"的定投，那么自 2018 年 1 月 1 日至 2019 年 1 月 1 日他的基金定投账户累计亏损将达 12.55%。但是，如果该投资者将他的投资年限拉长到 2020 年 12 月 1 日，那么他的基金定投账户会累计盈利 36.56%，如表 1-24 所示。值得投资者注意的是，该基金产品是笔者随机选择的，大家也可以对其他基金产品进行定投分析。

表 1-24　基金定投收益测算对比

定投基金名称	博时精选混合 A（基金代码：050004.OF）	
定投开始日	2018 年 1 月 1 日	
定投结束日	2019 年 1 月 1 日	2020 年 12 月 1 日
定投周期	每月 1 次	
定投日	每月 1 日	
定投金额（元）	1000	
申购费率	1%	
分红方式	红利再投资	
开始日是否首次扣款	是	
投资期数	12	35
投资总本金（元）	12000	35000
平均申购成本（元）	1.6521	1.7482
期末总资产（元）	10494.42	47794.85
定投总收益（元）	−1505.58	12794.85
定投总收益率	**−12.55%**	**36.56%**
定投年化收益率	−22.78%	21.97%

数据来源：东方财富 Choice 数据，笔者测算。

综上所述，对普通投资者来说，对证券投资标的进行选择是一件有难度的事情。为了避免频繁进行短线交易而不得不止损离场，我们建议投资者将投资周期拉长进而博取更高投资回报的可能性。

4. 误区四：误解分散风险

每当提到分散投资与分散风险时，很多投资者会说："我懂分散投资，也懂分散风险，这还不容易吗？我买了 10 只股票呢，风险早就被我分散了，我是不是很棒？"每当听到这些答案时，我就很想说："你理解的分散投资与分散风险跟实际情况不是一回事，你误解分散投资与分散风险的本意了！"

换句话说，如果一个投资者将资金都用来投资股票，分别买入 10 只不同的股票，那么当股市发生系统性风险或者呈现明显的下跌趋势时，他所持有的股票在大概率上会面临大幅下跌的风险。此时，投资者可能会面临较大的投资亏损风险。

在通常情况下，分散投资不等于分散风险。分散投资是指将资金分别在债权类资产、股权类资产、商品类资产及其他不同类别资产中进行投资，而不是指将资金全部分散投资在同一类资产中。当股权类资产大涨时，债权类资产的表现可能比较一般；当债权类资产大涨时，股权类资产的表现可能比较一般。换句话说，在同一市场行情中，不同类别的资产对同一市场行情会有不同的反应。不同类别资产之间的相关性相对较低，会在某种程度上降低投资者的投资风险。那么，投资者到底应该如何分散投资风险呢？投资者主要可以参考以下六个步骤，如表 1-25 所示。

表 1-25   分散投资风险的参考步骤

步骤	情况说明
第 1 步	正确理解分散投资与分散风险，不合适的分散投资不等于分散风险
第 2 步	正确理解资产的不同类别，如股权类资产、债权类资产、商品类资产及其他不同类别的资产
第 3 步	正确理解不同资产类别之间的相关性，并找到适合自己的配置比例。具体来说，如果投资者承受风险的能力相对较强，那么他可以适当性地提高股权类资产的配置比例；如果投资者承受风险的能力相对较弱，那么他可以适当性地提高债权类资产的配置比例
第 4 步	在不同资产类别中使用科学的方法来筛选综合表现较为优秀的基金产品
第 5 步	长期坚持科学基金定投，用相对较长的投资周期来博取未来相对较大的投资利润空间
第 6 步	定期做好基金定投的投后管理，及时调出表现相对较弱的持仓，并及时调入其他综合表现较为优秀的基金产品

__佳话小贴士：__

不合适的分散投资不等于分散风险，投资者需要特别注意两者之间的区别。

5. 误区五：只追求收益而忽略风险

这些年，小伙伴们经常问我："你说买什么理财产品可以让我获取较高的投资回报呢？"我回复小伙伴："如果你想获取较高的投资回报，那么你最大能够承受的投资亏损是多少呢？"小伙伴想了想告诉我："亏损？我才不要承受亏损呢，最好一分钱都不要亏。"看到这里，相信很多投资者都有过类似这样的想法。事实上，想要获取较高投资回报的初心是很美好的。但是，能够在不承受投资亏损的前提条件下获取相对较高的投资回报，是一件具有挑战性的事情。

在投资的世界里，投资的收益性与风险性是一对形影不离的"好朋友"，投资者不能只考虑投资的收益性而忽略投资的风险性。无论是哪一类资产还是哪一种投资品种，都有与之相对应的收益与风险的相对区间。如果投资者只想获取相对较高的投资回报，却不愿意承担与之相对应的投资风险，那么他也许很难找到这样一款可心的理财产品。换句话说，如果投资者想要获取年化收益率为15%的投资回报，那么他也许要做好每年亏损15%的心理准备。如果投资者想要获取年化收益率为15%的投资回报，却不想承担15%的年化亏损，那么他可以通过组合基金定投的方式来尽可能地降低投资风险。关于组合基金定投，我们会在后面的内容中为投资者进行详细的介绍。

6. 误区六：偏听投资顾问的投资建议

很多人知道投资理财的重要性，但是他们可能并不知道如何科学系统地进行投资理财，于是找到投资顾问进行"专业的咨询"。实际上，投资者心中期待的咨询意见与实际得到的咨询意见之间往往存在一定的差距。具体分析如下所示。

第一，关于投资者心中期待的投资顾问与咨询意见。作为普通投资者，我们希望投资顾问可以从投资者的实际情况出发，综合分析投资者的实际资产情况与风险承受能力等，并为投资者制定出个性化的投资理财配置方案。投资者在接受投资顾问的咨询意见之后，期待投资顾问可以定期帮助自己梳理投资账户的盈亏情况，并及时给出适当的调整建议，进而不断实现资产的保值与升值。

但是，我们不得不承认这些都只是投资者心中美好的期待与憧憬。在现实情况中，当投资顾问为投资者提供相对专业化的咨询意见时，投资顾问也不得不考虑一些其他因素，如所在机构产品池的投资范围、当月理财产品销售的完成进度等。

第二，关于投资者实际接触的投资顾问与咨询意见。我们主要可以从三个方面来分析投资者在现实生活中接触到的投资顾问与其给出的咨询意见。具体分析如下所示。

（1）投资顾问都隶属于某一金融机构。在通常情况下，绝大多数投资顾问或者理财经理都隶属于某一金融机构，如证券公司、银行、基金公司、保险公司等。当投资者向这些专业的投资顾问进行咨询时，这些投资顾问只能从所在机构的产品池白名单中为投资者进行筛选并做出相关的产品推荐。如果一款理财产品业绩比较优秀但不在该家机构销售的产品池中，那么投资顾问是不能为投资者进行产品推介与销售的。不同的投资顾问隶属于不同的金融机构，不同的金融机构可能有不同的产品池，这就导致不同的投资顾问为同一个投资者推荐的理财产品可能是截然不同的。与此同时，投资顾问给投资者提供的咨询意见也有可能是相对片面的，毕竟他们不能推荐所在机构产品池以外的理财产品。

（2）投资顾问每个月需要完成理财产品的销售任务，进而满足关键绩效指标的要求。如果一款理财产品的销售提成较高，那么有的投资顾问可能会优先为投资者推荐该款理财产品，而不是完全从投资者的需求与实际情况出发。

（3）投资顾问不需要对理财产品的业绩与后续发展负责。投资顾问只负责向投资者推荐理财产品，但他们并不需要对投资过程、投资业绩及理财产品的后续发展负责。所以，我们建议投资者在充分了解理财产品的基本情况与过往历史业绩之后，再慎重做出投资决策，避免偏听投资顾问的理财意见。

通过以上分析，我们可以发现：适当性地掌握一些金融理财知识可以帮助投资者更客观地筛选理财产品，也可以帮助投资者对已经买入的理财产品进行更加专业化的投后管理。

通过阅读本章的内容，投资者可以正确认识投资、学习基金的基础知识，以及理解基金定投常见的观念误区，进而可以尽可能地避免陷入投资理财的误区。在下一章内容中，我将为投资者详细介绍如何做好基金定投的前期准备工作。

第 2 章

基金定投的"前期准备工作"

对大多数的投资小白来说，基金定投也许是性价比相对较高的一种投资方式。在通常情况下，基金定投是指投资者可以定期定额地申购（即买入）基金。其中，定期是指投资者可以在固定的时间内买入基金产品的基金份额，定额是指投资者可以以固定的资金额度对基金产品进行买入操作。在基金定投的过程中，投资者可以选择手动扣款申购操作，也可以选择自动扣款申购操作。

当基金市场行情不好时，投资者可以在下跌行情中不断积攒基金份额；当基金市场行情很好时，投资者可以在上涨行情中不断收获基金净值。投资者在正式开始基金定投之前，需要做一系列的"前期准备工作"。

在接下来的内容中，投资者可以看到更多详细的介绍，如最适合定投的市场行情、投资者的定投目标是什么、定投时长如何设置、如何设置每月合理的定投周期频率、如何设置每月合理的定投金额、定投方式有哪些、如何找到最适合自己的定投渠道、如何最大程度地节省定投费用，以及如何制订适合自己的定投计划。

佳话小贴士：

基金定投是指投资者在约定的时间以约定的金额对约定的基金产品进行申购（即买入）操作。当市场行情偏熊时，投资者可以在下跌行情中不断积攒基金份额；当市场行情偏牛时，投资者可以在上涨行情中不断收获基金净值。

2.1　最适合定投的市场行情是怎样的

在通常情况下，市场行情可以分为五类，分别为一路上涨的市场行情、先涨后跌的市场行情、先跌后涨的市场行情、一路下跌的市场行情、一路无规律波动和震荡的市场行情。那么，到底哪种市场行情或者哪几种市场行情是适合基金定投的呢？接下来，让我们具体分析一下。

第一，当市场行情呈现单边上涨的趋势时，基金定投的收益率不如一次性投资的收益率高。值得投资者注意的是，单边上涨的市场行情在实际交易中出现的频率是相对较低的。第二，当市场行情呈现先涨后跌的情况时，基金定投的收益效果不明显。第三，当市场行情呈现先跌后涨的情况时，基金定投的收益效果比较明显。此时，投资者会看到一条非常漂亮的"微笑曲线"。在通常情况下，先跌后涨的市场行情也许是最适合投资者进行基金定投的行情。第四，当市场行情呈现单边下跌的趋势时，基金定投的收益率比一次性投资的收益率高，这是因为投资者可以在单边下跌的行情中分批积攒基金份额。第五，当市场行情呈现无规律波动、震荡的趋势时，投资者在基金定投的过程中可以获得行情波动带来的收益。

2.2　投资者的定投目标是什么

在正式开始基金定投之前，投资者需要先明确一下自己的定投目标。对"上班族"来说，可能没有时间像专业投资者一样去盯盘，但是他们也想通过基金定投的方式来积攒人生的第一桶金；对刚步入社会工作的年轻人来说，他们可以通过基金定投的方式每个月强制自己进行储蓄，积少成多，聚沙成塔，逐渐实现自己的阶段性储蓄小目标；对投资风险偏好相对较低的中年人来说，可以通过基金定投的方式来降低投资风险，同时又不会错过资本市场带来的资本积累；对拥有长期理财计划的人来说，可以通过基金定投的方式来为子女的教育金、老人的养老金提前做好规划储备。

投资者常常需要思考一些基础性的问题：每年想要努力赚取的投资收益率是多少？是 10%、15%，还是 20%？子女未来的学费需要准备多少年才能存够？老人未来的养老金需要准备多少年才能存够？每年需要赚取多少钱才能跑过通货膨胀？无论对上述哪种类型的投资者来说，他们的目标都是赚取相对可观的基金投资回报。

投资者在开始基金定投之前，认真思考一下自己最想达到的基金定投目标，这是非常关键的。但是，值得投资者注意的是，任何基金定投目标的设置都需要在符合实际情况的基础之上进行，万万不可严重脱离实际情况。

2.3   如何设置定投时长

在证券投资交易的世界里，选择质地优良的投资标的是一件比较难的事情。在投资者历经千辛万苦好不容易筛选出质地优良的投资标的之后，"如何择时"又难倒了一批英雄好汉。但是，在基金定投的世界里，投资者是无须自己进行择时的，也无须每天自己实时盯盘。

换句话说，对投资经验不多且风险承受能力相对较弱的投资者来说，选择基金定投也许是性价比最高的投资方式。当投资者学会如何科学筛选基金产品并坚持基金定投时，他在大概率上会获得一份还不错的投资回报。在基金定投初期，投资者可以自行设置每月合理的定投周期频率与定投金额，然后在指定的定投日进行自动扣款申购，整个操作过程相对较为简单。也许有的投资者会问："既然基金定投的操作过程这么简单，为什么我们有时候还会亏钱呢？"这个问题的答案是多方面的，其中一个答案是投资者坚持定投的时间不够长。在通常情况下，投资者可以将一个"牛熊周期"作为基金定投的一个完整周期，投资者可以在接下来的内容中看到更加详细的介绍。

1. 将"牛熊周期"设定为定投时长

中国股市的特点是"牛短熊长"，这就使得投资者可能在相当长的一段时间里忍受"熊长"行情的折磨。但是，如果投资者在"熊长"行情中正确使用基金定投的方法，那么他在"牛短"行情中是能够比较容易地获取一份定投回报的。理论上，为了能够在"牛短熊长"的行情中获得一份相对较好的投资回报，投资者可以将"牛熊周期"设定为基金定投时长。那么，到底什么是"牛熊周期"呢？

在通常情况下，牛熊周期是指指数行情走势图中两个相邻高点之间的区间。投资者可以在熊市行情中不断积累基金份额，然后在牛市行情中不断收获基金净值，进而努力实现基金盈利的目标。在现实交易中，当基金行情出现持续性上涨直至"高峰"时，很多投资者慕名而来参与基金定投。当基金行情出现持续性回调低至"低谷"时，很多投资者又很快决定忍痛止损离开。当投资者在基金净值处于"低谷"期间决定止损离开时，他可能忽略了基金定投中的"微笑曲线"理论。关于"微笑曲线"的内容，投资者可以在第 5 章中看到。

在通常情况下，投资者可以将一个"牛熊周期"作为基金定投的一个完整周期。接下来，通过对上证指数与深证成指过去牛熊周期的复盘分析，投资者可以看到将"牛熊周期"作为基金定投时长的重要性。

2．复盘上证指数的牛熊周期

现在让我们以"上证指数"为例来复盘分析一下它在过去 10 年间（2011年 1 月 1 日至 2021 年 3 月 15 日）的牛熊周期。我们大致可以将上证指数这 10 年的走势分割为四个牛熊周期，如图 2-1 所示。值得投资者注意的是，这样的分类只是一个大概意义上的区间分类，并不是一个绝对意义上的区间分类。接下来，让我们对每一个牛熊周期进行复盘分析。

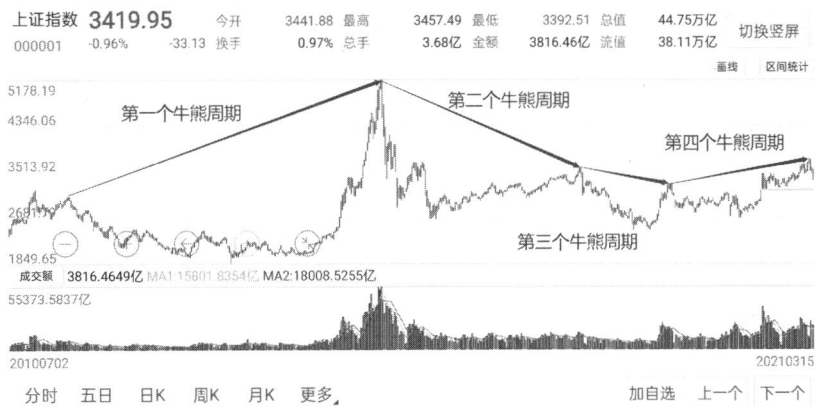

图 2-1　上证指数在过去 10 年间的四个牛熊周期

1）第一个牛熊周期

在过去 10 年间（2011 年 1 月 1 日至 2021 年 3 月 15 日），我们可以将 2011年 4 月 15 日至 2015 年 6 月 12 日的行情走势视为第一个牛熊周期。期间，上证指数先从 3030.02 点下跌至 1979.21 点，再从 1979.21 点上涨至 5166.35 点，累计上涨 70.51%，如图 2-2 所示。

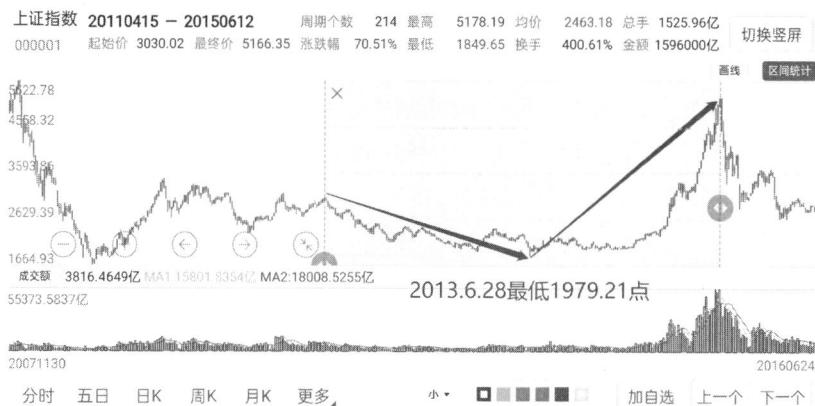

图 2-2　2011 年 4 月 15 日至 2015 年 6 月 12 日上证指数累计上涨 70.51%

在这个牛熊周期中，假设投资者从 2011 年 4 月 15 日开始对基金产品"广发沪深 300ETF 联接 A（基金代码：270010.OF）"进行每周定投，每周的周一定投 500 元。如果投资者在定投的过程中无法忍受市场行情的持续性下跌而选择在市场低点（如 2013 年 6 月底的 1979.21 点）忍痛"割肉"，那么他在大概率上会将账户的"浮亏"变成"实际亏损"。换句话说，如果投资者从 2011 年 4 月 15 日至 2013 年 6 月 28 日参与每周基金定投，那么他的定投总收益为 -7299.08 元（即亏损 7299.08 元），定投总收益率为-13.03%，定投年化收益率为-12.05%，如表 2-1 所示。

但是，如果投资者在定投的过程中对"牛熊周期"有充分的了解，那么他在大概率上并不会选择在市场相对低点的时候止损，而是选择继续坚持基金定投。具体来说，如果投资者从 2011 年 4 月 15 日至 2015 年 6 月 12 日参与每周基金定投，那么他的定投总收益为 111,158.11 元（即盈利 111,158.11 元），定投总收益率为 103.89%，定投年化收益率为 36.34%，如表 2-1 所示。

表 2-1　上证指数"第一个牛熊周期"基金定投收益回测（2011.4.15—2015.6.12）

定投基金名称	广发沪深 300ETF 联接 A（基金代码：270010.OF）	
定投开始日	2011 年 4 月 15 日	
定投结束日	2015 年 6 月 12 日	2013 年 6 月 28 日
定投赎回日	2015 年 6 月 12 日	2013 年 6 月 28 日

续表

定投基金名称	广发沪深 300ETF 联接 A（基金代码：270010.OF）	
定投周期	每周 1 次	
定投日	周一	
定投金额（元）	500	
申购费率	1%	
分红方式	红利再投资	
开始日是否首次扣款	是	
投资期数	214	112
投资总本金（元）	107000	58000
平均申购成本（元）	1.1448	1.1257
期末总资产（元）	218158.11	48700.92
定投总收益（元）	111158.11	-7299.08
定投总收益率	**103.89%**	**-13.03%**
定投年化收益率	36.34%	-12.05%

数据来源：东方财富 Choice 数据，笔者测算。

通过观察图 2-2 与表 2-1 中的数据，我们可以清晰地发现：当市场呈现熊市行情时，如果投资者选择在低位止损离场，那么他的投资可能会出现实际亏损；当市场行情由熊市逐渐转为牛市时，一直坚持基金定投的投资者在这个牛熊周期中收获了相对不错的投资回报。也就是说，当投资者将"牛熊周期"作为基金定投时长时，他在大概率上会获得一份相对不错的投资回报。

2）第二个牛熊周期

在过去 10 年间（2011 年 1 月 1 日至 2021 年 3 月 15 日），我们可以将 2015 年 6 月 12 日至 2018 年 1 月 26 日的行情走势视为第二个牛熊周期。期间，上证指数先从 5023.10 点下跌至 2737.60 点，再从 2737.60 点上涨至 3558.13 点，累计下跌 29.16%，如图 2-3 所示。

值得投资者注意的是，第一个牛熊周期的结尾周收盘点位数据为 5166.35 点，而第二个牛熊周期中的起始周开盘点位数据为 5023.10 点。在正常情况下，这两个数据应该是一致的，但由于统计过程中交易软件中的"周数据"易出现数据误差，所以我们在这里暂时以"5023.10 点"作为第二个牛熊周期的起始点进行统计分析。投资者可以重点关注分析的思路。

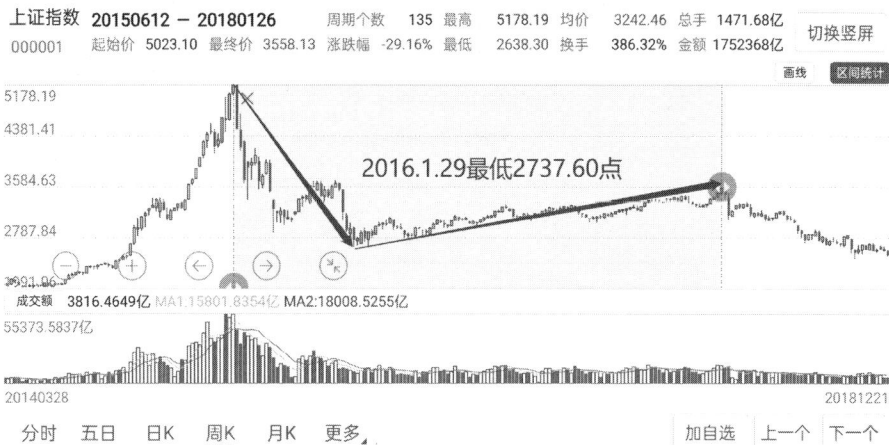

上证指数 20150612 - 20180126　周期个数　135　最高　5178.19　均价　3242.46　总手　1471.68亿　　切换竖屏

000001　起始价 5023.10　最终价 3558.13　涨跌幅 -29.16%　最低　2638.30　换手　386.32%　金额 1752368亿

图 2-3　2015 年 6 月 12 日至 2018 年 1 月 26 日上证指数累计下跌 29.16%

在这个牛熊周期中，假设投资者从 2015 年 6 月 12 日开始对基金产品"广发沪深 300ETF 联接 A（基金代码：270010.OF）"进行每周定投，每双周的周一定投 500 元。如果投资者在定投的过程中无法忍受市场行情的持续性下跌而选择在市场低点（如 2016 年 1 月底的 2737.60 点）忍痛"割肉"，那么他在大概率上会将账户的"浮亏"变成"实际亏损"。换句话说，如果投资者从 2015 年 6 月 12 日至 2016 年 1 月 29 日参与基金定投，那么他的定投总收益为 -3552.92 元（即亏损 3552.92 元），定投总收益率为 -20.90%，定投年化收益率为 -52.65%，如表 2-2 所示。

如果投资者在定投的过程中对"牛熊周期"有充分的了解，那么他在大概率上不会选择在市场处于低点的时候止损，而是选择继续坚持基金定投。具体来说，如果投资者从 2015 年 6 月 12 日至 2018 年 1 月 26 日参与每周基金定投，那么他的定投总收益为 16829.85 元（即盈利 16829.85 元），定投总收益率为 24.93%，定投年化收益率为 17.58%，如表 2-2 所示。

表 2-2　上证指数"第二个牛熊周期"基金定投收益回测（2015.6.12—2018.1.26）

定投基金名称	广发沪深 300ETF 联接 A（基金代码：270010.OF）	
定投开始日	2015 年 6 月 12 日	
定投结束日	2018 年 1 月 26 日	2016 年 1 月 29 日

续表

定投基金名称	广发沪深 300ETF 联接 A（基金代码：270010.OF）	
定投赎回日	2018 年 1 月 26 日	2016 年 1 月 29 日
定投周期	每周 1 次	
定投日	周一	
定投金额（元）	500	
申购费率	1%	
分红方式	红利再投资	
开始日是否首次扣款	是	
投资期数	135	34
投资总本金（元）	67500	17000
平均申购成本（元）	1.5914	1.6393
期末总资产（元）	84329.85	13447.08
定投总收益（元）	16829.85	-3552.92
定投总收益率	**24.93%**	**-20.90%**
定投年化收益率	17.58%	-52.65%

数据来源：东方财富 Choice 数据，笔者测算。

通过观察图 2-3 与表 2-2 中的数据，我们可以清晰地发现：投资者在 2015 年 6 月中旬（即市场处于最高点的时候）入场参与基金定投，随后又经历了持续性的熊市行情，如果投资者选择在 2016 年 1 月底止损离场，那么他在大概率上会亏损 20% 左右。但是，如果投资者将 "牛熊周期" 设定为定投时长，那么即使在市场最高点进入定投市场，他的定投总收益率可能依然是正的。也就是说，当投资者将 "牛熊周期" 作为基金定投时长时，他在大概率上会获得一份相对不错的投资回报。

3）第三个牛熊周期

在过去 10 年间（2011 年 1 月 1 日至 2021 年 3 月 15 日），我们可以将 2018 年 1 月 26 日至 2019 年 4 月 26 日的行情走势视为第三个牛熊周期。期间，上证指数先从 3487.86 点下跌至 2440.91 点，再从 2440.91 点上涨至 3086.40 点，累计下跌 11.51%，如图 2-4 所示。

值得投资者注意的是，第二个牛熊周期的结尾周收盘点位数据为 3558.13 点，而第三个牛熊周期的起始周开盘点位数据为 3487.86 点。在正常情况下，这两个数据应该是一致的，但由于统计过程中交易软件中的"周数据"易出现数据误差，所以我们在这里暂时以"3487.86 点"作为第三个牛熊周期的起始点进行统计分析。投资者可以重点关注分析的思路。

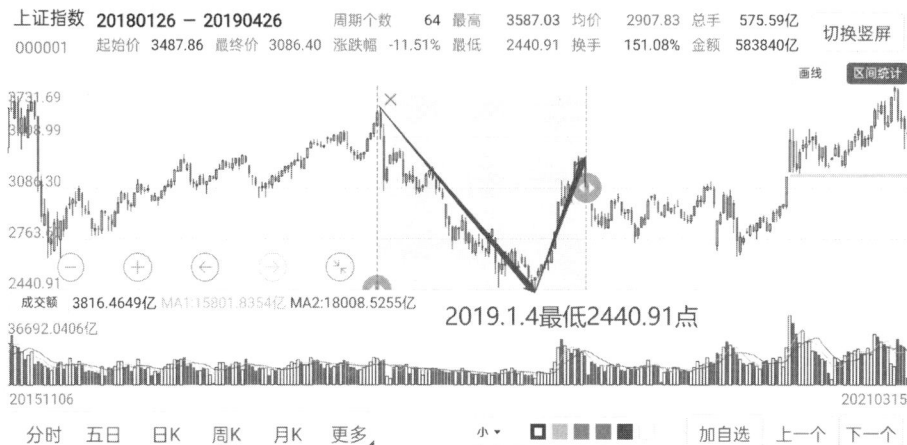

图 2-4　2018 年 1 月 26 日至 2019 年 4 月 26 日上证指数累计下跌 11.51%

在这个牛熊周期中，假设投资者从 2018 年 1 月 26 日开始对基金产品"广发沪深 300ETF 联接 A（基金代码：270010.OF）"进行每周定投，每周的周一定投 500 元。如果投资者在定投的过程中无法忍受市场行情的持续性下跌而选择在市场低点（如 2019 年 1 月初的 2440.91 点）忍痛"割肉"，那么他在大概率上会将账户的"浮亏"变成"实际亏损"。换句话说，如果投资者从 2018 年 1 月 26 日至 2019 年 1 月 4 日参与每周基金定投，那么他的定投总收益为 -3325.01 元（即亏损 3325.01 元），定投总收益率为-13.57%，定投年化收益率为-26.55%，如表 2-3 所示。

同理，如果投资者在定投的过程中对"牛熊周期"有充分的了解，那么他在大概率上就不会选择在市场处于低点的时候止损，而是选择继续坚持基金定投。具体来说，如果投资者从 2018 年 1 月 26 日至 2019 年 4 月 26 日参与每周基金定投，那么他的定投总收益为 2728.87 元（即盈利 2728.87 元），定投总收益率为 8.53%，定投年化收益率为 13.42%，如表 2-3 所示。

表 2-3 上证指数"第三个牛熊周期"基金定投收益回测（2018.1.26—2019.4.26）

定投基金名称	广发沪深 300ETF 联接 A（基金代码：270010.OF）	
定投开始日	2018 年 1 月 26 日	
定投结束日	2019 年 4 月 26 日	2019 年 1 月 4 日
定投赎回日	2019 年 4 月 26 日	2019 年 1 月 4 日
定投周期	每周 1 次	
定投日	周一	
定投金额（元）	500	
申购费率	1%	
分红方式	红利再投资	
开始日是否首次扣款	是	
投资期数	64	49
投资总本金（元）	32000	24500
平均申购成本（元）	1.6732	1.6669
期末总资产（元）	34728.87	21174.99
定投总收益（元）	2728.87	−3325.01
定投总收益率	**8.53%**	**−13.57%**
定投年化收益率	13.42%	−26.55%

数据来源：东方财富 Choice 数据，笔者测算。

通过观察图 2-4 与表 2-3 中的数据，我们可以清晰地发现：投资者在 2018 年 1 月 26 日入场参与基金定投，随后又经历了持续性的下跌行情，如果投资者选择在 2019 年 1 月 4 日的市场最低点位（2440.91 点）止损离场，那么他在大概率上会亏损 14%左右。但是，如果投资者将"牛熊周期"设定为定投时长，那么在 2019 年 4 月 26 日他的基金账户就可以由浮亏变为盈利，并最终获利 8.53%。换句话说，当投资者将"牛熊周期"作为基金定投时长时，他在大概率上会获得一份相对不错的投资回报。

4）第四个牛熊周期

在过去 10 年间（2011 年 1 月 1 日至 2021 年 3 月 15 日），我们可以将 2019 年 4 月 26 日至 2021 年 2 月 19 日的行情走势视为第四个牛熊周期。期间，上证指数先从 3270.80 点下跌至 2646.80 点，再从 2646.80 点上涨至 3696.17 点，累计上涨 13.01%，如图 2-5 所示。

值得投资者注意的是，第三个牛熊周期的结尾周收盘点位数据为 3086.40 点，而第四个牛熊周期的起始周开盘点位数据为 3270.80 点。在正常情况下，这两个数据应该是一致的，但由于在统计过程中交易软件中的"周数据"易出现数据误差，所以我们在这里暂时将"3270.80 点"作为第四个牛熊周期的起始点进行统计分析。在这里，投资者可以重点关注分析思路。

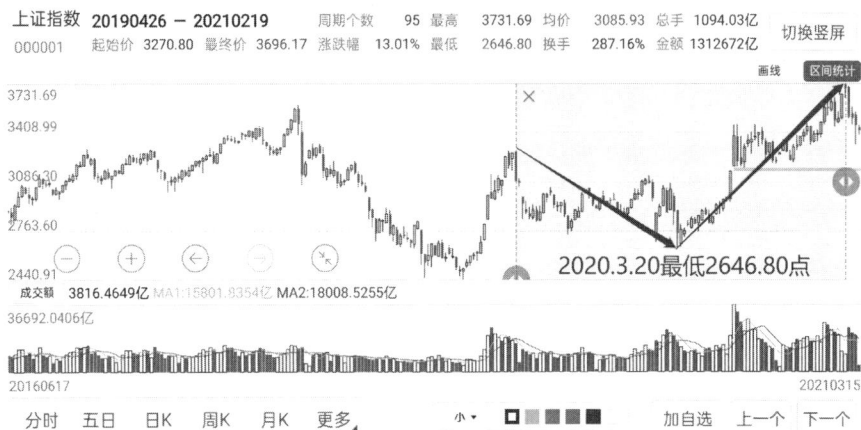

图 2-5   2019 年 4 月 26 日至 2021 年 2 月 19 日上证指数累计上涨 13.01%

在这个牛熊周期中，假设投资者从 2019 年 4 月 26 日开始对基金产品"广发沪深 300ETF 联接 A（基金代码：270010.OF）"进行每周定投，每周的周一定投 500 元。如果投资者在定投的过程中无法忍受市场行情的持续性下跌而选择在市场低点（如 2020 年 3 月中下旬的 2646.80 点）忍痛"割肉"，那么他在大概率上会将账户的"浮亏"变成"实际亏损"。换句话说，如果投资者从 2019 年 4 月 26 日至 2020 年 3 月 20 日参与每周基金定投，那么他的定投总收益为-1400.53 元（即亏损 1400.53 元），定投总收益率为-5.96%，定投年化收益率为-12.42%，如表 2-4 所示。

同理，如果投资者在定投的过程中对"牛熊周期"有充分的了解，那么他在大概率上就不会选择在市场处于低点的时候止损，而是选择继续坚持基金定投。具体来说，如果投资者从 2019 年 4 月 26 日至 2021 年 2 月 19 日参与每周基金定投，那么他的定投总收益为 17308.04 元（即盈利 17308.04 元），定投总收益率为 36.44%，定投年化收益率为 37.95%，如表 2-4 所示。

表 2-4　上证指数"第四个牛熊周期"基金定投收益回测（2019.4.26—2021.2.19）

定投基金名称	广发沪深 300ETF 联接 A（基金代码：270010.OF）	
定投开始日	2019 年 4 月 26 日	
定投结束日	2021 年 2 月 19 日	2020 年 3 月 20 日
定投赎回日	2021 年 2 月 19 日	2020 年 3 月 20 日
定投周期	每周 1 次	
定投日	周一	
定投金额（元）	500	
申购费率	1%	
分红方式	红利再投资	
开始日是否首次扣款	是	
投资期数	95	47
投资总本金（元）	47500	23500
平均申购成本（元）	2.0032	1.8473
期末总资产（元）	64808.04	22099.47
定投总收益（元）	17308.04	-1400.53
定投总收益率	**36.44%**	**-5.96%**
定投年化收益率	37.95%	-12.42%

数据来源：东方财富 Choice 数据，笔者测算。

　　通过观察图 2-5 与表 2-4 中的数据，我们可以清晰地发现：投资者在 2019年 4 月 26 日入场参与基金定投，随后又经历了持续性的下跌与震荡行情，如果投资者选择在 2020 年 3 月 20 日的市场最低点位（2646.80 点）止损离场，那么他在大概率上会亏损 6%左右。但是，如果投资者将"牛熊周期"设定为定投时长，那么即使在市场相对高点进入定投市场，他的定投总收益率也是很不错的。也就是说，当投资者将"牛熊周期"作为基金定投时长时，他在大概率上会获得一份相对不错的投资回报。

　　综上所述，通过对上证指数在过去 10 年间（2011 年 1 月 1 日至 2021 年 3月 15 日）的四个牛熊周期进行基金定投收益回测，我们可以发现：即使投资者在每个牛熊周期的最高点或者相对高点开始进行基金定投，并经历着持续性的下跌与震荡行情，当市场行情逐渐好转时，投资者定投获利的概率也是很大的。当市场行情呈现持续性上涨趋势时，投资者可以选择分批止盈。

3.复盘深证成指的牛熊周期

现在让我们以"深证成指"为例来分析一下它在过去 10 年间（2011 年 1 月 1 日至 2021 年 3 月 15 日）的牛熊周期。我们大致可以将深证成指这 10 年间的走势分割为四个牛熊周期，如图 2-6 所示。值得投资者注意的是，这样的分类只是一个大概意义上的区间分类，并不是一个绝对意义上的区间分类。在每一轮牛熊周期中，投资者都可以看到相应的基金定投收益回测分析数据。

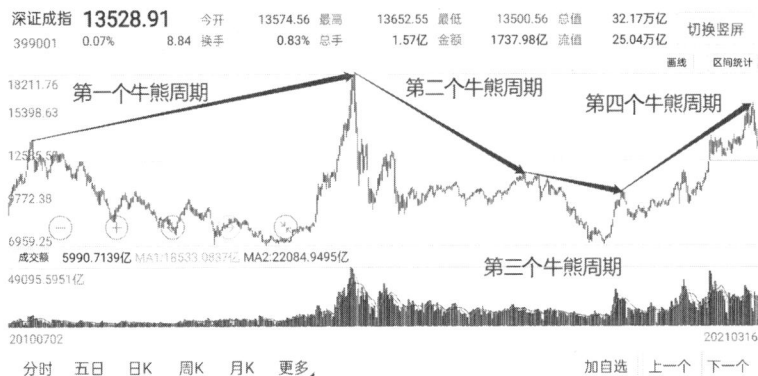

图 2-6　深证成指在过去 10 年间的四个牛熊周期

1）第一个牛熊周期

在过去 10 年间（2011 年 1 月 1 日至 2021 年 3 月 15 日），我们可以将 2011 年 4 月 15 日至 2015 年 6 月 12 日的行情走势视为第一个牛熊周期。期间，深证成指先从 13036.23 点下跌至 6959.25 点，再从 6959.25 点上涨至 18098.27 点，累计上涨 38.83%，如图 2-7 所示。

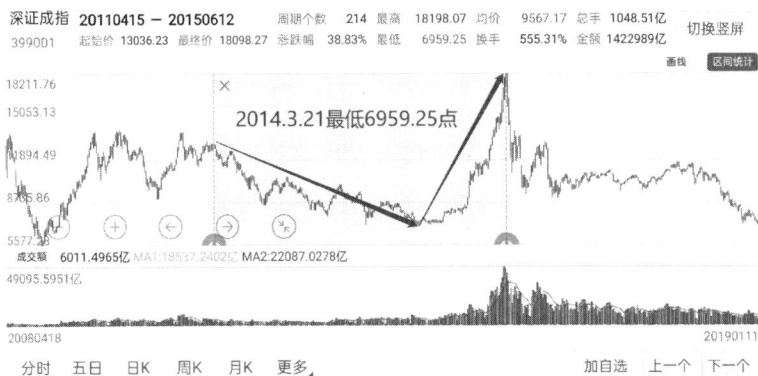

图 2-7　从 2011 年 4 月 15 日至 2015 年 6 月 12 日深证成指累计上涨 38.83%

为了方便投资者综合观察牛熊周期在过去 10 年间对上证指数与深证成指的影响，我们依然选择基金产品"广发沪深 300ETF 联接 A（基金代码：270010.OF）"来对深证成指进行基金定投的收益回测。

在第一个牛熊周期中，假设投资者从 2011 年 4 月 15 日开始对基金产品"广发沪深 300ETF 联接 A（基金代码：270010.OF）"进行每周定投，每周的周一定投 500 元。如果投资者在定投的过程中无法忍受市场行情的持续性下跌而选择在市场低点（2014 年 3 月 21 日的 6959.25 点）忍痛"割肉"，那么他在大概率上会将账户的"浮亏"变成"实际亏损"。换句话说，如果投资者从 2011 年 4 月 15 日至 2014 年 3 月 21 日参与每周基金定投，那么他的定投总收益为 -9402.69 元（即亏损 9402.69 元），定投总收益率为 -12.54%，定投年化收益率为 -8.91%，如表 2-5 所示。

但是，如果投资者在定投的过程中对"牛熊周期"有充分的了解，那么他在大概率上并不会选择在市场处于低点的时候止损，而是选择继续坚持基金定投。具体来说，如果投资者从 2011 年 4 月 15 日至 2015 年 6 月 12 日参与每周基金定投，那么他的定投总收益为 111,158.11 元（即盈利 111,158.11 元），定投总收益率为 103.89%，定投年化收益率为 36.34%，如表 2-5 所示。

表 2-5　深证成指"第一个牛熊周期"基金定投收益回测（2011.4.15—2015.6.12）

定投基金名称	广发沪深 300ETF 联接 A（基金代码：270010.OF）	
定投开始日	2011 年 4 月 15 日	
定投结束日	2015 年 6 月 12 日	2014 年 3 月 21 日
定投赎回日	2015 年 6 月 12 日	2014 年 3 月 21 日
定投周期	每周 1 次	
定投日	周一	
定投金额（元）	500	
申购费率	1%	
分红方式	红利再投资	
开始日是否首次扣款	是	
投资期数	214	150
投资总本金（元）	107000	75000
平均申购成本（元）	1.1448	1.1022
期末总资产（元）	218158.11	65597.31

右上角：续表

定投基金名称	广发沪深 300ETF 联接 A（基金代码：270010.OF）	
定投总收益（元）	111158.11	-9402.69
定投总收益率	**103.89%**	**-12.54%**
定投年化收益率	36.34%	-8.91%

数据来源：东方财富 Choice 数据，笔者测算。

通过观察图 2-7 与表 2-5 中的数据，我们可以清晰地发现：投资者从 2011 年 4 月 15 日开始参与每周基金定投，随后市场行情呈现一路下跌的趋势，如果投资者选择在市场相对低点的位置（如深证成指在 2014 年 3 月 21 日的 6959.25 点）止损离场，那么他的定投总收益率为-12.54%，定投年化收益率为-8.91%。

如果投资者没有选择在市场相对低点的位置止损而是继续坚持基金定投至 2015 年 6 月 12 日，那么他的定投总收益率为 103.89%，定投年化收益率为 36.34%。换句话说，当市场行情呈现持续性下跌趋势时，如果投资者将"牛熊周期"作为基金定投时长，那么他不会轻易选择在市场处于相对低点的时候止损离场。

2）第二个牛熊周期

在过去 10 年间（2011 年 1 月 1 日至 2021 年 3 月 15 日），我们可以将 2015 年 6 月 12 日至 2018 年 1 月 26 日的行情走势视为第二个牛熊周期。期间，深证成指先从 17649.09 点下跌至 8986.52 点，再从 8986.52 点上涨至 11557.82 点，累计下跌 34.51%，如图 2-8 所示。

值得投资者注意的是，第一个牛熊周期的结尾周收盘点位数据为 18098.27 点，而第二个牛熊周期的起始周开盘点位数据为 17649.09 点。在正常情况下，这两个数据应该是一致的，但由于在统计过程中交易软件中的"周数据"易出现数据误差，所以我们在这里暂时将"17649.09 点"作为第二个牛熊周期的起始点进行统计分析。投资者可以重点关注分析的思路。

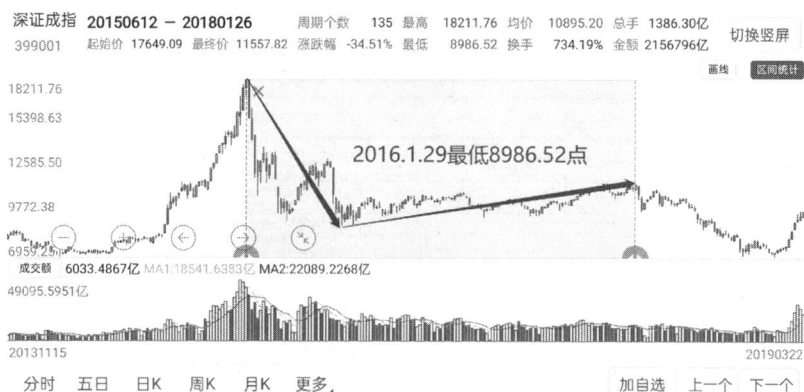

深证成指　20150612 — 20180126　周期个数 135　最高 18211.76　均价 10895.20　总手 1386.30亿
399001　起始价 17649.09　最终价 11557.82　涨跌幅 -34.51%　最低 8986.52　换手 734.19%　金额 2156796亿

图 2-8　2015 年 6 月 12 日至 2018 年 1 月 26 日深证成指累计下跌 34.51%

在这个牛熊周期中，假设投资者从 2015 年 6 月 12 日开始对基金产品"广发沪深 300ETF 联接 A（基金代码：270010.OF）"进行每周定投，每周的周一定投 500 元。如果投资者在定投的过程中无法忍受市场行情的持续性下跌而选择在市场低点（如 2016 年 1 月 29 日的 8986.52 点）止损离场，那么他在大概率上会将账户的"浮亏"变成"实际亏损"。换句话说，如果投资者从 2015 年 6 月 12 日至 2016 年 1 月 29 日参与每周基金定投，那么他的定投总收益为 -3552.92 元（即亏损 3552.92 元），定投总收益率为-20.90%，定投年化收益率为-52.65%，如表 2-6 所示。

但是，如果投资者在定投的过程中对"牛熊周期"有充分的了解，那么他在大概率上并不会选择在市场处于相对低点的时候止损，而是选择继续坚持基金定投。具体来说，如果投资者从 2015 年 6 月 12 日至 2018 年 1 月 26 日参与每周基金定投，那么他的定投总收益为 16829.85 元（即盈利 16829.85 元），定投总收益率为 24.93%，定投年化收益率为 17.58%，如表 2-6 所示。

表 2-6　深证成指"第二个牛熊周期"基金定投收益回测（2015.6.12—2018.1.26）

定投基金名称	广发沪深 300ETF 联接 A（基金代码：270010.OF）	
定投开始日	2015 年 6 月 12 日	
定投结束日	2018 年 1 月 26 日	2016 年 1 月 29 日
定投赎回日	2018 年 1 月 26 日	2016 年 1 月 29 日
定投周期	每周 1 次	
定投日	周一	

定投基金名称	广发沪深 300ETF 联接 A（基金代码：270010.OF）	
定投金额（元）	500	
申购费率	1%	
分红方式	红利再投资	
开始日是否首次扣款	是	
投资期数	135	34
投资总本金（元）	67500	17000
平均申购成本（元）	1.5914	1.6393
期末总资产（元）	84329.85	13447.08
定投总收益（元）	16829.85	-3552.92
定投总收益率	**24.93%**	**-20.90%**
定投年化收益率	17.58%	-52.65%

数据来源：东方财富 Choice 数据，笔者测算。

通过观察图 2-8 与表 2-6 中的数据，我们可以清晰地发现：投资者从 2015 年 6 月 12 日开始参与每周基金定投，随后市场行情呈现一路下跌的趋势，如果投资者选择在市场处于相对低点（如深证成指在 2016 年 1 月 29 日的 8986.52 点）的时候止损离场，那么他的定投总收益率为-20.90%，定投年化收益率为-52.65%。

如果投资者没有选择在市场处于相对低点的时候止损，而是继续坚持基金定投至 2018 年 1 月 26 日，那么他的定投总收益率为 24.93%，定投年化收益率为 17.58%。相较于-52.65%的定投年化收益率，17.58%的定投年化收益率还是相对不错的。

3）第三个牛熊周期

在过去 10 年间（2011 年 1 月 1 日至 2021 年 3 月 15 日），我们可以将 2018 年 1 月 26 日至 2019 年 4 月 26 日的行情走势视为第三个牛熊周期。期间，深证成指先从 11296.27 点下跌至 7011.33 点，再从 7011.33 点上涨至 9780.82 点，累计下跌 13.42%，如图 2-9 所示。

值得投资者注意的是，第二个牛熊周期的结尾周收盘点位数据为 11557.82 点，而第三个牛熊周期的起始周开盘点位数据为 11296.27 点。在正常情况下，这两个数据应该是一致的，但由于统计过程中交易软件中的"周数据"易出现数据误差，所以我们在这里暂时以"11296.27 点"作为第三个牛熊周期的起始点进行统计分析。投资者可以重点关注分析的思路。

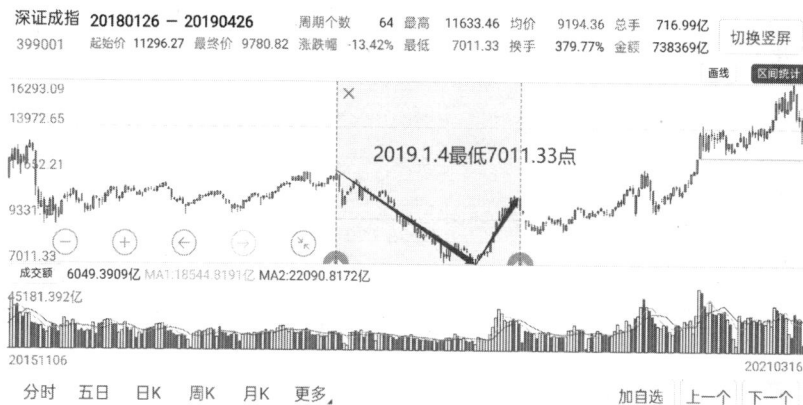

图 2-9　2018 年 1 月 26 日至 2019 年 4 月 26 日深证成指累计下跌 13.42%

在这个牛熊周期中，假设投资者从 2018 年 1 月 26 日开始对基金产品"广发沪深 300ETF 联接 A（基金代码：270010.OF）"进行每周定投，每周的周一定投 500 元。如果投资者在定投的过程中无法忍受市场行情的持续性下跌而选择在市场出现低点（如 2019 年 1 月 4 日的 7011.33 点）的时候止损离场，那么他在大概率上会将账户的"浮亏"变成"实际亏损"。换句话说，如果投资者从 2018 年 1 月 26 日至 2019 年 1 月 4 日参与每周基金定投，那么他的定投总收益为-3325.01 元（即亏损 3325.01 元），定投总收益率为-13.57%，定投年化收益率为-26.55%，如表 2-7 所示。

但是，如果投资者在定投的过程中对"牛熊周期"有充分的了解，那么他在大概率上并不会选择在市场处于相对低点的时候止损，而是选择继续坚持基金定投。具体来说，如果投资者从 2018 年 1 月 26 日至 2019 年 4 月 26 日参与每周基金定投，那么他的定投总收益为 2728.87 元（即盈利 2728.87 元），定投总收益率为 8.53%，定投年化收益率为 13.42%，如表 2-7 所示。

表 2-7　深证成指"第三个牛熊周期"基金定投收益回测（2018.1.26—2019.4.26）

定投基金名称	广发沪深 300ETF 联接 A（基金代码：270010.OF）	
定投开始日	2018 年 1 月 26 日	
定投结束日	2019 年 4 月 26 日	2019 年 1 月 4 日

续表

定投基金名称	广发沪深 300ETF 联接 A（基金代码：270010.OF）	
定投赎回日	2019 年 4 月 26 日	2019 年 1 月 4 日
定投周期	每周 1 次	
定投日	周一	
定投金额（元）	1000	
申购费率	1%	
分红方式	红利再投资	
开始日是否首次扣款	是	
投资期数	64	49
投资总本金（元）	32000	24500
平均申购成本（元）	1.6732	1.6669
期末总资产（元）	34728.87	21174.99
定投总收益（元）	2728.87	-3325.01
定投总收益率	**8.53%**	**-13.57%**
定投年化收益率	13.42%	-26.55%

数据来源：东方财富 Choice 数据，笔者测算。

通过观察图 2-9 与表 2-7 中的数据，我们可以清晰地发现：投资者从 2018 年 1 月 26 日开始参与每周基金定投，随后市场行情呈现一路下跌的趋势，如果投资者选择在市场处于相对低点（深证成指在 2019 年 1 月 4 日的 7011.33 点）的时候止损离场，那么他的定投总收益率为-13.57%，定投年化收益率为-26.55%。

如果投资者没有选择在市场处于相对低点的时候止损，而是继续坚持基金定投至 2019 年 4 月 26 日，那么他的定投总收益率为 8.53%，定投年化收益率为 13.42%。相较于-26.55%的定投年化收益率，13.42%的定投年化收益率还是相对不错的。

4）第四个牛熊周期

在过去 10 年间（2011 年 1 月 1 日至 2021 年 3 月 15 日），我们可以将 2019 年 4 月 26 日至 2021 年 2 月 19 日的行情走势视为第四个牛熊周期。期间，深证成指先从 10418.24 点下跌至 9012.08 点，再从 9012.08 点上涨至 15823.11 点，累计上涨 51.88%，如图 2-10 所示。

值得投资者注意的是，第三个牛熊周期的结尾周收盘点位数据为 9780.82 点，而第四个牛熊周期的起始周开盘点位数据为 10418.24 点。在正常情况下，这两个数据应该是一致的，但由于在统计过程中交易软件中的"周数据"易出现数据误差，所以我们在这里暂时将"10418.24 点"作为第四个牛熊周期的起始点进行统计分析。

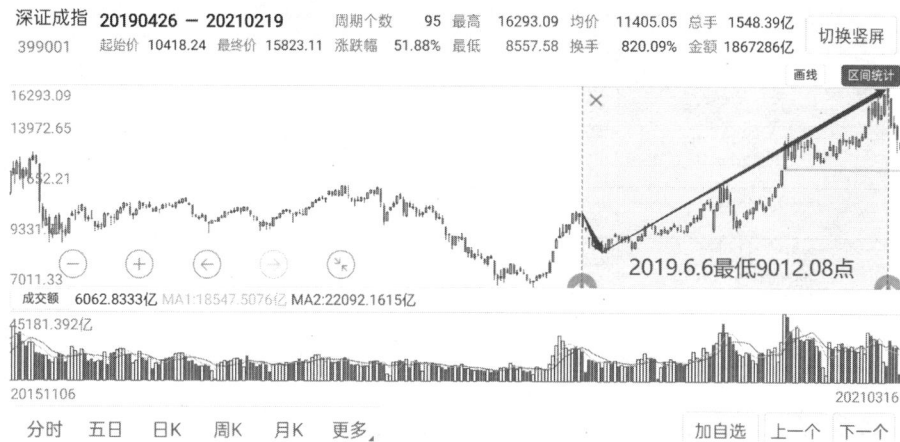

图 2-10　2019 年 4 月 26 日至 2021 年 2 月 19 日深证成指累计上涨 51.88%

在这个牛熊周期中，假设投资者从 2019 年 4 月 26 日开始对基金产品"广发沪深 300ETF 联接 A（基金代码：270010.OF）"进行每周定投，每周的周一定投 500 元。如果投资者在定投的过程中无法忍受市场行情的持续性下跌而选择在市场处于低点（如 2019 年 6 月 6 日的 9012.08 点）时止损离场，那么他在大概率上会将账户的"浮亏"变成"实际亏损"。换句话说，如果投资者从 2019 年 4 月 26 日至 2019 年 6 月 6 日参与每周基金定投，那么他的定投总收益为-152.87 元（即亏损 152.87 元），定投总收益率为-4.37%，定投年化收益率为-50.38%，如表 2-8 所示。

但是，如果投资者在定投的过程中对"牛熊周期"有充分的了解，那么他在大概率上并不会选择在市场处于相对低点的时候止损，而是选择继续坚持基金定投。具体来说，如果投资者从 2019 年 4 月 26 日至 2021 年 2 月 19 日参与每周基金定投，那么他的定投总收益为 17308.04 元（即盈利 17308.04 元），定投总收益率为 36.44%，定投年化收益率为 37.95%，如表 2-8 所示。

表 2-8　深证成指"第四个牛熊周期"基金定投收益回测（2019.4.26—2021.2.19）

定投基金名称	广发沪深 300ETF 联接 A（基金代码：270010.OF）	
定投开始日	2019 年 4 月 26 日	
定投结束日	2021 年 2 月 19 日	2019 年 6 月 6 日
定投赎回日	2021 年 2 月 19 日	2019 年 6 月 6 日
定投周期	每周 1 次	
定投日	周一	
定投金额（元）	500	
申购费率	1%	
分红方式	红利再投资	
开始日是否首次扣款	是	
投资期数	95	7
投资总本金（元）	47500	3500
平均申购成本（元）	2.0032	1.7573
期末总资产（元）	64808.04	3347.13
定投总收益（元）	17308.04	−152.87
定投总收益率	**36.44%**	**−4.37%**
定投年化收益率	37.95%	−50.38%

数据来源：东方财富 Choice 数据，笔者测算。

通过观察图 2-10 与表 2-8 中的数据，我们可以清晰地发现：投资者从 2019 年 4 月 26 日开始参与每周基金定投，随后市场行情呈现一路下跌的趋势，如果投资者选择在市场处于相对低点（如深证成指在 2019 年 6 月 6 日的 9012.08 点）的时候止损离场，那么他的定投总收益率为-4.37%，定投年化收益率为 −50.38%。

如果投资者没有选择在市场处于相对低点的时候止损，而是继续坚持基金定投至 2021 年 2 月 19 日，那么他的定投总收益率为 36.44%，定投年化收益率为 37.95%。相较于-50.38%的定投年化收益率，37.95%的定投年化收益率还是相对不错的。

综上所述，通过对上证综指与深证成指进行牛熊周期的复盘分析，我们可以发现：如果投资者在每个牛熊周期的下跌趋势中选择提前结束基金定投，那么他很可能会将"浮亏"变成"实际亏损"。但是，如果投资者在定投的过程中对"牛熊周期"有充分的了解与认识，那么他在大概率上并不会选择在市场处于相对低点的时候进行止损，而是选择继续用科学的方法坚持基金定投。

在这里我也要温馨提示投资者们，在绝大多数情况下，基金定投的过程并不是一帆风顺的，基金定投的收益也不是在短期内就可以轻松实现的。投资者可以试着将"牛熊周期"设定为定投时长，同时试着与时间做朋友，保持一个良好的心态，然后静待基金定投慢慢开花结果。

2.4　如何设置每月合理的定投周期频率

在本节中，投资者可以学习如何设置定投的周期频率，即解决基金定投中"定期"的问题。通过设置哪种定投周期频率（如每周定投、每双周定投、每月定投）可以为自己赚取相对较多的定投收益，是绝大多数投资者都非常关心的一个问题。

1．选择"周定投"还是"月定投"

现在让我们以场外基金产品"申万菱信中证 500 指数优选增强 A"与基金产品"兴全沪深 300 指数（LOF）A"为例，来分析一下不同定投周期频率对基金定投收益率的影响。

1）以"申万菱信中证 500 指数优选增强 A"为例

让我们以"申万菱信中证 500 指数优选增强 A（基金代码：003986.OF）"为例。如果投资者采用单周定投的方式，每周一定投 500 元，每月定投 4 次，那么他每个月累计投资 2000 元；如果投资者采用双周定投的方式，每双周周一定投 1000 元，每月定投 2 次，那么他每个月累计投资 2000 元；如果投资者采用月定投的方式，每月 1 日定投 2000 元，每月定投 1 次，那么他每个月累计投资 2000 元。投资者可以在表 2-9 中查看这些具体的定投参数。

表 2-9　不同定投周期频率的参数设置

定投方式	单周定投	双周定投	月定投
定投金额	500 元	1000 元	2000 元
每月扣款次数	4 次	2 次	1 次
扣款时间	每周一	每双周周一	每月 1 日
分红方式	红利再投资	红利再投资	红利再投资

由于基金产品"申万菱信中证 500 指数优选增强 A（基金代码：003986.OF）"的成立时间为 2017 年 1 月 10 日，所以我们只能对其过去四年的历史数据进行分析。与此同时，为了减小定投年限对投资收益率的影响，我们可以分别计算基金产品 1 年期、2 年期、3 年期和 4 年期的单周定投收益率、双周定投收益率、月定投收益率，如表 2-10 所示。为了方便统计分析，笔者将定投期限选为自然年度。同时，我们暂时不考虑申购费率与赎回费率。

表 2-10　不同定投周期频率的收益率比较

定投期限（自然年度）	定投时间区间	单周定投收益率	双周定投收益率	月定投收益率
1 年期	2017.1.10—2017.12.31	10.57%	10.99%	10.93%
2 年期	2017.1.10—2018.12.31	-17.28%	-17.40%	-17.43%
3 年期	2017.1.10—2019.12.31	21.22%	21.36%	21.96%
4 年期	2017.1.10—2020.12.31	51.25%	51.60%	52.62%

注：以"申万菱信中证 500 指数优选增强 A（基金代码：003986.OF）"为基金定投标的。

当我们对基金产品"申万菱信中证 500 指数优选增强 A（基金代码：003986.OF）"过去四年的历史数据进行基金定投分析时，我们可以发现该基金产品的单周定投收益率、双周定投收益率和月定投收益率之间的差别并不大。

（2）以"兴全沪深 300 指数（LOF）A"为例

让我们再以"兴全沪深 300 指数（LOF）A（基金代码：163407.OF）"为例来检验一下上面的结论是否同样适用。如果投资者采用单周定投的方式，每周一定投 500 元，每月定投 4 次，那么他每个月累计投资 2000 元；如果投资者采用双周定投的方式，每双周周一定投 1000 元，每月定投 2 次，那么他每个月累计投资 2000 元；如果投资者采用月定投的方式，每月 1 日定投 2000 元，每月定投 1 次，那么他每个月累计投资 2000 元。投资者可以在表 2-11 中查看这些具体的定投参数。

表 2-11　基金单周定投、双周定投与月定投的参数设置

定投方式	单周定投	双周定投	月定投
定投金额	500 元	1000 元	2000 元
每月扣款次数	4 次	2 次	1 次
扣款时间	每周一	每双周周一	每月 1 日
分红方式	红利再投资	红利再投资	红利再投资

基金产品"兴全沪深 300 指数（LOF）A（基金代码：163407.OF）"的成立时间为 2010 年 11 月 2 日，所以我们可以对其过去 11 年的历史数据进行基金定投分析。与此同时，为了减小定投年限对投资收益率的影响，我们可以分别计算基金产品 1 年期、2 年期、3 年期、4 年期、5 年期、6 年期、7 年期、8 年期、9 年期、10 年期、11 年期的单周定投收益率、双周定投收益率、月定投收益率，如表 2-12 所示。为了方便统计分析，笔者也将定投期限选为自然年度。同时，我们暂时不考虑申购费率与赎回费率。

表 2-12　单周定投收益率、双周定投收益率与月定投收益率的比较

定投期限（自然年度）	定投时间区间	单周定投收益率	双周定投收益率	月定投收益率
1 年期	2010.11.2—2010.12.31	-1.28%	-1.55%	-2.12%
2 年期	2010.11.2—2011.12.31	-16.88%	-17.05%	-17.78%
3 年期	2010.11.2—2012.12.31	-2.19%	-2.18%	-2.25%
4 年期	2010.11.2—2013.12.31	-5.34%	-5.59%	-5.50%
5 年期	2010.11.2—2014.12.31	49.92%	49.44%	50.26%
6 年期	2010.11.2—2015.12.31	51.75%	51.72%	52.43%
7 年期	2010.11.2—2016.12.31	45.95%	45.79%	46.43%
8 年期	2010.11.2—2017.12.31	81.72%	81.48%	82.30%
9 年期	2010.11.2—2018.12.31	43.37%	43.30%	43.74%
10 年期	2010.11.2—2019.12.31	89.90%	90.02%	90.67%
11 年期	2010.11.2—2020.12.31	132.30%	132.49%	133.30%

注：以"兴全沪深 300 指数（LOF）A（基金代码：163407.OF）"为基金定投标的。

当我们对基金产品"兴全沪深 300 指数（LOF）A（基金代码：163407.OF）"过去 11 年的历史数据进行基金定投分析时，我们可以发现该基金产品的单周定投收益率、双周定投收益率、月定投收益率之间的差别也不大。

当单周定投、双周定投和月定投的收益率整体差别不大时，投资者可以选择"周定投"的方式来分批买入基金产品，进而实现摊平投资成本与分散投资风险的目标。与月定投相比，周定投可以让投资者将资金更加分散地投资到资本市场中，进而让投资者在变幻莫测的行情中轻松实现进可攻、退可守。当市场出现偏熊行情时，投资者可以通过周定投来不断积攒相对较为便宜的基金份额；当市场出现偏牛行情时，投资者可以轻松赚取基金净值，进而获取相对可观的投资收益。

佳话小贴士：

当单周定投、双周定投和月定投的收益率整体差别不大时，投资者可以选择"周定投"的方式来分批买入基金产品。

2. 选择"周几"作为定投扣款日

在前面的内容中，投资者了解到：通过"周定投"的方式来分批买入基金产品，可以实现摊平投资成本与分散投资风险的目标，进而还可以更好地实现进可攻、退可守的投资目标。那么，选择"周几"作为基金定投扣款日可以让投资者赚取更高的投资收益呢？这似乎成为一个很重要的问题。

接下来，我们以场外基金产品"申万菱信中证 500 指数优选增强 A（基金代码：003986.OF）"与基金产品"兴全沪深 300 指数（LOF）A（基金代码：163407.OF）"为例来分析这个问题。

1）以"申万菱信中证 500 指数优选增强 A（基金代码：003986.OF）"为例

让我们以"申万菱信中证 500 指数优选增强 A（基金代码：003986.OF）"为例。如果投资者在过去三年（如 2018.01.01—2021.01.01）内坚持每周一定投，那么他的定投收益率为 43.19%；如果投资者在过去三年内坚持每周二定投，那么他的定投收益率为 43.34%；如果投资者在过去三年内坚持每周三定投，那么他的定投收益率为 43.60%；如果投资者在过去三年内坚持每周四定投，那么他的定投收益率为 44.29%；如果投资者在过去三年内坚持每周五定投，那么他的定投收益率为 44.39%，如表 2-13 所示。

现在让我们继续对该基金产品过去五年（2016.01.01—2021.01.01）内的历史数据进行定投回测，我们可以发现：如果投资者在过去五年内坚持每周一定投，那么他的定投收益率为 48.26%；如果投资者在过去五年内坚持每周二定投，那么他的定投收益率为 48.26%；如果投资者在过去五年内坚持每周三定投，那么他的定投收益率为 48.53%；如果投资者在过去五年内坚持每周四定投，那么他的定投收益率为 49.14%；如果投资者在过去五年内坚持每周五定投，那么他的定投收益率为 49.07%，如表 2-13 所示。

表 2-13　选择不同定投扣款日的收益率比较

定投扣款日	近三年（2018.01.01—2021.01.01）的定投收益率	近五年（2016.01.01—2021.01.01）的定投收益率
每周一	43.19%	48.26%
每周二	43.34%	48.26%
每周三	43.60%	48.53%
每周四	44.29%	49.14%
每周五	44.39%	49.07%

注：以"申万菱信中证 500 指数优选增强 A（基金代码：003986.OF）"为基金定投标的。

通过观察表 2-13 中的数据，我们可以发现：无论投资者是对过去三年还是对过去五年的历史数据进行回测，每周一至周五的定投收益率差别都不大。换句话说，无论投资者选择周几作为定投扣款日，他长期的定投收益率都不会受到较大的影响。

2）以"兴全沪深 300 指数（LOF）A（基金代码：163407.OF）"为例

让我们再以"兴全沪深 300 指数（LOF）A（基金代码：163407.OF）"为例。如果投资者在过去三年（2018.01.01—2021.01.01）内坚持每周一定投，那么他的定投收益率为 38.67%；如果投资者在过去三年内坚持每周二定投，那么他的定投收益率为 38.72%；如果投资者在过去三年内坚持每周三定投，那么他的定投收益率为 38.94%；如果投资者在过去三年内坚持每周四定投，那么他的定投收益率为 39.45%；如果投资者在过去三年内坚持每周五定投，那么他的定投收益率为 39.37%，如表 2-14 所示。

现在让我们继续对该基金产品过去五年（2016.01.01—2021.01.01）的历史数据进行定投回测，我们可以发现：如果投资者在过去五年内坚持每周一定投，那么他的定投收益率为 58.71%；如果投资者在过去五年内坚持每周二定投，那么他的定投收益率为 59.07%；如果投资者在过去五年内坚持每周三定投，那么他的定投收益率为 59.08%；如果投资者在过去五年内坚持每周四定投，那么他的定投收益率为 59.76%；如果投资者在过去五年内坚持每周五定投，那么他的定投收益率为 59.50%，也如表 2-14 所示。

表 2-14　选择不同定投扣款日的收益率比较

定投扣款日	近三年（2018.01.01—2021.01.01）的定投收益率	近五年（2016.01.01—2021.01.01）的定投收益率
每周一	38.67%	58.71%
每周二	38.72%	59.07%
每周三	38.94%	59.08%
每周四	39.45%	59.76%
每周五	39.37%	59.50%

注：以"兴全沪深 300 指数（LOF）A（基金代码：163407.OF）"为基金定投标的。

通过观察表 2-14 中的数据，我们可以发现：无论投资者是对过去三年的历史数据还是对过去五年的历史数据进行回测，每周一至周五的定投收益率差别都不大。换句话说，无论投资者选择周几作为基金定投扣款日，他长期的定投收益率都不会受到较大的影响。因此，投资者可以选择周一、周二、周三、周四、周五中的任何一天作为自己的基金定投扣款日。

佳话小贴士：

　　投资者可以将周一至周五中的任何一天设定为基金定投扣款日。无论投资者选择哪一天作为基金定投扣款日，其长期的定投收益率都不会受到较大的影响。

2.5　如何设置每月合理的定投金额

在前面的内容中，投资者学习了如何设置每月合理的定投周期频率，即学习如何解决基金定投中"定期"的问题。在接下来的内容中，投资者可以学习如何设置每月合理的定投金额，即学习如何解决基金定投中"定额"的问题。投资者可以通过梳理自己的现金流来计算每月定投的金额。

1. 梳理自己的现金流

投资者在决定参与基金定投之前，需要综合梳理自己的现金流。在大多数情况下，参与过基金定投的投资者都曾经经历过或者正在经历着基金定投的黯淡时期，即基金市场持续下跌且基金账户持续浮亏。此时，如果投资者没有足够的现金持续参与基金定投，那么他可能会失去低位获取相对较多基金份额的机会。也就是说，当基金市场出现较大幅度的净值回撤或者出现较长时间的行情调整时，投资者至少需要具备三样"法宝"，它们分别为稳定的工作、持续的闲钱和坚强的内心。

1）投资者要有稳定的工作

当基金的市场行情呈现持续上涨的趋势时，投资者的基金账户在大概率上会呈现浮盈的状态，此时投资者的投资心态相对较好；当基金的市场行情呈现持续下跌的趋势时，投资者的基金账户在大概率上会呈现浮盈回撤或者浮亏的状态，此时投资者的投资心态相对较差。当基金的市场行情持续出现下跌时，如果投资者没有一份相对稳定的工作与持续的现金流，那么他在市场下跌的行情中比较难以坚持基金定投，他的投资心态也会越来越差。

在基金定投的世界里，如果投资小白想要获取一份较好的投资回报，那么他至少需要拥有一份长期稳定的工作。

2）投资者要有持续的闲钱

投资者拥有一份长期稳定的工作，这就意味着他拥有了长期稳定的现金流。他在支付完日常生活的开销后，可以预留出部分现金作为生活中的紧急备用金，以备不时之需。对于剩下的现金，投资者可以对它进行合理的分配，进而保证每个月都有持续的闲钱来参与基金定投。

3）投资者要有坚强的内心

在现实世界里，基金定投的过程并不是一帆风顺的。当市场出现持续性单边下跌行情时（如 2021 年春节后，基金市场出现大面积净值回撤现象），投资者的投资心态很容易变差。随后，投资者可能会受到一系列负面情绪的干扰，如失眠焦虑、心情沮丧、乱发脾气等。此时，如果投资者没有正确掌握筛选基金的方法，没有正确掌握"如何买、何时买"基金的方法，没有正确掌握"如何卖、何时卖"基金的方法，以及没有正确理解基金定投过程中需要掌握的一些金融知识与原理，那么他很容易陷入深深的迷茫与悲伤中。

当基金市场持续下跌且投资者的基金账户持续浮亏时，如果投资者已经正确掌握了如何筛选优质的基金产品、如何对基金产品进行买卖，以及基金定投的内在原理与方法，那么他的投资心态相对来说就会从容很多。这种从容的投资心态也会让投资者的内心比较坚强，这就是老百姓俗称的"心里有底"。

2. 计算每月的定投金额

在基金定投的世界里，每个投资者的基本情况不尽相同。每个投资者的工作情况与收入情况都不相同，每个投资者的日常开支与家庭开支情况也不相同，所以很难给大家提供一个标准化的定投金额模板。但是，我们可以确定一件事，即我们每个月参与基金定投的金额一定不会影响到我们的基本日常生活。

具体来说，如果投资者的月薪为 1 万元，那么在他支付完房贷、车贷、子女教育金、老人养老金，以及其他生活开支后，他可以存下 500 元~1000 元来参与基金定投；如果投资者的月薪为 2 万元，那么他可以适当提高每月参与基金定投的资金额度；如果投资者的月薪相对较高，那么他可以考虑更加多元化的定投方案。通过认真梳理自己的现金流，投资者可以很容易地计算出最符合自己实际情况的每月定投金额。

2.6 定投方式有哪些

在通常情况下，基金定投的方式主要可以分为两种，即普通定投与智能定投，具体介绍如下所示。

1）普通定投：定期定额

投资者在设置好每月固定的定投周期频率和定投金额后，就基本了解了基金定投中普通定投的方式。简单地说，当投资者对基金产品进行定期定额的投资时，他就是在采用普通定投的定投方式。

2）智能定投：定期不定额

在基金定投的世界里，智能定投是普通定投的升级版本。智能定投是指专业机构在普通定投的基础之上研发的一套帮助投资者"被动择时"的定投方式。当市场行情上涨时少买入基金，当市场行情下跌时多买入基金，进而实现有效摊平基金成本的目标。在大部分情况下，智能定投的收益率要比普通定投的收益率要高，但是投资者需要认真筛选合适且靠谱的智能定投渠道。

2.7　如何找到最适合自己的定投渠道

在本章前面的内容中，投资者分别了解了最适合定投的市场行情、如何设置适合自己的定投目标、如何设置适合自己的定投时长、如何设置适合自己的定投周期频率、如何设置适合自己的定投金额，以及如何选择适合自己的定投方式。

在本节内容中，投资者可以具体了解如何在场内渠道对场内基金进行买入或者卖出的操作，如何在场外渠道对场外基金进行申购或者赎回的操作，以及场内基金与场外基金之间的对比分析。

1. 在场内渠道对场内基金进行买入或者卖出的操作

投资者在了解场内渠道与场外渠道之前，需要先了解一下什么是"场"。在通常情况下，"场"是指证券交易所，如上海证券交易所与深圳证券交易所。

在场内渠道对场内基金进行买入或者卖出的操作，是指投资者在证券交易所内通过证券交易软件进行基金产品的买入或者卖出操作。在通常情况下，投资者通过场内渠道直接交易的基金产品就是我们常说的"场内基金"。

如果投资者想要在证券交易所内对基金产品进行买入或者卖出的操作，那么他需要拥有一个证券交易账户。如果投资者曾经交易过股票，那么他能够很容易地学会如何交易场内基金，因为两者的交易模式与交易时间几乎是类似的。至于如何在证券交易账户中对场内基金进行买入或者卖出，投资者可以向证券公司的投资经理进行详细的咨询。

2. 在场外渠道对场外基金进行申购或者赎回的操作

在场外渠道对场外基金进行申购或者赎回操作，是指投资者通过银行、公募基金管理公司自有平台、证券公司，以及其他正规的第三方基金销售平台，在证券交易所外进行基金产品的申购或者赎回操作。在通常情况下，投资者通过场外渠道交易的基金产品就是我们常说的"场外基金"。在接下来的内容中，投资者可以了解对场外基金进行定投的四种渠道。

1）银行

投资者可以在银行柜台或者网上银行购买场外基金。具体来说，当投资者选择在银行柜台购买场外基金时，他需要随身携带本人的有效身份证件及银行卡到银行的窗口柜台去开通基金账户。投资者在银行开通基金账户之后，还需要与银行签订基金定投协议，然后，就可以在银行进行基金定投的基本操作了。

当投资者选择在网上银行购买场外基金时，他需要先在网上银行开立基金账户、做好投资风险测试，以及与银行签订基金定投协议。随后，投资者就可以在网上银行进行基金定投了。

2）公募基金管理公司自有平台

投资者可以在公募基金管理公司的自有平台上购买场外基金。在通常情况下，投资者只能在同一家公募基金管理公司的自有平台上开立一个基金账户。也就是说，投资者不可以在同一家公募基金管理公司的自有平台上开立多个基金账户。投资者在某家公募基金管理公司开立基金账户之后，只能购买该公募基金管理公司旗下的基金产品。如果投资者想要购买多家公募基金管理公司旗下的基金产品，那么他需要先在多家公募基金管理公司的自有平台上开立基金账户，然后再对基金产品进行定投。

比如，如果投资者看中五款场外基金产品，同时它们分别隶属于不同的公募基金管理公司，那么该投资者可能需要在这五家公募基金管理公司自有平台上分别开通基金定投的交易权限。在后续基金定投的过程中，投资者需要不断登录各家公募基金管理公司的自有平台对各个基金产品进行申购或者赎回操作。也就是说，投资者不能在一家公募基金管理公司的自有平台上对其他公募基金管理公司发行、管理的基金产品进行直接的买卖交易，这样的操作对投资者来说是较为烦琐与不便的。

3）证券公司自有平台

投资者可以在证券公司自有平台上购买场外基金。当投资者想要购买多家公募基金管理公司旗下的基金产品时，他需要先在不同的公募基金管理公司开立基金账户，然后才能购买不同公募基金管理公司的基金产品。对投资者来说，整个注册过程相对来说较为烦琐，部分投资者并不愿意注册太多的基金账号。因此，他们会选择在证券公司自有平台上购买场外基金。

当投资者选择在证券公司自有平台上购买场外基金时，他需要先在证券公司开立一个证券账户，绑定一张银行卡，然后再挑选自己心仪的基金产品。在通常情况下，在证券公司工作人员的帮助下，投资者需要在证券公司开通场外基金定投的交易权限。

4）其他正规的第三方基金销售平台

如果投资者想要通过其他正规的第三方基金销售平台对场外基金产品进行买卖操作，那么他需要在正规的第三方基金销售平台上注册一个账户并按照官方指南进行操作。值得投资者注意的是，如果一个投资者不想在多家公募基金管理公司开立多个基金账户，那么他可以选择一个正规的第三方基金销售平台来对场外基金产品进行买卖操作。

现在，让我们以第三方基金销售平台"天天基金网"的"天天基金 App"为例，简单梳理一下其具体的使用过程。具体的操作步骤如下所示。

第 1 步：投资者打开"天天基金 App"首页，如图 2-11 所示。

第 2 步：投资者在"天天基金 App"首页上方找到搜索框，如图 2-12 所示。在这里，投资者可以查找自己想要购买的基金产品。

图 2-11　天天基金 App 首页

图 2-12 "天天基金 App"首页上方的搜索框

第 3 步：投资者在搜索框中输入具体基金产品的名称或者代码。如果投资者已经有了比较心仪的基金产品，如"易方达蓝筹精选混合"，那么他可以直接在搜索框中进行检索查询，如图 2-13 所示。值得投资者注意的是，本书提到的具体的基金产品只作为案例分析使用，并不是具体的投资建议。

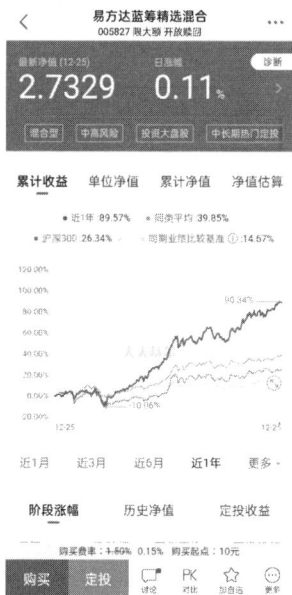

图 2-13 2020 年 12 月 25 日基金产品"易方达蓝筹精选混合"在天天基金 App 中的显示

第 4 步：投资者使用图 2-13 所示界面中的"购买"与"定投"选项。在图 2-13 的左下角，我们可以看到"购买"与"定投"两个选项。投资者可以选择对基金产品进行一次性购买，也可以选择对基金产品进行定投设置。在"定投"选项中，投资者可以根据自己的实际情况来设置定投的支付方式、定投金额和定投频率。

综上所述，无论投资者选择证券公司自有平台，还是选择第三方基金销售平台，他都只需要注册一次，整个注册过程相对来说较为简便。在接下来的内容中，投资者可以继续了解场内基金与场外基金之间的对比分析。

3．场内基金与场外基金之间的对比分析

在通常情况下，投资者可以从 9 个方面来对场内基金与场外基金进行对比分析，具体介绍如下所示。

1）场内基金与场外基金的基本概念不同

场内基金是指投资者通过场内渠道（如证券交易所）可以直接交易的基金产品。场外基金是指投资者通过场外渠道（如银行、公募基金管理公司自有平台、证券公司自有平台，以及其他正规的第三方基金销售平台）在证券交易所外可以交易的基金产品。

2）场内基金与场外基金的交易对象不同

在通常情况下，投资者在场内可以交易的基金品种主要包括 ETF 基金、LOF 基金及封闭式基金。值得投资者注意的是，投资者不能对场内基金进行定投设置，也不能对场内基金进行基金转换操作。

相比之下，投资者可以对场外基金进行定投设置，也可以对场外基金进行基金转换操作。投资者在场外可以交易的基金品种主要包括全部开放式基金，如股票型基金、债券型基金、货币型基金、混合型基金、商品型基金、指数型基金等。在通常情况下，场外基金的交易品种比场内基金的交易品种更为丰富，同时场外基金的产品类型也比场内基金的产品类型更为多样化。

3）场内基金与场外基金的交易时间不同

场内基金的交易时间一般与股票的交易时间相同，均为交易日的9:30~11:30、13:00~15:00。场外基金的交易时间与交易日的 15:00 这个时间点有关。具体来说，如果投资者在交易日当天 15:00 之前对场外基金产品进

行申购，那么他可以按照当天（即 T 日）的净值在次一个交易日（即 T+1 日）确认基金份额；如果投资者在交易日当天 15:00 之后对场外基金产品进行申购，那么他可以按照次一个交易日（即 T+1 日）的净值在次二个交易日（即 T+2 日）确认基金份额。

在确认基金净值与基金份额的过程中，如果遇到国家法定节假日，那么投资者的资金会被闲置，投资者会失去一些利息收益。换句话说，在参与基金定投的过程中，投资者应该尽量避开国家法定节假日，如元旦、春节、清明节、劳动节、端午节、中秋节、国庆节，以及周末假期，进而避免出现资金闲置的情况。

4）场内基金与场外基金的交易价格不同

当投资者在交易时间内对场内基金进行交易时，投资者需要对场内基金的折价或溢价情况进行分析。当一款场内基金产品处于明显折价状态时，投资者可以考虑套利入场机会；当一款场内基金产品处于明显溢价状态时，投资者可以暂时先等待一下。由于场内基金存在折价或溢价情况，所以场内基金的交易价格是以大盘中具体的成交价格为准的。换句话说，在同一交易日的不同交易时间，场内基金的交易价格在大概率上是不同的。

对场外基金来说，投资者不需要考虑场外基金的折价或溢价情况，因为场外基金的交易价格是以当日基金管理公司对外公布的基金净值来计算的。每只场外基金在每个交易日中只有一个基金净值，当日的基金净值就是场外基金在当日的交易价格。也就是说，每只场外基金在每个交易日中有且只有一个基金净值，而该基金净值就是与之相对应的场外基金的交易价格。

5）场内基金与场外基金的投资门槛不同

与场外基金相比，场内基金的投资门槛相对较高。当投资者想要对场内基金进行买入时，他至少需要买入 1 手，即 100 份额的场内基金；当投资者想要对场内基金进行卖出时，他也至少需要卖出 1 手，即 100 份额的场内基金。场外基金的投资门槛相对较低，有时候投资者只需要投资 10 元或者 100 元就可以参与场外基金的定投。

6）场内基金与场外基金的基金费率不同

在通常情况下，场内基金的基金费率在 0.02%~0.05%。当交易费用不足 5 元的时候，投资者需要缴纳 5 元的最低费用。相较于场内基金的基金费率，场外基金的基金费率高一些。当投资者选择通过银行对场外基金进行定投时，银行收取的手续费相对较高；当投资者选择通过公募基金管理公司自有平台、证券公司自有平台和其他正规的第三方基金销售平台对场外基金进行定投时，这些平台收取的手续费相对低一些。

7）场内基金与场外基金的波动情况不同

对场内基金来说，它的交易价格是实时波动的，投资者很难在交易时间内捕捉到大盘中最低的交易价格。而对场外基金来说，每只场外基金每天只有一个交易价格，即基金产品当日的收盘价，该收盘价也是基金产品当日的基金净值。对"上班族"来说，如果他选择对场外基金进行定投，那么他就不需要通过努力盯盘去寻找大盘中可能出现的最低交易价格了。

8）场内基金与场外基金的分红方式不同

对场内基金来说，它的分红方式只有现金分红；对场外基金来说，它的分红方式有现金分红与红利再投资两种方式。

（9）场内基金与场外基金的到账时间不同

如果投资者对场内基金进行交易，那么他需要遵循 T+1 的交易制度，即投资者在 T 日买入一只场内基金，在 T+1 日卖出该场内基金，投资者可以在 T+1 日查询到卖出该场内基金的资金额。如果投资者需要对这部分资金进行提现，那么他可以在 T+2 日在自己的资金账户中进行提现操作。

如果投资者对场外基金进行交易，那么他可以在申购场外基金后 T+2 个交易日里对场外基金进行赎回操作。在通常情况下，场外基金的赎回资金将会在基金赎回份额确认后的 T+2 个交易日或者更长的时间内回到投资者的资金账户中。关于场外基金产品赎回资金的到账时间，投资者可以向银行工作人员、公募基金管理公司自有平台的工作人员、证券公司自有平台的工作人员和其他合规的第三方基金销售平台的工作人员进行专业咨询。

根据上述对比分析，我们可以发现：对投资小白或者普通投资者来说，找到最适合自己的定投渠道才是最重要的。如果投资者不想受到大盘中实时交易价格的干扰，那么他可以优先选择在场外渠道对场外基金进行申购或者赎回的操作。

2.8 如何最大程度地节省定投费用

投资者在设定好投资目标、设置好每月定投金额、选择好定投方式、设置好定投周期频率，以及选择好定投渠道后，还需要完成以下两个步骤。

第一步：了解基金定投过程中产生的费用有哪些。在通常情况下，基金定投的费用主要包括两大类，即基金销售过程中产生的费用与基金管理过程中产生的费用。

第二步：了解如何最大程度地节省基金定投费用。投资者在了解基金定投过程中产生的费用之后，还需要了解一下如何可以最大程度地节省基金定投的各项费用。

对于上述步骤中提及的具体内容，我们接下来将为投资者进行详细的介绍。

1. 基金销售过程中产生的费用

在基金的销售过程中，投资者需要承担一定的交易费用。关于基金的交易费用，我们将从以下三个方面来为投资者进行梳理、介绍，即基金的交易手续费、基金的赎回手续费和基金的转换手续费。

1）基金的交易手续费

在通常情况下，基金交易可以分为场内基金交易与场外基金交易。场内基金交易，是指投资者在上海证券交易所或者深圳证券交易所内对基金进行买卖交易。场外基金交易，是指投资者直接从基金公司那里根据基金净值的高低对基金进行买卖交易。

对于场内基金的交易手续费，投资者具体可以咨询证券公司营业部的工作人员。在这里，我们暂时只介绍场外基金的交易手续费。当投资者从基金公司那里直接买入基金时，投资者需要支付基金的认购费或者申购费。看到这里，相信很多投资者可能还不清楚什么是基金的认购费和申购费。别担心，接下来我们就来看看它们之间存在哪些不同点。

第一，关于基金的认购费。当基金产品处于发行募集期间时，如果投资者想要买入该基金产品，那么他需要支付基金的认购费。在通常情况下，大部分基金产品的认购费率为 1.00%，并且随着认购金额的大小而上下变动。假设投资者手中有 10 万元现金，如果他想要购买一款正处于发行募集期间的新基金产品（该新基金产品的认购费率为 1.00%），那么他需要支付 1000 元的认购费，即 10 万元的 1.00% 为 1000 元。

第二，关于基金的申购费。当基金产品处于申购开放期间时，如果投资者想要买入该基金产品，那么他需要支付基金的申购费。在通常情况下，大部分基金产品的申购费率在 1.50% 以内，并且随着申购金额的大小而变动。假设投资者手中有 10 万元现金，如果他想要购买一款正处于申购开放期间的基金产品（该基金产品的申购费率为 1.50%），那么他需要支付 1500 元的申购费，即 10 万元的 1.50% 为 1500 元。

此外，值得投资者注意的是，基金的申购费分为前端收费与后端收费。前端收费是指投资者在购买基金时需要立即支付基金的申购手续费，是一种较为常见的收费方式。后端收费是指投资者在购买基金时不需要立即支付基金的申购手续费，等到卖出基金时才支付基金的申购手续费。如果投资者持有一只基金超过一定期限后，那么当他赎回基金时，该笔申购手续费在大概率上会降低，甚至免收。

在通常情况下，对于不同基金公司的不同基金产品，它们的认购费与申购费略有差别，投资者需要认真阅读基金产品的详细资料介绍或者咨询专业的工作人员。

2）基金的赎回手续费

在投资者持有某只基金一段时间后，如果他想要卖出该基金，那么他需要支付基金的赎回手续费。在通常情况下，大部分基金产品的赎回费率小于或等于 1.50%，当投资者卖出基金时，实际的赎回费率会随着投资者持有基金的期限长短而发生变化。

投资者赎回基金手续费的多少与其持有基金的期限长短有关。当投资者持有基金的时间越长时，他需要支付的赎回手续费就越少。换句话说，当投资者选择卖出其持有期限相对较长的基金时，他需要支付的赎回手续费相对较低；当投资者选择卖出其持有期限相对较短的基金时，他需要支付的赎回手续费相对较高，但赎回费率通常不会超过 1.50%。

佳话小贴士：

当投资者卖出货币型基金时，他是不需要支付基金的赎回手续费的。当投资者卖出其他类型的基金时，他需要支付一定的赎回手续费。关于实际的赎回费用，投资者可以参考具体基金管理公司的收费标准。

3）基金的转换手续费

在通常情况下，同一家基金管理公司会发行多款不同类型的基金产品。当投资者持有同一家基金管理公司发行的多款开放式基金产品时，如果他不想继续持有其中某款基金产品了，那么他可以将手中持有的基金产品转换成同一家基金管理公司旗下的其他开放式基金产品。

值得投资者注意的是，在一些第三方基金销售平台上，不同基金管理公司之间的开放式基金产品有时也可以进行相互转换。关于具体的转换情况，投资者可以参考第三方基金销售平台的详细说明。

综上所述，在基金的销售过程中，投资者需要承担一定的交易费用，如基金的交易手续费与基金的赎回手续费。如果投资者不想继续持有某款基金产品，那么他可以选择对该基金产品进行转换操作。在对基金产品进行转换操作的过程中，投资者需要支付一定的转换手续费。

2. 基金管理过程中产生的费用

在基金的管理过程中，投资者需要承担一定的运营费用。这部分运营费用是从基金资产中进行计提的，直接体现在每个交易日的基金净值中。换句话说，基金的运营费用是不需要投资者自己进行计算的，基金公司有专门的工作人员为投资者计算基金的运营费用。关于基金的运营费用，我们将从以下两个方面为投资者进行梳理、介绍，即基金的管理费与基金的托管费。

1）基金的管理费

基金的管理费，是指基金管理人帮助基金投资者管理基金资产而收取的一定比例的管理报酬。在通常情况下，基金管理费率的高低与基金产品投资标的的风险等级是成正比的，如表 2-15 所示。

表 2-15　基金管理费率的高低与基金产品投资标的的风险之间的关系

投资标的的风险情况	基金的管理费率	基金产品的类型
当基金产品投资标的的风险较高时	基金的管理费率较高	大部分股票型基金产品的管理费率是按照 1.5%的比例来进行计提的
当基金产品投资标的的风险属于中等水平时	基金的管理费率处于中等水平	大部分指数型基金产品与债券型基金产品的管理费率是按照 0.3%～0.8%的比例来进行计提的
当基金产品投资标的的风险较低时	基金的管理费率较低	大部分货币型基金产品的管理费率是按照 0.33%的比例来进行计提的，小部分货币型基金产品的管理费率会低于 0.33%

此外，值得投资者注意的是，相较于公募基金产品，大部分私募基金产品的风险较高，基金的管理费率自然也相对较高，大约在 1.5%～2%。与此同时，对于超出业绩基准的部分，私募基金管理人也会收取相应的业绩报酬。

2）基金的托管费

虽然基金管理人帮助投资者管理基金资产，但是基金管理人并不能直接接触到投资者的资金。那么，谁可以直接接触到投资者的资金呢？答案是基金托管人，如银行、证券公司等具有基金托管资质的金融机构。当基金托管人为投资者保管基金资产时，基金投资者需要向基金托管人支付一定比例的托管费用。

在通常情况下，基金的托管费是每日从基金资产中提取的，逐日累计，并在月末的时候统一支付给基金托管人。不同的基金管理规模与不同的基金产品类型都会影响基金的托管费率。具体来说，基金的管理规模越大，基金的托管费率越低。基金产品投资标的的风险越高，基金的托管费率可能也会越高，或者保持不变。

综上所述，关于基金的运营费用，投资者主要需要关注基金的管理费与托管费。基金的管理费是基金管理公司为投资者管理基金资产而收取的一定比例的管理费用；基金的托管费是基金托管机构为确保基金资产安全而收取的一定比例的管理费用。投资者可以在各大公募基金管理公司的官网上查询到具体的基金运营费用。

在选择基金进行定投的过程中，投资者不仅需要关注基金产品的收益情况，还需要关注在销售与管理基金产品的过程中需要支付哪些费用。

3. 节省定投费用的"小妙招"

投资者在了解完基金定投过程中产生的费用之后，还需要了解如何做可以最大程度地节省基金定投的各项费用。接下来，我们将从五个方面为投资者介绍基金定投的省钱小妙招。

1）选择基金申购费率较低且足够安全的基金销售平台

在通常情况下，投资者可以在银行、公募基金管理公司、证券公司和第三方基金销售平台对基金产品进行申购。具体分析如下所示。

- 如果投资者选择在银行申购基金产品，那么基金的申购费率大概在 8 折或者不打折的水平。关于具体的申购费率，投资者要以各家银行对外发布的信息为准。

- 如果投资者选择在公募基金管理公司申购基金产品，那么基金的申购费率大概在 1 折或者免交易手续费的水平。我们以易方达基金的网上交易优惠费率为例。如果投资者在网上直销平台使用银行卡购买或者定投基金，那么他可以享受 1 折起的申购优惠费率。如果投资者在网上直销平台使用"一键购"的方式购买或者定投基金，那么他可以享受免交易手续费的优惠。关于具体的申购费率，投资者要以各家公募基金管理公司对外发布的信息为准。

- 如果投资者选择在证券公司申购基金产品，那么基金的申购费率可能会略微高于公募基金管理公司的申购费率，有时也会与公募基金管理公司的申购费率持平。关于具体的申购费率，投资者要以各家证券公司对外发布的信息为准。

值得投资者注意的是，如果投资者比较喜欢某一家公募基金管理公司，那么他可以在该家公募基金管理公司的官网上申购不同的基金产品。如果投资者喜欢的基金产品分别属于不同的公募基金管理公司，那么他可以在不同的公募基金管理公司的官网上对基金产品进行申购。如果投资者觉得这样的操作流程较为烦琐，那么他也可以在证券公司或者第三方基金销售平台上对基金产品进行申购。无论投资者最终选择哪一个平台来申购基金产品，他都要尽可能地选择申购费较低且足够安全的基金平台。

2）选择基金管理费率与托管费率较低且足够安全的基金产品

当投资者在筛选某一类型的优质基金产品时，他需要综合计算一下基金的管理费与托管费的总和，尽可能地选择总费用相对较低且足够安全的基金产品。

此外，值得投资者注意的是，当投资者在对比不同基金产品的管理费与托管费的总和时，他需要在同一类型的基金产品中进行比较才有意义。在通常情况下，当基金产品的投资风险相对较高时，基金产品的管理费率与托管费率也会随之变高，如股票型基金产品；当基金产品的投资风险相对较低时，基金产品的管理费率与托管费率也会随之变低，如货币型基金产品。

3）选择优质的基金产品并坚持长期持有以减少赎回费

如果投资者想要获取较高的投资回报，那么我们建议投资者要尽可能地做到坚持长期持有那些优质的基金产品。投资者持有优质基金产品的时间越长，他在卖出该基金产品时需要缴纳的基金赎回费越低。也就是说，当投资者持有基金产品的时间越长时，他可以节省不少基金赎回费。

4）选择大型基金管理公司可能会享受到较大的费率折扣

在通常情况下，大型基金管理公司具有行业知名度较高、管理规模较大、产品数量较多、投研风控体系较为完备等特点。与此同时，大型基金管理公司也可以为投资者提供相对较低的基金手续费。

5）巧妙使用基金转换可以为投资者节省定投费用

如果投资者不想再持有某款主动管理型基金产品，那么他可以巧妙地使用基金转换来为自己节省定投费用。当投资者使用基金转换时，他只需要缴纳基金的转换费用，即对转出的基金份额缴纳赎回费，以及对转出与转入的基金份额缴纳申购费补差。

综上所述，当投资者选择基金定投时，他不仅需要充分了解基金定投过程中产生的各项费用，还需要了解如何做可以最大程度地节省基金定投的各项费用。如果一款基金产品的各项费用都较高，那么这些基金费用会不断消耗投资者的投资收益。因此，在基金定投的过程中，投资者可以参考上面提及的五种基金定投省钱小妙招。

2.9　如何制订适合自己的定投计划

在前面的内容中，投资者了解了适合基金定投的市场行情、适合自己的基金定投目标、适合自己的定投时长、如何设置每月适合自己的定投周期频率、如何设置每月适合自己的定投金额、如何选择适合自己的定投方式、如何找到适合自己的定投渠道，以及如何最大程度地节省定投费用等。

投资者在充分理解上述内容后，就可以开始制订最适合自己实际情况的基金定投计划了。投资者可以参考表 2-16 中的具体步骤与内容来逐步完善自己的基金定投计划。

表 2-16　投资者基金定投计划表

步骤	基金定投前期准备工作	适合投资者实际情况的答案
1	确定自己的基金定投目标是多少，是 5%、10%、15%，还是 20%	
2	确定自己的基金定投时长是多久，能坚持 1 年、2 年、3 年，还是能坚持一个完整的牛熊周期	
3	结合自己的实际情况来确定每月合理的定投周期频率，如单周定投、双周定投、月定投等。理论上，投资者可以优先考虑双周定投	
4	结合自己的实际情况来确定每月合理的定投金额，如 500 元、1000 元、2000 元或者更高的定投金额	
5	结合自己的实际情况来确定适合自己的定投方式，是选择定期定额的普通定投方式，还是选择定期不定额的智能定投方式	
6	结合自己的实际情况来寻找最适合自己的定投渠道，如银行、公募基金管理公司自有平台、证券公司自有平台，以及其他正规的第三方基金销售平台	

步骤	基金定投前期准备工作	适合投资者实际情况的答案
7	在基金定投的过程中，如何最大程度地节省定投费用是一件比较重要的事情。具体来说，投资者可以在基金的销售过程中节省哪些费用呢？如基金的交易手续费、基金的赎回手续费、基金的转换手续费。此外，投资者可以在基金的管理过程中节省哪些费用呢？如基金的管理费与基金的托管费	
8	在开始基金定投之前，投资者需要做好思想准备，具体包括：（1）当投资者使用科学的方法筛选基金产品时，如果基金的市场行情持续下跌，那么投资者要对牛熊周期的"微笑曲线"有信心，即基金定投止盈不止损；（2）当投资者决定参与基金定投时，他至少需要信心与耐心，只有在熊市时坚持定投不断积攒基金份额，才能在牛市时不断收获丰厚的基金净值	

　　综上所述，在正式开始基金定投之前，如果投资者可以为自己制订一份完整且清晰的基金定投计划，那么他在定投的实操过程中就会更加得心应手、胸有成竹、从容淡定。基金定投可以让投资者的生活更美好，使用科学的方法来制订适合自己的基金定投计划，可以让投资者的生活更加美好。在下一章的内容中，笔者将从多个方面来为投资者介绍如何筛选优质的基金产品。

第3章

3

如何筛选优质的基金产品

投资者在做好基金定投的前期准备工作之后，就需要认认真真地筛选优质的基金产品了。现在问题来了，投资者到底应该如何筛选优质的基金产品呢？通过本章的学习，投资者可以掌握从八个方面对一款基金产品进行综合考评。这八个方面分别为：选择综合实力强的基金公司、选择适合自己的基金类型、在同类基金中选择适合自己的基金产品、选择盈利能力强的基金产品、选择抗跌能力强的基金产品、选择"三高"基金产品、选择优秀的基金经理、判断基金产品的性价比。

3.1 选择综合实力强的基金公司

1. 选择"合法的公募基金管理机构"

在选择综合实力较强的基金公司之前，我们需要先来了解一下如何找到并选择"合法的公募基金管理机构"。也就是说，我们需要先找到那些受到中国证券监督管理委员会（简称中国证监会）合法监管的公募基金管理机构。

我们以中国证监会的官网信息为例，介绍如何查询受到中国证监会合法监管的公募基金管理机构名录。具体步骤如下所示。

第1步：打开"中国证券监督管理委员会"官网首页，如图3-1所示。

图 3-1 中国证券监督管理委员会官网首页

第 2 步：找到中国证券监督管理委员会官网首页"服务"一栏中的"监管对象"一项，如图 3-2 所示。

图 3-2 中国证券监督管理委员会官网首页"服务"一栏中的"监管对象"

第 3 步：在"监管对象"一项中找到"合法机构名录"，如图 3-3 所示。

图 3-3 "合法机构名录"位置索引

第 4 步：在"合法机构名录"中找到"公募基金管理机构名录"，如图 3-4 所示。具体来说，在"公募基金管理机构名录"中，投资者可以查询到中国证监会发布的全部公募基金管理机构名单，也就是我们俗称的全部公募基金管理公司名单。

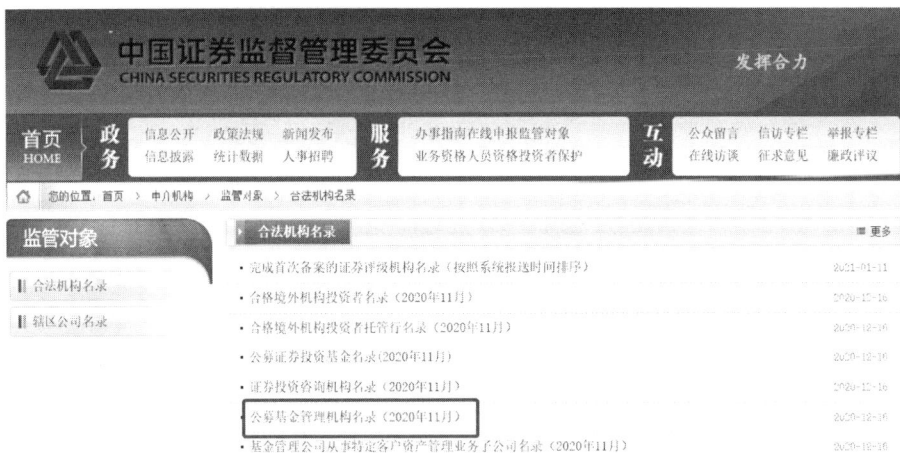

图 3-4　中国证监会官网的"公募基金管理机构名录"

第 5 步：查看最新的"公募基金管理机构名录"。中国证监会官网会定期更新"公募基金管理机构名录"，投资者可以定期查看，进而找到最新的机构名录信息。值得投资者注意的是，当投资者决定对公募基金管理机构的基金产品进行定投时，他一定要选择合法正规的公募基金管理机构。

2. 如何选择一个好的基金公司

投资者可以从五个方面来综合衡量一家公募基金管理公司是否属于优质的基金公司。具体分析如下所示。

第一，基金公司的成立时间是否足够长久。在通常情况下，投资者可以优先选择那些成立时间相对较长的基金公司，公司成立时间最好在五年以上。为什么我们要选择那些成立时间超过五年的基金公司呢？这是因为，如果一家基金公司能够在一两年的时间里把基金产品管理好，那么它可能存在一定的运气成分。但是，如果一家基金公司能够在五年以上的时间里把基金产品管理好，那么它的投资研究实力与风险控制体系等都可以在牛熊周期中得到实践验证。因此，我们建议投资者优先选择那些成立时间相对较长的基金公司。

第二，基金公司的管理规模是否足够大。在通常情况下，投资者可以优先选择那些产品数量相对较多、基金管理规模相对较大的基金公司。根据 2021 年 1 月 18 日的收盘数据，我们可以看到：天弘基金管理有限公司的基金资产合计为 14062.6427 亿元，位居现有基金市场第一；易方达基金管理有限公司的基金资产合计为 10681.6560 亿元，位居现有基金市场第二；汇添富基金管理股份有限公司的基金资产合计为 7898.9461 亿元，位居现有基金市场第三，如表 3-1 所示。投资者可以在表 3-1 中查看其他管理规模相对较大的公募基金管理公司。

表 3-1　前 20 大公募基金管理公司（按资产合计排序）

序号	基金公司	基金数量（合并）	基金数量（分开）	份额合计（亿份）	资产合计（亿元）
1	天弘基金管理有限公司	93	151	14,113.75	14,062.64
2	易方达基金管理有限公司	217	341	8,737.20	10,681.66
3	汇添富基金管理股份有限公司	168	259	19,313.57	7,898.95
4	南方基金管理股份有限公司	235	388	7,041.02	7,741.20
5	博时基金管理有限公司	249	363	6,589.97	7,140.26
6	华夏基金管理有限公司	214	338	6,013.57	7,029.25
7	广发基金管理有限公司	236	377	6,070.15	6,940.79
8	嘉实基金管理有限公司	204	273	5,723.82	6,424.82
9	鹏华基金管理有限公司	214	284	5,139.75	5,717.96
10	富国基金管理有限公司	190	265	4,659.10	5,668.97
11	招商基金管理有限公司	178	302	4,626.49	5,141.18
12	工银瑞信基金管理有限公司	165	254	4,554.39	5,069.12
13	华安基金管理有限公司	150	207	3,963.60	4,617.11
14	银华基金管理股份有限公司	133	169	3,090.46	4,488.71
15	兴证全球基金管理有限公司	37	48	3,533.53	4,095.91
16	建信基金管理有限责任公司	131	188	3,760.75	4,072.49
17	中欧基金管理有限公司	90	170	3,294.65	4,005.59
18	景顺长城基金管理有限公司	116	153	3,046.25	3,623.63
19	国泰基金管理有限公司	152	192	3,282.03	3,601.40
20	平安基金管理有限公司	125	204	3,382.31	3,558.46

数据来源：东方财富 Choice 数据。注：表格中的统计数据是基于 2021 年 1 月 18 日的收盘收盘统计的。

第三，基金公司的研究团队是否足够团结、稳定。基金公司的长期业绩与其投资研究团队的综合实力密不可分。当投资研究团队足够团结、稳定时，即使基金经理离职，投资研究团队也可以照常运营，不会影响基金产品的业绩表现。

第四，**基金公司管理的基金产品的业绩是否足够优秀**。如果一家基金公司共有 100 款基金产品正在运营，其中，有 60 款基金产品的业绩较为优秀，有 30 款基金产品的业绩高于行业平均水平，剩下 10 款基金产品的业绩处于行业平均水平，那么该基金公司管理的基金产品的业绩可以算是相对比较优秀的。但是，如果一家基金公司共有 100 款基金产品正在运营，其中，有 10 款基金产品的业绩较为优秀，其他 90 款基金产品的业绩低于行业平均水平，那么该基金公司管理的基金产品的业绩就不能算是优秀的。因此，我们建议投资者优先选择那些管理业绩足够优秀的基金公司。

第五，**基金公司的业界口碑是否足够积极正向**。如果一家基金公司长期以来致力于为客户提供专业化、人性化的服务，以及为客户持续高质量地管理好基金资产，在基金行业树立了良好的业界口碑，那么投资者可以优先选择这样积极正向的基金公司。

基于上述内容，投资者首先学习了如何选择合法的公募基金管理机构，然后学习了从五个方面来综合衡量一家公募基金管理公司是否属于优质的基金公司。根据这些内容，投资者大致可以筛选出一些综合实力相对较强的基金公司。

3.2　选择适合自己的基金类型

投资者在正式筛选优质的基金产品之前，需要先来了解一下基金产品具体可以分为哪些类型。在第 1 章中，我们根据东方财富（应用类）分类标准，将基金产品分为四大类，它们分别为：

（1）应用一级分类，包括开放式基金、封闭式基金；

（2）应用二级分类，包括股票型基金、混合型基金、债券型基金、货币市场型基金、QDII 基金、封闭式基金、商品型基金；

（3）应用三级分类，包括普通股票型基金、被动指数型基金、偏股混合型基金、平衡混合型基金、偏债混合型基金、长期纯债型基金、中短期纯债型基金、混合债券型基金、货币市场型基金、保本型基金、QDII 基金、封闭式基金、商品型基金、灵活配置型基金；

（4）应用概念分类，包括 LOF 基金、ETF 基金，以及创新封闭式基金。

在基金存续运作期内，根据投资标的的类别，我们可以将基金分为货币型基金、债券型基金、股票型基金、混合型基金、指数型基金，以及商品型基金等。投资者只有充分了解基金产品的基金类型，才能够更加多元化地对基金产品进行筛选。在接下来的内容中，我们将对 13 种基金类型进行深入的介绍与分析。

1. 开放式基金

在基金存续运作期内，根据基金是否可以随时申购或者赎回的标准，我们可以将基金分为开放式基金与封闭式基金。

开放式基金（Open-end Funds），是指投资者可以在银行、证券公司、基金公司，以及中国证监会核准的第三方基金销售平台进行申购或者赎回操作的基金。当投资者成功买入并持有某款开放式基金产品时，他可以在规定的交易时间内随时进行申购或者赎回操作。开放式基金没有固定的规模总数，实际的规模总数是由投资者申购或者赎回的具体情况决定的。截至 2021 年 1 月 24 日，市场上现存的开放式基金大约有 11128 只。

根据基金产品的成立年限、年化收益率、年化波动率等参数进行筛选，然后选取成立年限在 3 年以上的部分开放式基金产品，我们可以发现基金产品"华泰柏瑞新利混合 C"的年化收益率为 475.83%，排名相对靠前，如表 3-2 所示。与此同时，它的年化波动率为 352.25%，该数值也是相对较高的。换句话说，如果投资者持有该基金产品，那么他在投资的过程中需要承受相对较大的风险波动。

表 3-2　部分开放式基金产品按年化收益率排名（基金产品成立 3 年以上）

基金代码	基金名称	成立年限（年）	年化收益率（%）	年化波动率（%）
002091.OF	华泰柏瑞新利混合 C	5.19	475.83	352.25
004638.OF	华夏鼎兴债券 C	3.04	227.77	169.22
960033.OF	农银消费主题混合 H	4.55	108.56	82.32
519760.OF	交银新回报灵活配置混合 C	5.19	73.93	90.73
003105.OF	光大保德信永鑫混合 A	4.44	73.19	81.93
003106.OF	光大保德信永鑫混合 C	4.44	73.07	81.90
003803.OF	华安新丰利混合 A	4.07	68.16	51.76

续表

基金代码	基金名称	成立年限（年）	年化收益率（%）	年化波动率（%）
002521.OF	永赢双利债券 A	4.67	55.83	68.04
005176.OF	富国精准医疗混合	3.19	50.52	21.03
001387.OF	中融新经济混合 A	5.19	50.41	43.97
004851.OF	广发医疗保健股票 A	3.46	48.87	22.70
005453.OF	前海开源医疗健康 A	3.02	47.48	18.76
005454.OF	前海开源医疗健康 C	3.02	47.35	18.76
005342.OF	长安裕泰混合 C	3.08	46.66	21.10
005341.OF	长安裕泰混合 A	3.08	46.37	21.10
005050.OF	长安鑫旺价值混合 C	3.35	46.03	20.62
005049.OF	长安鑫旺价值混合 A	3.35	45.86	20.62
003889.OF	汇安丰泽混合 A	4.03	44.81	14.36
004812.OF	中欧先进制造股票 A	3.02	44.38	21.15
004813.OF	中欧先进制造股票 C	3.02	44.23	21.15

数据来源：东方财富 Choice 数据。注：年化收益率与年化波动率是基于过去 11 年的数据（即 2010 年 1 月 1 日至 2021 年 1 月 19 日的收盘数据）计算的。

此外，我们还可以选取成立年限在 5 年以上的部分开放式基金产品，如表 3-3 所示。此时我们发现基金产品"交银新回报灵活配置混合 C"的年化收益率为 73.93%，排名相对靠前。与此同时，它的年化波动率为 90.73%，该数值也是相对较高的。基金产品"中融新经济混合 A"的年化收益率为 50.41%，它的年化波动率为 43.97%，该数值也相对较高，说明投资者在投资的过程中需要承受的风险波动相对较大。

表 3-3　部分开放式基金产品按年化收益率排名（基金产品成立 5 年以上）

基金代码	基金名称	成立年限（年）	年化收益率（%）	年化波动率（%）
519760.OF	交银新回报灵活配置混合 C	5.19	73.93	90.73
001387.OF	中融新经济混合 A	5.19	50.41	43.97
161725.SZ	招商中证白酒指数（LOF）	5.67	40.79	26.52
002141.OF	建信鑫丰回报灵活配置混合 C	5.19	37.04	80.09
160222.SZ	国泰国证食品饮料行业（LOF）	6.26	36.88	22.34
000083.OF	汇添富消费行业混合	7.73	36.60	22.18

续表

基金代码	基金名称	成立年限（年）	年化收益率（%）	年化波动率（%）
001938.OF	中欧时代先锋股票 A	5.23	36.39	19.32
000751.OF	嘉实新兴产业股票	6.36	34.68	20.24
160632.SZ	鹏华中证酒指数（LOF）A	5.75	34.18	25.24
519679.OF	银河主题混合	8.35	34.01	22.67
000742.OF	国泰新经济灵活配置混合	6.36	33.92	23.68
001410.OF	信达澳银新能源产业股票	5.49	33.89	22.48
040035.OF	华安逆向策略混合	8.45	33.78	19.74
000619.OF	东方红产业升级混合	6.64	33.76	18.92
001714.OF	工银文体产业股票 A	5.07	33.34	16.37
169101.SZ	东方红睿丰混合（LOF）	6.35	33.20	18.28
001508.OF	富国新动力灵活配置混合 A	5.48	32.95	17.72
180031.OF	银华中小盘混合	8.60	32.87	21.32
519736.OF	交银新成长混合	6.72	32.80	20.05

数据来源：东方财富 Choice 数据。注：年化收益率与年化波动率是基于过去 11 年的数据（即 2010 年 1 月 1 日至 2021 年 1 月 19 日的收盘数据）计算的。

2. 封闭式基金

对封闭式基金（Closed-end Funds）来说，在设立时，其规模总数与封闭期限是事先约定好的。在基金运作期间内，投资者不能随意对基金产品进行申购或者赎回操作。截至 2021 年 1 月 24 日，市场上现存的封闭式基金大约有 174 只。

根据基金产品的成立年限、年化收益率、年化波动率等参数，我们选取了成立年限在 3 年以上的封闭式基金产品，同时发现：基金产品"鹏华前海"的年化收益率为 6.29%，年化波动率为 2.22%，如表 3-4 所示。由于基金市场上封闭式基金产品的数量相对较少，我们很难在少量样本的基础上得出特别有价值的结论。

表 3-4　封闭式基金产品（基金产品成立 3 年以上）

基金代码	基金名称	成立年限（年）	年化收益率（%）	年化波动率（%）
184801.SZ	鹏华前海	5.56	6.29	2.22

数据来源：东方财富 Choice 数据。注：年化收益率与年化波动率的计算基于过去 11 年的数据，即 2010 年 1 月 1 日至 2021 年 1 月 19 日的收盘数据。

当投资者手中有闲置可支配的资金时，他可以随时对开放式基金产品进行申购操作；当投资者临时有资金使用的需求时，他可以随时对开放式基金产品进行赎回操作。因此，相较于封闭式基金，开放式基金在流动性上对投资者更为友好，也更受投资者的欢迎。

截至 2021 年 1 月 24 日，市场上现存的开放式基金大约有 11128 只，封闭式基金大约有 174 只，如图 3-5 所示。从图 3-5 中我们可以看到，在开放式基金与封闭式基金中，开放式基金的数量占据绝对优势。也就是说，在开放式基金中，投资者可以有更多的选择。

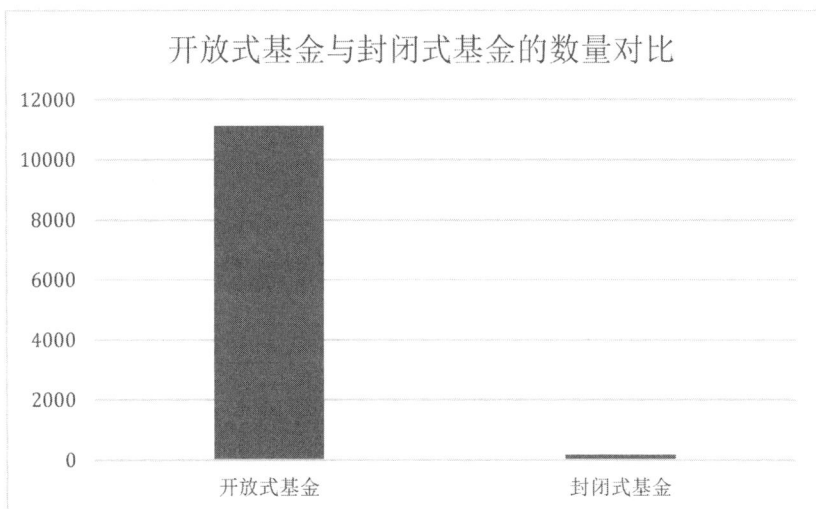

图 3-5 截至 2021 年 1 月 24 日，开放式基金与封闭式基金的数量对比

数据来源：东方财富 Choice 数据。

我们对这些开放式基金与封闭式基金的成立年限、年化收益率、年化波动率进行的数据统计如表 3-5 与表 3-6 所示。

在表 3-5 中，我们可以发现：在全部开放式基金中，它们的年化收益率中位数为 8.25%，年化波动率中位数为 6.26%；在成立 3 年以上的开放式基金中，它们的年化收益率中位数为 7.47%，年化波动率中位数为 6.73%；在成立 5 年以上的开放式基金中，它们的年化收益率中位数为 7.92%，年化波动率中位数为 12.55%。

根据上述数据（数据统计截至 2021 年 1 月 24 日），我们可以发现：无论是成立年限在 3 年以上的开放式基金、成立年限在 5 年以上的开放式基金，还是全部开放式基金，它们的年化收益率中位数差别都不是很大，大部分开放式基金的年化收益率基本维持在 8% 左右。值得投资者注意的是，我们在进行数据分析与数据统计时，有意识地将个别极值排除在外了，这样会减少极值数据对中位数统计的干扰。

表 3-5　开放式基金的"中位数"统计

基金类型	成立年限中位数（年）	年化收益率中位数（%）	年化波动率中位数（%）
开放式基金（全部）	3.14	8.25	6.26
开放式基金（成立 3 年以上）	5.23	7.47	6.73
开放式基金（成立 5 年以上）	7.27	7.92	12.55

数据来源：东方财富 Choice 数据。注：年化收益率中位数与年化波动率中位数的计算基于过去 11 年的数据，即 2010 年 1 月 1 日至 2021 年 1 月 19 日的收益数据。

在表 3-6 中，我们可以发现：在全部封闭式基金中，它们的年化收益率中位数为 11.66%，年化波动率中位数为 3.21%；在成立 3 年以上的封闭式基金中，它们的年化收益率中位数为 6.29%，年化波动率中位数为 2.22%。

表 3-6　封闭式基金的"中位数"统计

基金类型	成立年限中位数（年）	年化收益率中位数（%）	年化波动率中位数（%）
封闭式基金（全部）	0.16	11.66	3.21
封闭式基金（成立 3 年以上）	5.56	6.29	2.22

数据来源：东方财富 Choice 数据。注：年化收益率中位数与年化波动率中位数的计算基于过去 11 年的数据，即 2010 年 1 月 1 日至 2021 年 1 月 19 日的收益数据。

假设投资者持有一款开放式基金产品，如果该基金产品的收益率长期低于同类基金产品的年化收益率中位数，那么该投资者可以考虑置换一下。换句话说，投资者可以选取其他业绩更为优秀的基金产品。

3. 股票型基金

股票型基金是指主要投资于股票的基金。2014 年 8 月 8 日，由中国证监会发布的《公开募集证券投资基金运作管理办法》正式开始实施。在该管理办法中，股票型基金的股票仓位下限由原来的 60% 调整为 80%。也就是说，当 80% 以上的基金资产投资于股票时，该基金才可以被划分为股票型基金。值得投资者注意的是，在各类基金中，股票型基金的风险几乎是最高的。

截至 2021 年 1 月 25 日，市场上现存的股票型基金大约有 1807 只。根据基金产品的成立年限、年化收益率、年化波动率等参数进行筛选，成立年限在 3 年以上的股票型基金共有 812 只，成立年限在 5 年以上的股票型基金共有 530 只。

成立年限在 3 年以上的部分股票型基金产品如表 3-7 所示。在表 3-7 中，我们可以发现：基金产品"广发医疗保健股票 A"的年化收益率为 48.87%，与之相对应的年化波动率为 22.70%；基金产品"中欧先进制造股票 A"的年化收益率为 44.38%，年化波动率为 21.15%；基金产品"中欧先进制造股票 C"的年化收益率为 44.23%，年化波动率为 21.15%。以此类推，投资者可以解读表 3-7 中其他成立年限在 3 年以上的股票型基金产品。

表 3-7　部分股票型基金产品按年化收益率排名（基金产品成立 3 年以上）

基金代码	基金名称	成立年限（年）	年化收益率（%）	年化波动率（%）
004851.OF	广发医疗保健股票 A	3.46	48.87	22.70
004812.OF	中欧先进制造股票 A	3.02	44.38	21.15
004813.OF	中欧先进制造股票 C	3.02	44.23	21.15
003853.OF	金鹰信息产业股票 A	3.88	41.96	20.07
004997.OF	广发高端制造股票 A	3.40	41.71	21.03
004075.OF	交银医药创新股票	3.85	41.69	18.57
161725.SZ	白酒基金	5.67	40.79	26.52
003834.OF	华夏能源革新股票	3.64	40.05	25.94
004241.OF	中欧时代先锋股票 C	4.02	37.59	19.14
005235.OF	银华食品饮料量化股发起式 A	3.21	37.16	21.11
160222.SZ	国泰食品	6.26	36.88	22.34
005236.OF	银华食品饮料量化股发起式 C	3.21	36.87	21.11
003984.OF	嘉实新能源新材料股票 A	3.87	36.65	21.57

基金代码	基金名称	成立年限（年）	年化收益率（%）	年化波动率（%）
001938.OF	中欧时代先锋股票 A	5.23	36.39	19.32
003985.OF	嘉实新能源新材料股票 C	3.87	36.20	21.56
003745.OF	广发多元新兴股票	3.76	35.30	22.34
005268.OF	鹏华优势企业	3.16	35.25	20.12
001717.OF	工银前沿医疗股票 A	4.98	34.77	17.44
000751.OF	嘉实新兴产业股票	6.36	34.68	20.24
005259.OF	建信龙头企业股票	3.01	34.59	17.70

数据来源：东方财富 Choice 数据。注：年化收益率与年化波动率是基于过去 11 年的数据（即 2010 年 1 月 1 日至 2021 年 1 月 19 日的收盘数据）计算的。

我们选取的成立年限在 5 年以上的部分股票型基金产品如表 3-8 所示。在表 3-8 中，我们可以发现：基金产品"白酒基金"的年化收益率为 40.79%，与之相对应的年化波动率为 26.52%；基金产品"国泰食品"的年化收益率为 36.88%，年化波动率为 22.34%；基金产品"中欧时代先锋股票 A"的年化收益率为 36.39%，年化波动率为 19.32%。在表 3-8 中，我们还可以看到其他表现较为优秀的股票型基金产品。

表 3-8　部分股票型基金产品按年化收益率排名（基金产品成立 5 年以上）

基金代码	基金名称	成立年限（年）	年化收益率（%）	年化波动率（%）
161725.SZ	白酒基金	5.67	40.79	26.52
160222.SZ	国泰食品	6.26	36.88	22.34
001938.OF	中欧时代先锋股票 A	5.23	36.39	19.32
000751.OF	嘉实新兴产业股票	6.36	34.68	20.24
160632.SZ	酒 LOF	5.75	34.18	25.24
001410.OF	信达澳银新能源产业股票	5.49	33.89	22.48
001714.OF	工银文体产业股票 A	5.08	33.34	16.37
512600.SH	主要消费 ETF	6.62	32.64	21.60
000592.OF	建信改革红利股票	6.71	32.43	22.55
000746.OF	招商行业精选股票基金	6.40	31.77	23.86
001616.OF	嘉实环保低碳股票	5.08	31.50	20.81
000854.OF	鹏华养老产业股票	6.15	31.02	23.92
160133.SZ	南方天元	6.57	30.99	20.60

续表

基金代码	基金名称	成立年限（年）	年化收益率（%）	年化波动率（%）
001631.OF	天弘中证食品饮料指数 A	5.50	30.81	20.20
000577.OF	安信价值精选股票	6.77	30.59	18.92
001632.OF	天弘中证食品饮料指数 C	5.50	30.52	20.20
001542.OF	国泰互联网+股票	5.48	30.39	21.56
510630.SH	消费 ETF 基金	7.84	29.38	20.62
159928.SZ	消费 ETF	7.43	29.08	21.47
000513.OF	富国高端制造行业股票	6.61	28.08	25.05

数据来源：东方财富 Choice 数据。注：年化收益率与年化波动率是基于过去 11 年的数据（即 2010 年 1 月 1 日至 2021 年 1 月 19 日的收盘数据）计算的。

我们对这些股票型基金产品的成立年限、年化收益率、年化波动率进行的中位数统计如表 3-9 所示。

表 3-9　股票型基金产品的"中位数"统计

基金类型	成立年限中位数（年）	年化收益率中位数（%）	年化波动率中位数（%）
股票型基金（全部）	2.70	20.47	18.00
股票型基金（成立 3 年以上）	5.64	13.32	19.82
股票型基金（成立 5 年以上）	6.35	11.85	20.36

数据来源：东方财富 Choice 数据。注：年化收益率中位数与年化波动率中位数是基于过去 11 年的数据（即 2010 年 1 月 1 日至 2021 年 1 月 19 日的收盘数据）计算的。

根据上述数据（数据统计截至 2021 年 1 月 25 日），我们可以发现：在全部股票型基金产品中，它们的年化收益率中位数为 20.47%，年化波动率中位数为 18.00%；在成立 3 年以上的股票型基金产品中，它们的年化收益率中位数为 13.32%，年化波动率中位数为 19.82%；在成立 5 年以上的股票型基金产品中，它们的年化收益率中位数为 11.85%，年化波动率中位数为 20.36%。根据上述数据，我们还可以发现：无论是成立年限在 3 年以上的股票型基金产品、成立年限在 5 年以上的股票型基金产品，还是全部股票型基金产品，它们的年化波动率中位数相差都不太大，基本维持在 18%~21%，年化收益率中位数基本介于 11%~21%。

此外，根据中国证监会发布的《公开募集证券投资基金运作管理办法》及其实施规定，自 2014 年 8 月 8 日起股票型基金的股票仓位不能低于 80%。

换句话说，无论市场行情是单边上涨、单边下跌，还是区间震荡，股票型基金的股票仓位下限不能低于 80%。如果市场行情较为乐观，那么基金公司与投资者会获得一份相对较为可观的投资回报；如果市场行情略显疲软或者呈现单边下跌趋势，同时基于股票型基金的股票仓位下限不能低于 80% 的规定，那么基金产品的净值可能会出现较大的回撤。在某种程度上，股票型基金的股票仓位不能低于 80% 的规定使得这类基金的风险相对较大。这也间接要求投资者在购买股票型基金之前要充分理解它的投资风险，并对自身的风险承受能力做一个全面综合的评估。

4．混合型基金

混合型基金是一种投资于股票、债券、货币市场工具的共同基金。在通常情况下，根据股票与债券的投资比例及投资策略的不同，我们可以将混合型基金分为偏股型基金、偏债型基金、配置型基金等不同的类型。

截至 2021 年 4 月 28 日，市场上现存的混合型基金大约有 5059 只。根据基金产品的成立年限、年化收益率、年化波动率等参数进行筛选，成立年限在 3 年以上的混合型基金共有 2623 只，成立年限在 5 年以上的混合型基金共有 1502 只。

成立年限在 3 年以上的部分混合型基金产品如表 3-10 所示。在表 3-10 中，我们可以发现：基金产品"农银消费主题混合 H"的年化收益率为 108.56%，与之相对应的年化波动率为 82.32%，该基金产品的年化收益率与年化波动率均较高；基金产品"交银新回报灵活配置混合 C"的年化收益率为 73.93%，年化波动率为 90.73%；基金产品"光大保德信永鑫混合 A"的年化收益率为 73.19%，年化波动率为 81.93%。同理，投资者可以解读表 3-10 中其他成立年限在 3 年以上的混合型基金产品。

表 3-10　部分混合型基金产品按年化收益率排名（基金产品成立 3 年以上）

基金代码	基金名称	成立年限（年）	年化收益率（%）	年化波动率（%）
960033.OF	农银消费主题混合 H	4.81	108.56	82.32
519760.OF	交银新回报灵活配置混合 C	5.44	73.93	90.73
003105.OF	光大保德信永鑫混合 A	4.69	73.19	81.93
003106.OF	光大保德信永鑫混合 C	4.69	73.07	81.90
003803.OF	华安新丰利混合 A	4.33	68.16	51.76

续表

基金代码	基金名称	成立年限（年）	年化收益率（%）	年化波动率（%）
005176.OF	富国精准医疗混合	3.45	50.52	21.03
001387.OF	中融新经济混合 A	5.45	50.41	43.97
005453.OF	前海开源医疗健康 A	3.27	47.48	18.76
005454.OF	前海开源医疗健康 C	3.27	47.35	18.76
005342.OF	长安裕泰混合 C	3.34	46.66	21.10
005341.OF	长安裕泰混合 A	3.34	46.37	21.09
005050.OF	长安鑫旺价值混合 C	3.60	46.03	20.62
005049.OF	长安鑫旺价值混合 A	3.60	45.86	20.62
003889.OF	汇安丰泽混合 A	4.29	44.81	14.36
005630.OF	华安研究精选混合	3.13	44.18	20.76
003890.OF	汇安丰泽混合 C	4.29	44.01	14.38
003516.OF	国泰融安多策略灵活配置混合	3.82	43.91	21.02
005642.OF	鹏扬景升灵活配置 A	3.07	42.92	17.30
005241.OF	中欧时代智慧混合 A	3.26	42.84	19.89
005544.OF	银华瑞和灵活配置混合	3.01	42.23	19.77

数据来源：东方财富 Choice 数据。注：年化收益率与年化波动率是基于过去 11 年的数据（即 2010 年 1 月 1 日至 2021 年 1 月 19 日的收盘数据）计算的。

我们选取的成立年限在 5 年以上的部分混合型基金产品如表 3-11 所示。在表 3-11 中，我们可以发现：基金产品"交银新回报灵活配置混合 C"的年化收益率为 73.93%，与之相对应的年化波动率为 90.73%；基金产品"中融新经济混合 A"的年化收益率为 50.41%，年化波动率为 43.97%；基金产品"前海开源沪港深优势精选混合 A"的年化收益率为 40.75%，年化波动率为 16.22%。以此类推，我们可以在表 3-11 中找到其他业绩表现相对靠前的成立年限在 5 年以上的混合型基金产品。

表 3-11　部分混合型基金产品按年化收益率排名（基金产品成立 5 年以上）

基金代码	基金名称	成立年限（年）	年化收益率（%）	年化波动率（%）
519760.OF	交银新回报灵活配置混合 C	5.44	73.93	90.73
001387.OF	中融新经济混合 A	5.45	50.41	43.97
001875.OF	前海开源沪港深优势精选混合 A	5.03	40.75	16.22

基金代码	基金名称	成立年限（年）	年化收益率（%）	年化波动率（%）
001694.OF	华安沪港深外延增长灵活配置混合	5.14	38.62	16.88
000083.OF	汇添富消费行业混合	7.99	36.60	22.18
519679.OF	银河主题混合	8.61	34.01	22.67
000742.OF	国泰新经济灵活配置混合	6.62	33.92	23.68
040035.OF	华安逆向策略混合	8.70	33.78	19.74
000619.OF	东方红产业升级混合	6.90	33.76	18.92
002340.OF	富国价值优势混合	5.06	33.24	17.64
169101.SZ	东证睿丰	6.61	33.20	18.28
001508.OF	富国新动力灵活配置混合 A	5.74	32.95	17.72
180031.OF	银华中小盘混合	8.86	32.87	21.32
519736.OF	交银新成长混合	6.98	32.80	20.05
000408.OF	民生加银城镇化混合 A	7.38	32.72	19.99
000294.OF	华安生态优先混合	7.42	32.61	23.58
160918.SZ	大成小盘	7.05	32.55	22.75
001510.OF	富国新动力灵活配置混合 C	5.74	32.45	17.72
002082.OF	华泰柏瑞激励动力混合 C	5.44	32.43	17.92
000263.OF	工银信息产业混合 A	7.47	32.22	25.22

数据来源：东方财富 Choice 数据。注：年化收益率与年化波动率是基于过去 11 年的数据（即 2010 年 1 月 1 日至 2021 年 1 月 19 日的收盘数据）计算的。

我们对这些混合型基金的成立年限、年化收益率、年化波动率进行的中位数统计如表 3-12 所示。

表 3-12　混合型基金的"中位数"统计

基金类型	成立年限中位数（年）	年化收益率中位数（%）	年化波动率中位数（%）
混合型基金（全部）	3.21	16.55	14.08
混合型基金（成立 3 年以上）	5.36	12.93	15.22
混合型基金（成立 5 年以上）	6.49	12.80	17.09

数据来源：东方财富 Choice 数据。注：年化收益率中位数与年化波动率中位数是基于过去 11 年的数据（即 2010 年 1 月 1 日至 2021 年 1 月 19 日的收盘数据）统计的。

在表 3-12 中，我们可以发现：在全部混合型基金产品中，它们的年化收益率中位数为 16.55%，年化波动率中位数为 14.08%；在成立 3 年以上的混合型基金产品中，它们的年化收益率中位数为 12.93%，年化波动率中位数为 15.22%；在成立 5 年以上的混合型基金产品中，它们的年化收益率中位数为 12.80%，年化波动率中位数为 17.09%。根据上述数据，我们可以知道混合型基金产品的年化收益率大约维持在 12.80%~16.55%，年化波动率大约在 14.08%～17.09%。

5. 债券型基金

债券型基金是指以债权类资产为主要投资对象的基金，其中债权类资产主要包括国债、金融债等固定收益类金融工具。债券型基金属于固定收益类基金的一种，其收益相对比较稳定。在接下来的内容中，投资者主要可以从四个方面对债券及债券型基金进行了解。

1）为什么要配置债券

与投资股票相比，投资债券的风险相对较小，投资收益也相对较为稳健。在通常情况下，投资者投资债券的收益主要由两部分组成，分别为债券的票息收入与债券的交易收入。具体分析如下所示。

第一，关于债券的票息收入。当一家公司需要资金进而向市场进行融资时，它可以通过发行债券的方式向市场借钱。当债券发行时，它的票面利率就已经被确定下来了。当债券发行人能够及时偿还债券的本金与利息时，投资债券的收益还是相对比较稳健的。

第二，关于债券的交易收入。当一种债券进入二级证券市场时，该债券的交易价格会随着交易行情的变化而不断变化。当债券的交易价格高于投资者持有该债券的成本价格时，投资者的账户将处于浮盈状态；当债券的交易价格低于投资者持有该债券的成本价格时，投资者的账户将处于浮亏状态。换句话说，债券的交易收入是债券在二级证券市场中价格涨跌所带来的收益。

此外，债券的交易价格还会受到市场利率的影响，即债券的交易价格与市场利率之间是成反比的。当中国人民银行降息时，债券的交易价格在大概率上会上涨，此时债券市场的投资收益也会相对较为出色。

2）配置债券需要考虑哪些基本要素

当投资者决定配置债券时，主要可以考虑以下五个基本要素。

第一，债券的发行人。债券的发行人是指通过发行债券筹集资金的政府、公司或者金融机构。

第二，债券的票面价值。在通常情况下，债券的票面价值为 100 元/张，这个数值是固定的，不会因为行情变化而发生改变。

第三，债券的存续期限、剩余期限、到期日期。在通常情况下，债券的存续期限是指投资者收回债券投资资金所需要的时间，一般以年为计算单位；债券的剩余期限是指当前时间点与最终还本付息时间点之间的时间长度，一般也以年为计算单位；债券的到期日期是指债券发行人向债券持有人偿还本金与利息的日期，投资者可以在债券的募集说明书中找到债券具体的到期日期。

第四，债券的付息周期。债券的付息周期是指债券发行人在债券存续期限内给债券持有人支付利息的周期。债券的付息周期一般为 3 个月、6 个月，或者 12 个月，投资者可以在债券的募集说明书中找到债券具体的付息周期。

第五，债券的票面利率。债券的票面利率是指债券发行人每年向债券持有人支付的利息占票面金额的比例。值得投资者注意的是，债券每年的票面利率不一定是相同的，投资者可以在债券的募集说明书中找到债券具体的票面利率。

3）为什么要配置债券型基金

相较于股票型基金产品，债券型基金产品的稳定性相对较强，年化收益率大约在 5%左右，且产品之间的差异相对较小。换句话说，当债券型基金产品的收益差别不大时，投资者可以优先选择那些成立年限较长、年化波动率相对较低、基金经理综合实力较强的债券型基金产品。接下来，让我们一起来分析债券型基金产品的历史数据。

根据东方财富应用类分类标准，截至 2021 年 1 月 27 日，市场上现存的债券型基金大约有 3747 只。根据基金产品的成立年限、年化收益率、年化波动率等参数对债券型基金进行筛选,成立年限在 3 年以上的债券型基金有 1640 只,成立年限在 5 年以上的债券型基金有 778 只。

通过选取成立年限在 3 年以上的部分债券型基金产品,我们发现基金产品"永赢双利债券 A"的年化收益率为 55.83%,排名较为靠前,如表 3-13 所示。同时,我们观察到该基金产品的年化波动率为 68.04%,该波动率相对较高,说明投资者在投资的过程中需要承受相对较大的风险波动。此外,我们还可以观察到基金产品"泰达宏利溢利债券 A"的年化收益率为 43.90%,年化波动率为 53.29%。也就是说,如果投资者想要获取 43.90% 的年化收益,那么他可能需要忍受 53.29% 的年化波动。以此类推,投资者可以解读表 3-13 中其他成立年限在 3 年以上的债券型基金产品。

值得投资者注意的是,当一款基金产品的年化收益率特别高的时候,大家可以查看一下它的净值曲线,看看它是偶发性收益较高,还是持续性收益较高。如果一款基金产品的净值曲线不具有持续性,那么投资者可以将该基金产品的数据作为极值考虑,即暂时不纳入统计样本数据中。

表 3-13　部分债券型基金产品按年化收益率排名(基金产品成立 3 年以上)

基金代码	基金名称	成立年限(年)	年化收益率(%)	年化波动率(%)
002521.OF	永赢双利债券 A	4.68	55.83	68.04
003793.OF	泰达宏利溢利债券 A	4.02	43.90	53.29
519746.OF	交银丰享收益债券 A	4.02	31.76	40.32
004400.OF	金信民兴债券 A	3.89	27.68	33.53
003255.OF	前海开源鼎裕债券 C	4.35	23.35	31.84
003254.OF	前海开源鼎裕债券 A	4.35	23.08	32.01
005301.OF	前海开源弘泽债券型发起式 A	3.01	22.38	14.10
005302.OF	前海开源弘泽债券型发起式 C	3.01	22.23	14.10
002881.OF	中加丰润纯债债券 A	4.62	21.70	28.25
519977.OF	长信可转债债券 A	8.84	17.05	15.21
002441.OF	德邦新添利债券 C	4.95	16.35	17.86
519976.OF	长信可转债债券 C	8.84	16.21	15.21
110027.OF	易方达安心回报债券 A	9.61	15.11	9.76
519061.OF	海富通纯债债券 A	6.83	14.99	8.85
110028.OF	易方达安心回报债券 B	9.61	14.72	9.74

续表

基金代码	基金名称	成立年限（年）	年化收益率（%）	年化波动率（%）
519060.OF	海富通纯债债券 C	6.83	14.55	8.86
530020.OF	建信转债增强债券 A	8.67	14.45	12.03
163816.OF	中银转债增强债券 A	9.59	14.34	17.92
001045.OF	华夏可转债增强债券 A	4.34	14.16	12.62

数据来源：东方财富 Choice 数据。注：年化收益率与年化波动率是基于过去 11 年的数据（即 2010 年 1 月 1 日至 2021 年 1 月 19 日的收益数据）计算的。

我们通过选取成立年限在 5 年以上的部分债券型基金产品，可以发现基金产品"长信可转债债券 A"的年化收益率为 17.05%，排名较靠前。同时，该基金产品的年化波动率为 15.21%，如表 3-14 所示。我们还可以观察到基金产品"长信可转债债券 C"的年化收益率为 16.21%，年化波动率为 15.21%；基金产品"易方达安心回报债券 A"的年化收益率为 15.11%，年化波动率为 9.76%。以此类推，投资者可以查阅表 3-14 中其他成立年限在 5 年以上的债券型基金产品。

表 3-14　部分债券型基金产品按年化收益率排名（基金产品成立 5 年以上）

基金代码	基金名称	成立年限（年）	年化收益率（%）	年化波动率（%）
519977.OF	长信可转债债券 A	8.84	17.05	15.21
519976.OF	长信可转债债券 C	8.84	16.21	15.21
110027.OF	易方达安心回报债券 A	9.61	15.11	9.76
519061.OF	海富通纯债债券 A	6.83	14.99	8.85
110028.OF	易方达安心回报债券 B	9.61	14.72	9.74
519060.OF	海富通纯债债券 C	6.83	14.55	8.86
530020.OF	建信转债增强债券 A	8.67	14.45	12.03
163816.OF	中银转债增强债券 A	9.59	14.34	17.92
531020.OF	建信转债增强债券 C	8.67	14.02	12.02
163817.OF	中银转债增强债券 B	9.59	13.91	17.91
050011.OF	博时信用债券 A/B	11.64	12.95	9.71
000118.OF	广发聚鑫债券 A	7.65	12.91	8.08
000119.OF	广发聚鑫债券 C	7.65	12.60	8.06
050111.OF	博时信用债券 C	11.64	12.54	9.71
320021.OF	诺安双利债券发起	8.17	12.29	6.78

基金代码	基金名称	成立年限（年）	年化收益率（%）	年化波动率（%）
470058.OF	汇添富可转换债券 A	9.62	10.95	15.80
519051.OF	海富通一年定开债券 A	7.27	10.86	6.91
000171.OF	易方达裕丰回报债券	7.44	10.58	3.78
470059.OF	汇添富可转换债券 C	9.62	10.53	15.80
485114.OF	工银添颐债券 A	9.47	10.39	5.46

数据来源：东方财富 Choice 数据。注：年化收益率与年化波动率是基于过去 11 年的数据（即 2010 年 1 月 1 日至 2021 年 1 月 19 日的收盘数据）计算的。

当我们对这些债券型基金产品的成立年限、年化收益率、年化波动率进行中位数统计时，我们可以得到一些统计数据，如表 3-15 所示。

表 3-15　债券型基金产品的"中位数"统计

基金类型	成立年限 中位数（年）	年化收益率 中位数（%）	年化波动率 中位数（%）
债券型基金（全部）	2.43	3.61	1.04
债券型基金（成立 3 年以上）	4.85	4.41	1.53
债券型基金（成立 5 年以上）	7.85	5.07	2.34

数据来源：东方财富 Choice 数据。注：年化收益率中位数与年化波动率中位数是基于过去 11 年的数据（即 2010 年 1 月 1 日至 2021 年 1 月 19 日的收盘数据）统计的。

根据上述数据，我们可以发现：在全部债券型基金产品中，它们的年化收益率中位数为 3.61%，年化波动率中位数为 1.04%；在成立 3 年以上的债券型基金产品中，它们的年化收益率中位数为 4.41%，年化波动率中位数为 1.53%；在成立 5 年以上的债券型基金产品中，它们的年化收益率中位数为 5.07%，年化波动率中位数为 2.34%。如果投资者想要配置债券型基金产品，那么他可以优先选择那些成立年限在 5 年以上、年化收益率在 5%以上的债券型基金产品。

4）债券型基金的分类

根据晨星中国公募基金（非 QDII）分类标准，我们可以将债券型基金分为四类，分别为激进债券型基金、普通债券型基金、纯债基金、短债型基金。

根据晨星中国公募基金的分类，截至 2021 年 1 月 28 日收盘，市场上现存的债券型基金大约有 1760 只。其中，激进债券型基金有 452 只，普通债券型基金有 281 只，纯债基金有 778 只，短债型基金有 249 只，如图 3-6 所示。在图 3-6 中，我们可以明显地看到，相较于激进债券型基金、普通债券型基金、短债型基金，纯债基金在数量上占据绝对优势。现在，我们来分析一下每种债券型基金的具体情况。

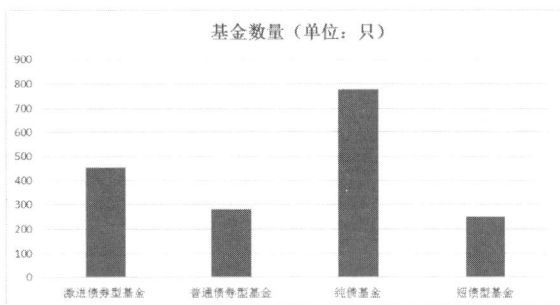

图 3-6　截至 2021 年 1 月 28 日收盘，每种债券型基金的产品数量

数据来源：东方财富 Choice 数据。

第一，关于**激进债券型基金**。截至 2021 年 1 月 28 日收盘，根据基金产品的成立年限、年化收益率、年化波动率等参数对激进债券型基金进行筛选，成立年限在 3 年以上的激进债券型基金有 391 只，成立年限在 5 年以上的债券型基金有 246 只。

我们选取的成立年限在 3 年以上的部分激进债券型基金产品如表 3-16 所示。在表 3-16 中，我们可以发现：基金产品"前海开源鼎裕债券 C"的年化收益率为 23.35%，年化波动率为 31.84%；基金产品"前海开源鼎裕债券 A"的年化收益率为 23.08%，年化波动率为 32.01%。同理，投资者可以解读表 3-16 中其他成立年限在 3 年以上的激进债券型基金产品。

表 3-16　部分激进债券型基金产品按年化收益率排名（基金产品成立 3 年以上）

基金代码	基金名称	成立年限（年）	年化收益率（%）	年化波动率（%）
003255.OF	前海开源鼎裕债券 C	4.35	23.35	31.84
003254.OF	前海开源鼎裕债券 A	4.35	23.08	32.01
002441.OF	德邦新添利债券 C	4.95	16.35	17.86
110027.OF	易方达安心回报债券 A	9.62	15.11	9.76
519061.OF	海富通纯债债券 A	6.83	14.99	8.85
110028.OF	易方达安心回报债券 B	9.62	14.73	9.74

续表

基金代码	基金名称	成立年限（年）	年化收益率（%）	年化波动率（%）
519060.OF	海富通纯债债券 C	6.83	14.55	8.86
050011.OF	博时信用债券 A/B	11.65	12.95	9.71
000118.OF	广发聚鑫债券 A	7.66	12.91	8.08
002459.OF	华夏鼎利债券 A	4.20	12.79	7.24
002460.OF	华夏鼎利债券 C	4.20	12.66	7.22
000119.OF	广发聚鑫债券 C	7.66	12.60	8.06
050111.OF	博时信用债券 C	11.65	12.54	9.71
003204.OF	财通收益增强债券 C	3.80	12.32	10.16
320021.OF	诺安双利债券发起	8.17	12.29	6.78
004427.OF	交银增利增强债券 A	3.66	10.64	6.26
000171.OF	易方达裕丰回报债券	7.44	10.58	3.78
485114.OF	工银添颐债券 A	9.48	10.39	5.46
005121.OF	富国兴利增强债券	3.36	10.39	5.84

数据来源：东方财富 Choice 数据。注：年化收益率与年化波动率是基于过去 11 年的数据（即 2010 年 1 月 1 日至 2021 年 1 月 19 日的收盘数据）计算的。

我们选取的成立年限在 5 年以上的部分激进债券型基金产品如表 3-17 所示。在表 3-17 中，我们可以发现：基金产品"易方达安心回报债券 A"的年化收益率为 15.11%，排名比较靠前，它的年化波动率为 9.76%；基金产品"海富通纯债债券 A"的年化收益率为 14.99%，对应的年化波动率为 8.85%；基金产品"易方达安心回报债券 B"的年化收益率为 14.72%，对应的年化波动率为 9.74%。当两款基金产品的收益率差别不大时，理论上我们倾向于选择波动率相对较低的基金产品。也就是说，相较于基金产品"易方达安心回报债券 B"，基金产品"海富通纯债债券 A"的表现相对较为优秀。以此类推，投资者可以解读表 3-17 中其他成立年限在 5 年以上的激进债券型基金产品。

表 3-17 部分激进债券型基金产品按年化收益率排名（基金产品成立 5 年以上）

基金代码	基金名称	成立年限（年）	年化收益率（%）	年化波动率（%）
110027.OF	易方达安心回报债券 A	9.62	15.11	9.76
519061.OF	海富通纯债债券 A	6.83	14.99	8.85
110028.OF	易方达安心回报债券 B	9.62	14.72	9.74
519060.OF	海富通纯债债券 C	6.83	14.55	8.86

续表

基金代码	基金名称	成立年限（年）	年化收益率（%）	年化波动率（%）
050011.OF	博时信用债券 A/B	11.65	12.95	9.71
000118.OF	广发聚鑫债券 A	7.66	12.91	8.08
000119.OF	广发聚鑫债券 C	7.66	12.60	8.06
050111.OF	博时信用债券 C	11.65	12.54	9.71
320021.OF	诺安双利债券发起	8.17	12.29	6.78
000171.OF	易方达裕丰回报债券	7.44	10.58	3.78
485114.OF	工银添颐债券 A	9.48	10.39	5.46
002351.OF	易方达裕祥回报债券	5.02	10.32	4.85
161115.SZ	易基岁丰	10.23	10.26	5.27
165517.SZ	信诚双盈	8.80	10.06	4.44
400027.OF	东方双债添利债券 A	6.35	10.02	8.31
485014.OF	工银添颐债券 B	9.48	9.72	5.47
400029.OF	东方双债添利债券 C	6.35	9.61	8.31
000692.OF	汇添富双利债券 C	6.62	9.57	6.15
470010.OF	汇添富多元收益债券 A	8.37	9.52	5.70
151002.OF	银河收益混合	17.50	9.49	5.20

数据来源：东方财富 Choice 数据。注：年化收益率与年化波动率是基于过去 11 年的数据（即 2010 年 1 月 1 日至 2021 年 1 月 19 日的收盘数据）计算的。

　　第二，关于普通债券型基金。截至 2021 年 2 月 3 日收盘，根据基金产品的成立年限、年化收益率、年化波动率等参数对普通债券型基金进行筛选，成立年限在 3 年以上的普通债券型基金有 236 只，成立年限在 5 年以上的普通债券型基金有 167 只。

　　我们选取的成立年限在 3 年以上的部分普通债券型基金产品如表 3-18 所示。在表 3-18 中，我们可以发现：基金产品"华安稳固收益债券 A"的年化收益率为 13.71%，与之相对应的年化波动率为 16.92%；基金产品"持久增利"的年化收益率为 8.90%，年化波动率为 6.19%；基金产品"天弘同利"的年化收益率为 8.72%，年化波动率为 3.30%。通过对比基金产品"持久增利"与基金产品"天弘同利"，我们可以发现：这两款基金产品的年化收益率相差不大，但是基金产品"持久增利"的年化波动率明显高于基金产品"天弘同利"。在这种情况下，投资者可以优先选择基金产品"天弘同利"。

换句话说，当两款基金产品的年化收益率相差不大时，理论上我们倾向于选择年化波动率相对较低的基金产品。在投资的过程中，如果投资收益的波动太大，投资者就很容易陷入悲观情绪的漩涡而无法快速自拔。在某种程度上，投资收益的稳步增长会让投资者获得更好的投资体验。以此类推，投资者可以解读表 3-18 中其他成立年限在 3 年以上的普通债券型基金产品。

表 3-18　部分普通债券型基金产品按年化收益率排名（基金产品成立 3 年以上）

基金代码	基金名称	成立年限（年）	年化收益率（%）	年化波动率（%）
002534.OF	华安稳固收益债券 A	4.88	13.71	16.92
002734.OF	泓德裕荣纯债债券 A	4.48	12.00	12.43
004267.OF	金鹰持久增利债券(LOF)E	4.04	11.21	8.78
161626.SZ	融通通福	7.16	9.51	3.43
162105.SZ	持久增利	8.92	8.90	6.19
164210.SZ	天弘同利	7.39	8.72	3.30
161221.OF	国投瑞银双债债券 C	6.86	8.67	3.00
165509.SZ	信诚增强	10.36	8.61	5.28
003928.OF	前海联合永兴纯债 A	3.48	8.60	2.32
164703.SZ	添富纯债	7.25	8.53	2.55
164509.SZ	国富恒利	6.91	8.49	4.05
004952.OF	兴全恒益债券 A	3.38	8.39	5.38
360013.OF	光大保德信信用添益债券 A	9.73	8.30	5.32
163003.SZ	长信利鑫	9.62	8.28	2.75
162712.SZ	广发聚利	9.51	8.22	3.83
161505.SZ	银河通利	8.79	8.11	4.90
164208.SZ	天弘丰利	9.21	7.99	4.05
004953.OF	兴全恒益债券 C	3.38	7.95	5.38
360014.OF	光大保德信信用添益债券 C	9.73	7.95	5.32
161506.OF	银河通利债券(LOF)C	8.79	7.81	4.84

数据来源：东方财富 Choice 数据。注：年化收益率与年化波动率是基于过去 11 年的数据（即 2010 年 1 月 1 日至 2021 年 1 月 19 日的收盘数据）计算的。

我们选取的成立年限在 5 年以上的部分普通债券型基金产品如表 3-19 所示。我们可以按照同样的思路对它们进行评估与筛选。

表 3-19　部分普通债券型基金产品按年化收益率排名（基金产品成立 5 年以上）

基金代码	基金名称	成立年限（年）	年化收益率（%）	年化波动率（%）
161626.SZ	融通通福	7.16	9.51	3.43
162105.SZ	持久增利	8.92	8.90	6.19
164210.SZ	天弘同利	7.39	8.72	3.30
161221.OF	国投瑞银双债债券 C	6.86	8.67	3.00
165509.SZ	信诚增强	10.36	8.61	5.28
164703.SZ	添富纯债	7.25	8.53	2.55
164509.SZ	国富恒利	6.91	8.49	4.05
360013.OF	光大保德信信用添益债券 A	9.73	8.30	5.32
163003.SZ	长信利鑫	9.62	8.28	2.75
162712.SZ	广发聚利	9.51	8.22	3.83
161505.SZ	银河通利	8.79	8.11	4.90
164208.SZ	天弘丰利	9.21	7.99	4.05
360014.OF	光大保德信信用添益债券 C	9.73	7.95	5.32
161506.OF	银河通利债券(LOF)C	8.79	7.81	4.84
161216.SZ	双债 A	9.86	7.70	2.74
217022.OF	招商产业债券 A	8.88	7.68	1.72
000014.OF	华夏聚利债券	7.89	7.35	5.41
000130.OF	大成景兴信用债债券 A	7.68	7.33	4.59
164206.SZ	天弘添利	10.18	7.33	3.21
161908.SZ	万家添利	9.69	7.14	3.42

数据来源：东方财富 Choice 数据。注：年化收益率与年化波动率是基于过去 11 年的数据（即 2010 年 1 月 1 日至 2021 年 1 月 19 日的收盘数据）计算的。

　　第三，关于纯债基金。截至 2021 年 2 月 3 日收盘，根据基金产品的成立年限、年化收益率、年化波动率等参数对纯债基金进行筛选，成立年限在 3 年以上的纯债基金有 490 只，成立年限在 5 年以上的纯债基金有 153 只。

　　我们选取的成立年限在 3 年以上的部分纯债基金产品如表 3-20 所示。在表 3-20 中，我们可以发现：基金产品"招商招轩纯债 A"的年化收益率为 12.72%，与之相对应的年化波动率为 6.49%；基金产品"长信稳势纯债"的年化收益率为 12.54%，年化波动率为 12.40%；基金产品"招商招旭纯债 C"的年化收益率为 11.90%，年化波动率为 8.65%。通过观察上述三款基金产品的数据，我们可以知道：虽然这三只纯债基金的年化收益相对都比较可观，但与它们相对应的年化波动率也是不容忽视的。也就是说，投资者不能只看投资收益而忽略投资过程中的波动与风险。

表 3-20　部分纯债基金产品按年化收益率排名（基金产品成立 3 年以上）

基金代码	基金名称	成立年限（年）	年化收益率（%）	年化波动率（%）
003371.OF	招商招轩纯债 A	4.28	12.72	6.49
003869.OF	长信稳势纯债	3.47	12.54	12.40
003860.OF	招商招旭纯债 C	4.14	11.90	8.65
003741.OF	鹏华丰盈债券	4.21	11.56	12.55
003372.OF	招商招轩纯债 C	4.28	10.96	6.13
003452.OF	招商招盛纯债 A	4.28	10.02	5.16
003453.OF	招商招盛纯债 C	4.28	9.66	4.40
003788.OF	方正富邦惠利纯债 C	4.13	8.77	8.70
003838.OF	东方臻享纯债债券 C	4.19	7.90	5.58
003349.OF	长信稳益纯债	4.28	7.86	7.98
519675.OF	银河泰利债券 A	6.50	7.54	4.39
003039.OF	广发集富纯债 A	4.06	7.19	6.26
003188.OF	博时聚源纯债债券 A	3.99	6.91	3.70
003407.OF	景顺长城景泰丰利纯债 A	4.06	6.82	2.66
003498.OF	前海联合添和纯债 A	4.16	6.70	4.74
002529.OF	泰康安益纯债债券 C	4.44	6.59	5.36

数据来源：东方财富 Choice 数据。注：年化收益率与年化波动率是基于过去 11 年的数据（即 2010 年 1 月 1 日至 2021 年 1 月 19 日的收盘数据）计算的。

我们选取的成立年限在 5 年以上的部分纯债基金产品如表 3-21 所示。在表 3-21 中，我们可以发现：基金产品"银华信用四季红债券 A"的年化收益率为 6.27%，与之相对应的年化波动率为 1.28%；基金产品"南方通利债券 A"的年化收益率为 6.07%，年化波动率为 1.34%；基金产品"南方丰元信用增强债券 A"的年化收益率为 6.00%，年化波动率为 1.67%。在表 3-21 中，我们还可以看到其他成立年限在 5 年以上的纯债基金产品。在"年化收益率"一列中，我们可以观察到这些纯债基金产品的年化收益率之间存在细微的差别。相对来说，这些基金产品的波动较为平稳。换句话说，当我们选取成立年限较长的纯债基金时，它的年化收益率与年化波动率在大概率上都是趋于平稳的。

表 3-21　部分纯债基金产品按年化收益率排名（基金产品成立 5 年以上）

基金代码	基金名称	成立年限（年）	年化收益率（%）	年化波动率（%）
000194.OF	银华信用四季红债券 A	7.50	6.27	1.28
000563.OF	南方通利债券 A	6.79	6.07	1.34
000355.OF	南方丰元信用增强债券 A	7.24	6.00	1.67
166016.SZ	中欧纯债	8.02	5.88	1.88
050027.OF	博时信用债纯债券 A	8.42	5.83	1.40
000564.OF	南方通利债券 C	6.79	5.82	1.33
000305.OF	中银中高等级 A	7.17	5.70	1.09
000205.OF	易方达投资级信用债券 A	7.41	5.62	1.31
000356.OF	南方丰元信用增强债券 C	7.24	5.60	1.69
000186.OF	华泰柏瑞季季红债券	7.23	5.59	1.41
519152.OF	新华纯债添利债券发起 A	8.13	5.55	0.98
161820.SZ	银华纯债	8.50	5.52	1.15
000191.OF	富国信用债债券 A/B	7.62	5.40	1.26
000206.OF	易方达投资级信用债券 C	7.41	5.40	1.31
000152.OF	大成景旭纯债债券 A	7.54	5.38	1.25
000187.OF	华泰柏瑞丰盛纯债债券 A	7.43	5.35	1.23
270048.OF	广发纯债债券 A	8.15	5.32	1.78
519153.OF	新华纯债添利债券发起 C	8.13	5.16	0.96
000911.OF	鑫元合丰纯债 A	6.14	5.15	2.69

数据来源：东方财富 Choice 数据。注：年化收益率与年化波动率是基于过去 11 年的数据（即 2010 年 1 月 1 日至 2021 年 1 月 19 日的收盘数据）计算的。

第四，关于短债型基金。截至 2021 年 2 月 3 日收盘，成立年限在 3 年以上的短债型基金有 86 只，成立年限在 5 年以上的短债型基金有 53 只。

我们选取的成立年限在 3 年以上的部分短债型基金产品如表 3-22 所示。在表 3-22 中，我们可以发现：基金产品"中融盈泽中短债 A"的年化收益率为 7.65%，与之相对应的年化波动率为 5.36%；基金产品"中融盈泽中短债 C"的年化收益率为 7.49%，年化波动率为 5.36%；基金产品"长安泓沣中短债债券 A"的年化收益率为 5.99%，年化波动率为 10.61%；基金产品"长安泓沣中短债债券 C"的年化收益率为 5.81%，年化波动率为 10.59%。通过对比基金产品"中融盈泽中短债 A"与基金产品"长安泓沣中短债债券 A"，我们可以发现基金产品"中融盈泽中短债A"的年化波动率相对较低，同时它的年化收益率相对较高。换句话说，如果投资者单纯从基金产品的年化收益率与年化波动率出发来选择基金产品，那么基金产品"中融盈泽中短债A"的性价比会高于基金产品"长安泓沣中短债债券 A"。以此类推，投资者可以解读表3-22中其他成立年限在 3 年以上的短债型基金产品。

表3-22 部分短债型基金产品按年化收益率排名（基金产品成立 3 年以上）

基金代码	基金名称	成立年限（年）	年化收益率（%）	年化波动率（%）
003009.OF	中融盈泽中短债 A	3.86	7.65	5.36
003010.OF	中融盈泽中短债 C	3.86	7.49	5.36
004907.OF	长安泓沣中短债债券 A	3.49	5.99	10.61
004908.OF	长安泓沣中短债债券 C	3.49	5.81	10.59
000129.OF	大成景安短融债券 B	7.71	4.76	0.68
000128.OF	大成景安短融债券 A	7.71	4.45	0.64
004156.OF	中信保诚至泰中短债债券 C	3.67	4.29	5.44
000503.OF	中信建投景和中短债 A	7.03	4.08	0.92
005010.OF	金鹰添瑞中短债 A	3.39	4.07	0.39
002920.OF	中欧短债债券 A	3.95	4.00	0.49
040045.OF	华安添鑫中短债 A	8.12	3.97	4.34
002659.OF	兴业中债 1-3 年政金债 A	4.60	3.85	1.95
000084.OF	博时安盈债券 A	7.79	3.76	0.73
000504.OF	中信建投景和中短债 C	7.03	3.68	0.91
005011.OF	金鹰添瑞中短债 C	3.39	3.66	0.38
004672.OF	华夏短债债券 A	3.17	3.60	0.53
002086.OF	大成景安短融债券 E	5.07	3.56	0.44
070009.OF	嘉实超短债债券	14.79	3.55	0.52
004673.OF	华夏短债债券 C	3.17	3.49	0.52
003520.OF	万家 1-3 年政金债纯债 A	4.20	3.49	0.83

数据来源：东方财富 Choice 数据。注：年化收益率与年化波动率是基于过去 11 年的数据（即 2010 年 1 月 1 日至 2021 年 1 月 19 日的收盘数据）计算的。

同理，我们选取的成立年限在 5 年以上的部分短债型基金产品如表 3-23 所示。通过观察该表中的数据，我们可以发现这些短债型基金产品的年化收益率差别不大，年化波动率也相对较低。当我们选取成立年限相对较长的短债型基金时，它的年化收益率与年化波动率在大概率上是趋于平稳的。

表 3-23　部分短债型基金产品按年化收益率排名（基金产品成立 5 年以上）

基金代码	基金名称	成立年限（年）	年化收益率（%）	年化波动率（%）
000129.OF	大成景安短融债券 B	7.71	4.76	0.68
000128.OF	大成景安短融债券 A	7.71	4.45	0.64
000503.OF	中信建投景和中短债 A	7.03	4.08	0.92
040045.OF	华安添鑫中短债 A	8.12	3.97	4.34
000084.OF	博时安盈债券 A	7.79	3.76	0.73
000504.OF	中信建投景和中短债 C	7.03	3.68	0.91
002086.OF	大成景安短融债券 E	5.07	3.56	0.44
070009.OF	嘉实超短债债券	14.79	3.55	0.52
000085.OF	博时安盈债券 C	7.79	3.36	0.74
541005.OF	汇丰晋信平稳增利中短债 C	9.67	3.33	2.07
002301.OF	兴业短债债券 A	5.01	3.26	2.16
540005.OF	汇丰晋信平稳增利中短债 A	12.18	3.01	1.84
000674.OF	中海中短债债券	6.44	1.63	3.82
000783.OF	博时季季享持有期 A	6.38	0.89	0.25
000784.OF	博时季季享持有期 B	6.38	0.83	0.24
110053.OF	易方达安源中短债债券 A	8.06	0.65	0.32
110052.OF	易方达安源中短债债券 C	8.06	0.59	0.32
001497.OF	大成月添利债券 E	5.64	0.58	0.74
470060.OF	汇添富理财 60 天债券 A	8.65	0.46	0.11
471014.OF	汇添富理财 14 天债券 B	8.58	0.43	0.50

数据来源：东方财富 Choice 数据。注：年化收益率与年化波动率是基于过去 11 年的数据（即 2010 年 1 月 1 日至 2021 年 1 月 19 日的收盘数据）计算的。

此外，我们可以对债券型基金各个分类的参数进行中位数统计。截至 2021 年 2 月 3 日收盘，我们对成立年限在 3 年以上的债券型基金进行的中位数统计如表 3-24 所示。我们可以发现：激进债券型基金的年化收益率中位数为 5.96%，普通债券型基金的年化收益率中位数为 5.03%，纯债基金的年化收益率中位数为 3.87%，短债型基金的年化收益率中位数为 0.62%。与此同时，与它们相对应的年化波动率中位数分别为3.87%、2.28%、0.93%，以及0.33%。

根据上述数据，我们可以对不同类型的债券型基金的年化收益率进行一个初步的判断，即激进债券型基金、普通债券型基金、纯债基金、短债型基金的年化收益率是依次递减的。同时，它们的年化波动率也是依次递减的。

表3-24　四种债券型基金的"中位数"统计（基金成立3年以上）

债券型基金类型	成立年限中位数（年）	年化收益率中位数（%）	年化波动率中位数（%）	基金数量（只）
激进债券型基金	6.79	5.96	3.87	391
普通债券型基金	7.87	5.03	2.28	236
纯债基金	4.38	3.87	0.93	490
短债型基金	6.43	0.62	0.33	86

数据来源：东方财富Choice数据。注：年化收益率中位数与年化波动率中位数是基于过去11年的数据（即2010年1月1日至2021年1月19日的收盘数据）统计的。

我们还可以对成立年限在5年以上的债券型基金进行中位数统计，如表3-25所示。其中，激进债券型基金的年化收益率中位数为6.36%，普通债券型基金的年化收益率中位数为5.44%，纯债基金的年化收益率中位数为4.04%，短债型基金的年化收益率中位数为0.28%。与它们相对应的年化波动率中位数分别为4.26%、2.43%、1.24%、0.11%。

根据这些统计数据，我们可以发现从激进债券型基金到短债型基金的年化收益率在依次递减，与之相对应的年化波动率也在依次递减。换句话说，根据成立年限在5年以上的债券型基金产品的统计数据，我们可以进一步验证之前的判断，即激进债券型基金、普通债券型基金、纯债基金、短债型基金的年化收益率是依次递减的。同时，它们的年化波动率也是依次递减的。

表3-25　四种债券型基金的"中位数"统计（基金成立5年以上）

债券型基金类型	成立年限中位数（年）	年化收益率中位数（%）	年化波动率中位数（%）	基金数量（只）
激进债券型基金	8.58	6.36	4.26	246
普通债券型基金	8.94	5.44	2.43	167
纯债基金	7.41	4.04	1.24	153

续表

债券型基金类型	成立年限 中位数（年）	年化收益率 中位数（%）	年化波动率 中位数（%）	基金数 量（只）
短债型基金	8.02	0.28	0.11	53

数据来源：东方财富 Choice 数据。注：年化收益率中位数与年化波动率中位数是基于过去 11 年的数据（即 2010 年 1 月 1 日至 2021 年 1 月 19 日的收盘数据）统计的。

6. 货币型基金

货币型基金是指只投资于货币市场的开放式基金。货币型基金的资金投向主要为国债、央行票据、回购、银行存款等风险性相对极低且安全性相对较高的资产。投资者可以视货币型基金为一种与银行存款相类似的现金管理工具。

货币型基金的收益率通常略高于银行定期存款的收益率。同时，它的流动性也略优于银行定期存款。如果投资者将闲置资金投入货币型基金中，那么当他需要用钱时，他可以对资金进行随取随用。

在通常情况下，不同的货币型基金的收益率相差不大。截至 2021 年 2 月 4 日收盘，市场上现存的货币型基金大约有 691 只。我们根据基金产品的成立年限、年化收益率、年化波动率等参数进行筛选，成立年限在 3 年以上的货币型基金有 647 只，成立年限在 5 年以上的货币型基金有 396 只。

我们选取的成立年限在 3 年以上的部分货币型基金产品如表 3-26 所示。在表 3-26 中，我们可以发现基金产品"易方达天天理财货币 R"的年化收益率为 3.74%，基金产品"易方达天天理财货币 B"的年化收益率为 3.73%，基金产品"农银货币 B"的年化收益率为 3.71%。上述几款成立年限在 3 年以上的货币型基金产品的年化收益率的差别不大，与之相对应的年化波动率的差别也比较小。

表 3-26　部分货币型基金产品按年化收益率排名（基金产品成立 3 年以上）

基金代码	基金名称	成立年限（年）	年化收益率（%）	年化波动率（%）
003816.OF	银华日利 B	4.21	5.11	3.21
000013.OF	易方达天天理财货币 R	7.93	3.74	0.15
000010.OF	易方达天天理财货币 B	7.93	3.73	0.15
660107.OF	农银货币 B	10.21	3.71	0.15
000332.OF	中加货币 C	7.30	3.68	0.18
202302.OF	南方现金增利货币 B	11.55	3.67	0.11

续表

基金代码	基金名称	成立年限（年）	年化收益率（%）	年化波动率（%）
070088.OF	嘉实货币 B	8.14	3.67	0.09
519510.OF	浦银安盛货币 B	9.92	3.67	0.15
000540.OF	国金金腾通货币 A	6.97	3.66	0.13
200103.OF	长城货币 B	8.84	3.65	0.13
210013.OF	金鹰货币 B	8.17	3.65	0.16
000495.OF	南方现金通 C	7.05	3.65	0.11
000905.OF	鹏华安盈宝货币	6.03	3.63	0.13
288201.OF	华夏货币 B	8.16	3.63	0.14
270014.OF	广发货币 B	11.80	3.61	0.13
000359.OF	易方达易理财货币 A	7.29	3.61	0.12
040039.OF	华安日日鑫货币 B	8.20	3.60	0.13
730103.OF	方正富邦货币 B	8.12	3.60	0.17
004973.OF	长城收益宝货币 B	3.42	3.59	0.10
550011.OF	信诚货币 B	9.88	3.59	0.12

数据来源：东方财富 Choice 数据。注：年化收益率与年化波动率是基于过去 11 年的数据（即 2010 年 1 月 1 日至 2021 年 1 月 19 日的收盘数据）计算的。

在表 3-26 中，值得投资者注意的是，基金产品"银华日利 B"的年化收益率为 5.11%，高于同类货币型基金产品的年化收益率。为了验证这个年化收益率是否具有可持续性，投资者可以打开交易软件并输入相应的基金代码，观察一下该基金产品过往的净值曲线是否出现过异常极值的情况。换句话说，如果一款基金产品过往的净值曲线出现过明显的异常极值，那么投资者需要将这样的异常极值排除在外。同理，投资者也可以按照这个思路观察其他基金产品，进而避免由于未排除异常极值而影响对基金产品历史业绩的评估结果。

如果我们选取成立年限在 5 年以上的部分货币型基金产品，我们可以发现基金产品"易方达天天理财货币 R"的年化收益率为 3.74%，排名相对靠前，如表 3-27 所示。同时，我们还可以发现基金产品"易方达天天理财货币 B"的年化收益率为 3.73%，基金产品"农银货币 B"的年化收益率为 3.71%，基金产品"中加货币 C"的年化收益率为 3.68%。上述这几款成立年限在 5 年以上的货币型基金产品的年化收益率差别也不大。

表 3-27　部分货币型基金产品按年化收益率排名（基金产品成立 5 年以上）

基金代码	基金名称	成立年限（年）	年化收益率（%）	年化波动率（%）
000013.OF	易方达天天理财货币 R	7.93	3.74	0.15
000010.OF	易方达天天理财货币 B	7.93	3.73	0.15
660107.OF	农银货币 B	10.21	3.71	0.15
000332.OF	中加货币 C	7.30	3.68	0.18
202302.OF	南方现金增利货币 B	11.55	3.67	0.11
070088.OF	嘉实货币 B	8.14	3.67	0.09
519510.OF	浦银安盛货币 B	9.92	3.67	0.15
000540.OF	国金金腾通货币 A	6.97	3.66	0.13
200103.OF	长城货币 B	8.84	3.65	0.13
210013.OF	金鹰货币 B	8.17	3.65	0.16
000495.OF	南方现金通 C	7.05	3.65	0.11
000905.OF	鹏华安盈宝货币	6.03	3.63	0.13
288201.OF	华夏货币 B	8.16	3.63	0.14
270014.OF	广发货币 B	11.81	3.61	0.13
000359.OF	易方达易理财货币 A	7.29	3.61	0.12
040039.OF	华安日日鑫货币 B	8.20	3.60	0.13
730103.OF	方正富邦货币 B	8.12	3.60	0.17
550011.OF	信诚货币 B	9.88	3.59	0.12
519998.OF	长信利息收益货币 B	10.21	3.58	0.14
000494.OF	南方现金通 B	7.05	3.58	0.11

数据来源：东方财富 Choice 数据。注：年化收益率与年化波动率是基于过去 11 年的数据（即 2010 年 1 月 1 日至 2021 年 1 月 19 日的收盘数据）计算的。

我们对这些货币型基金产品的成立年限、年化收益率、年化波动率进行的中位数统计如表 3-28 所示。

表 3-28　货币型基金产品的"中位数"统计

基金类型	成立年限中位数（年）	年化收益率中位数（%）	年化波动率中位数（%）	基金数量（只）
货币型基金（全部）	5.51	3.06	0.11	691
货币型基金（成立 3 年以上）	5.76	3.09	0.11	647

基金类型	成立年限 中位数（年）	年化收益率 中位数（%）	年化波动率 中位数（%）	基金数量（只）
货币型基金（成立 5 年以上）	6.70	3.14	0.12	396

数据来源：东方财富 Choice 数据。注：年化收益率中位数与年化波动率中位数是基于过去 11 年的数据（即 2010 年 1 月 1 日至 2021 年 1 月 19 日的收盘数据）计算的。

我们可以发现：全部货币型基金产品的年化收益率中位数为 3.06%，年化波动率中位数为 0.11%；成立 3 年以上的货币型基金产品的年化收益率中位数为 3.09%，年化波动率中位数为 0.11%；成立 5 年以上的货币型基金产品的年化收益率中位数为 3.14%，年化波动率中位数为 0.12%。

根据上述数据，我们可以发现无论是成立年限在 3 年以上的货币型基金产品、成立年限在 5 年以上的货币型基金产品，还是全部货币型基金产品，它们的年化收益率中位数几乎是趋同一致的。与此同时，我们还发现无论是成立年限在 3 年以上的货币型基金产品、成立年限在 5 年以上的货币型基金产品，还是全部货币型基金产品，它们的年化波动率中位数几乎也是趋同一致的。换句话说，货币型基金产品之间的差异性相对较小，投资者无须花费太多的时间与精力去选择，只需要选择一个靠谱的平台就可以了。

7. QDII 基金

在了解 QDII 基金之前，我们先来了解一下 QDII 的含义。QDII 的全称是 "Qualified Domestic Institutional Investor"，翻译成中文是 "合格境内机构投资者"。

截至 2021 年 2 月 5 日收盘，市场上现存的 QDII 基金大约有 313 只。根据基金的成立年限、年化收益率、年化波动率等参数进行筛选，成立年限在 3 年以上的 QDII 基金共有 192 只，成立年限在 5 年以上的 QDII 基金共有 115 只。

我们选取的成立年限在 3 年以上的部分 QDII 基金产品如表 3-29 所示。在表 3-29 中，我们可以发现：基金产品 "汇添富全球互联混合(QDII)" 的年化收益率为 34.56%，与之相对应的年化波动率为 15.49%；基金产品 "华夏移动互联混合(QDII)人民币" 的年化收益率为 33.37%，年化波动率为 19.30%；基金产品 "华夏移动互联混合(QDII)美元现钞" 的年化收益率为 32.66%，年化波动率为 19.33%。同理，投资者可以解读表 3-29 中其他成立年限在 3 年以上的 QDII 基金产品。

表 3-29　部分 QDII 基金产品按年化收益率排名（基金产品成立 3 年以上）

基金代码	基金名称	成立年限 （年）	年化收益率 （%）	年化波动率 （%）
001668.OF	汇添富全球互联混合(QDII)	4.03	34.56	15.49
002891.OF	华夏移动互联混合(QDII)人民币	4.15	33.37	19.30
002893.OF	华夏移动互联混合(QDII)美元现钞	4.15	32.66	19.33
002892.OF	华夏移动互联混合(QDII)美元现汇	4.15	32.66	19.31
513050.SH	中概互联网 ETF	4.09	26.22	21.65
003721.OF	易方达标普信息科技美元汇(QDII-LOF)	4.15	26.20	20.15
161128.SZ	标普科技	4.15	26.16	20.16
003245.OF	上投摩根中国世纪(QDII)美元现汇	4.24	25.44	15.30
003244.OF	上投摩根中国世纪(QDII)美元现钞	4.24	25.44	15.30
003243.OF	上投摩根中国世纪(QDII)人民币	4.24	25.43	15.29
000906.OF	广发全球精选股票美元现汇(QDII)	6.06	24.66	18.22
161130.SZ	纳指 LOF	3.62	24.13	19.59
003722.OF	易方达纳斯达克 100 美元汇(QDII-LOF)	3.62	24.11	19.59
003720.OF	易方达标普生物科技美元汇(QDII-LOF)	4.15	24.08	24.51
161127.SZ	标普生物	4.15	24.04	24.51
004877.OF	汇添富全球医疗混合(QDII)人民币	3.48	23.96	14.41
004878.OF	汇添富全球医疗混合(QDII)美元现汇	3.48	23.95	14.42
000055.OF	广发纳斯达克 100 指数美元现汇(QDII)A	6.06	23.95	18.02
004879.OF	汇添富全球医疗混合(QDII)美元现钞	3.48	23.95	14.40
513100.SH	纳指 ETF	7.79	23.22	16.26

数据来源：东方财富 Choice 数据。注：年化收益率与年化波动率是基于过去 11 年的数据（即 2010 年 1 月 1 日至 2021 年 1 月 19 日的收盘数据）计算的。

我们选取的成立年限在 5 年以上的部分 QDII 基金产品如表 3-30 所示。在表 3-30 中，我们可以发现：基金产品"广发全球精选股票美元现汇(QDII)"的年化收益率为 24.66%，与之相对应的年化波动率为 18.22%；基金产品"广发纳斯达克 100 指数美元现汇(QDII)A"的年化收益率为 23.95%，年化波动率为 18.02%；基金产品"纳指 ETF"的年化收益率为 23.22%，年化波动率为

16.26%。以此类推，我们可以在表 3-30 中找到其他业绩表现相对较好的成立年限在 5 年以上的 QDII 基金产品。

表 3-30　部分 QDII 基金产品按年化收益率排名（基金产品成立 5 年以上）

基金代码	基金名称	成立年限（年）	年化收益率（%）	年化波动率（%）
000906.OF	广发全球精选股票美元现汇(QDII)	6.06	24.66	18.22
000055.OF	广发纳斯达克 100 指数美元现汇(QDII)A	6.06	23.95	18.02
513100.SH	纳指 ETF	7.79	23.22	16.26
000934.OF	国富大中华精选混合(QDII)人民币	6.01	22.83	19.98
040048.OF	华安纳斯达克 100 指数现汇(QDII)	7.52	21.66	15.50
040047.OF	华安纳斯达克 100 指数现钞(QDII)	7.52	21.66	15.50
040046.OF	华安纳斯达克 100 指数(QDII)	7.52	21.66	15.49
270042.OF	广发纳斯达克 100 指数(QDII)A	8.48	21.61	16.16
000834.OF	大成纳斯达克 100(QDII)	6.24	21.29	16.72
159941.SZ	纳指 ETF	5.66	21.26	18.28
001691.OF	南方香港成长(QDII)	5.36	20.97	17.28
160213.OF	国泰纳斯达克 100 指数(QDII)	10.78	20.55	15.58
100061.OF	富国中国中小盘混合(QDII)人民币	8.43	20.27	15.95
002230.OF	华夏大中华混合(QDII)	5.05	19.74	15.18
161229.SZ	国投中国	5.13	18.92	13.80
270023.OF	广发全球精选股票(QDII)	10.48	18.79	15.65
000988.OF	嘉实全球互联网股票(QDII)人民币	5.82	18.74	21.12
000989.OF	嘉实全球互联网股票(QDII)美元现汇	5.82	18.61	21.13
000990.OF	嘉实全球互联网股票(QDII)美元现钞	5.82	18.36	21.13
164906.SZ	中国互联	5.70	18.30	21.06

数据来源：东方财富 Choice 数据。注：年化收益率与年化波动率是基于过去 11 年的数据（即 2010 年 1 月 1 日至 2021 年 1 月 19 日的收盘数据）计算的。

我们对这些 QDII 基金产品的成立年限、年化收益率、年化波动率进行的中位数统计如表 3-31 所示。

表 3-31　QDII 基金产品的"中位数"统计

基金类型	成立年限 中位数（年）	年化收益率 中位数（%）	年化波动率 中位数（%）	基金数量（只）
QDII 基金（全部）	4.13	7.45	15.24	313
QDII 基金（成立 3 年以上）	6.13	6.96	14.59	192
QDII 基金（成立 5 年以上）	8.47	7.16	14.62	115

数据来源：东方财富 Choice 数据。注：年化收益率中位数与年化波动率中位数是基于过去 11 年的数据（即 2010 年 1 月 1 日至 2021 年 1 月 19 日的收盘数据）统计的。

在表 3-31 中，我们可以发现：全部 QDII 基金产品的年化收益率中位数为 7.45%，年化波动率中位数为 15.24%；成立 3 年以上的 QDII 基金产品的年化收益率中位数为 6.96%，年化波动率中位数为 14.59%；成立 5 年以上的 QDII 基金产品的年化收益率中位数为 7.16%，年化波动率中位数为 14.62%。根据上述数据，我们可以知道 QDII 基金产品的年化收益率大约维持在 7%，年化波动率大约维持在 15%，波动还是相对较大的。

8．商品型基金

在开始介绍商品型基金之前，我们一起来了解一下商品投资的标的有哪些。在通常情况下，商品投资标的主要可以分为四大类。具体分类如表 3-32 所示。

表 3-32　商品投资标的的分类

序号	大类分类	详细分类
1	农产品类	大豆、豆粕、豆油、棕榈油、菜籽油、早籼稻、白糖、棉花、小麦、玉米、鸡蛋、粳稻等
2	金属类	黄金、白银、铜、铝、铅、锌、螺纹钢、线材等
3	能源类	原油、燃料油、动力煤、甲醇、焦炭等
4	化工类	沥青、PTA、PVC、橡胶、玻璃等

在通常情况下，商品价格的波动相对较大，与之相伴的风险也相对较大。因此，对没有商品投资经验的普通投资者来说，选择参与基金投资可能会比单独选择参与商品投资的性价比要高。如果投资者特别喜欢商品投资，同时又担心自己操作起来有难度，那么不妨可以试试定投优质的商品型基金。接下来，我们一起来了解一下商品型基金。

商品型基金是指以商品期货品种为主要投资对象的基金。截至 2021 年 2 月 5 日收盘，市场上现存的商品型基金大约有 42 只。根据基金的成立年限、年化收益率、年化波动率等参数进行筛选，成立年限在 3 年以上的商品型基金共有 15 只，成立年限在 5 年以上的商品型基金共有 9 只。

我们选取的成立年限在 3 年以上的部分商品型基金产品如表 3-33 所示。在表 3-33 中，我们可以发现：基金产品"博时黄金 D"年化收益率为 10.14%，与之相对应的年化波动率为 10.71%；基金产品"国泰黄金 ETF 联接 C"的年化收益率为 8.68%，年化波动率为 9.87%；基金产品"博时黄金 I"的年化收益率为 8.55%，年化波动率为 10.48%。同理，投资者可以在表 3-33 中查看其他成立年限在 3 年以上的商品型基金产品。

表 3-33　部分商品型基金产品按年化收益率排名（基金产品成立 3 年以上）

基金代码	基金名称	成立年限（年）	年化收益率（%）	年化波动率（%）
000929.OF	博时黄金 D	6.15	10.14	10.71
004253.OF	国泰黄金 ETF 联接 C	3.77	8.68	9.87
000930.OF	博时黄金 I	6.12	8.55	10.48
000218.OF	国泰黄金 ETF 联接 A	4.82	8.54	9.79
002610.OF	博时黄金 ETF 联接 A	4.70	7.20	9.46
159937.SZ	博时黄金	6.49	7.19	10.62
000307.OF	易方达黄金 ETF 联接 A	4.71	7.11	9.41
159934.SZ	黄金 ETF	7.20	6.97	10.59
002611.OF	博时黄金 ETF 联接 C	4.70	6.81	9.46
002963.OF	易方达黄金 ETF 联接 C	4.61	6.37	9.49
518880.SH	黄金 ETF	7.56	5.72	10.73
518800.SH	黄金基金 ETF	7.56	5.61	10.72
000216.OF	华安黄金易 ETF 联接 A	7.47	5.45	10.32
000217.OF	华安黄金易 ETF 联接 C	7.47	5.32	10.30
161226.SZ	白银基金	5.51	-0.18	16.71

数据来源：东方财富 Choice 数据。注：年化收益率与年化波动率是基于过去 11 年的数据（即 2010 年 1 月 1 日至 2021 年 1 月 19 日的收盘数据）计算的。

如果我们将商品型基金产品的成立年限延长至 5 年以上，并将达到这个标准的商品型基金产品按照年化收益率进行降序排列，得到的结果如表 3-34 所示。根据这些数据，我们可以发现大部分成立年限在 5 年以上的商品型基金产品的年化收益率在 5.7%附近，与之相对应的年化波动率在 10.6%附近。商品型基金产品的年化波动率较高。换句话说，当投资者购买商品型基金产品并想博弈一定的年化收益时，他需要承受一定程度的年化波动，这个年化波动有可能会超过年化收益本身。

表 3-34　部分商品型基金产品按年化收益率排名（基金产品成立 5 年以上）

基金代码	基金名称	成立年限（年）	年化收益率（%）	年化波动率（%）
000929.OF	博时黄金 D	6.15	10.14	10.71
000930.OF	博时黄金 I	6.15	8.55	10.48
159937.SZ	博时黄金	6.49	7.19	10.62
159934.SZ	黄金 ETF	7.20	6.97	10.59
518880.SH	黄金 ETF	7.56	5.72	10.73
518800.SH	黄金基金 ETF	7.56	5.61	10.72
000216.OF	华安黄金易 ETF 联接 A	7.47	5.45	10.32
000217.OF	华安黄金易 ETF 联接 C	7.47	5.32	10.30
161226.SZ	白银基金	5.51	-0.18	16.71

数据来源：东方财富 Choice 数据。注：年化收益率与年化波动率是基于过去 11 年的数据（即 2010 年 1 月 1 日至 2021 年 1 月 19 日的收盘数据）计算的。

我们对市场上现存的商品型基金产品的成立年限、年化收益率、年化波动率进行的中位数统计如表 3-35 所示。

表 3-35　商品型基金产品的"中位数"统计

基金类型	成立年限中位数（年）	年化收益率中位数（%）	年化波动率中位数（%）	基金数量（只）
商品型基金（全部）	1.07	0.60	10.67	42
商品型基金（成立 3 年以上）	6.15	6.97	10.32	15
商品型基金（成立 5 年以上）	7.20	5.72	10.62	9

数据来源：东方财富 Choice 数据。注：年化收益率中位数与年化波动率中位数是基于过去 11 年的数据（即 2010 年 1 月 1 日至 2021 年 1 月 19 日的收盘数据）统计的。

在表 3-35 中，我们可以发现：全部商品型基金产品的年化波动率中位数为 10.67%，成立 3 年以上的商品型基金产品的年化波动率中位数为 10.32%，成立 5 年以上的商品型基金产品的年化波动率中位数为 10.62%。根据上述数据，我们可以发现这三种商品型基金产品的年化波动率之间的差别比较小，三者均值约为 10.54%。换句话说，无论投资者选择成立 3 年以上的商品型基金产品、成立 5 年以上的商品型基金产品，还是全部商品型基金产品，它们的年化波动率都维持在 10.54%左右。与此同时，我们还可以发现成立 3 年以上或者成立 5 年以上的商品型基金产品的年化收益率往往高于其他时间区间内的商品型基金产品。换句话说，当投资者在选取商品型基金产品时，如果多款商品型基金产品的年化波动率差别较小，那么他可以优先选取年化收益率相对较高的商品型基金产品。

通过观察成立 3 年以上的全部商品型基金产品（见表 3-33）与成立 5 年以上的全部商品型基金产品（见表 3-34），我们可以发现：在绝大多数商品型基金产品的名称中，"黄金"是一个出现频率非常高的词汇。在现实的商品投资中，黄金是人们心中非常重要的交易品种之一，同时也是广大投资者相对比较熟悉的一个交易品种。

有时候，我们经常看到投资者购买黄金之类的新闻。每当看到这样的新闻时，我们的大脑中可能会冒出一连串的问题：投资者为什么要购买黄金呢？他们购买黄金可以做什么呢？他们为什么对购买黄金情有独钟呢？购买黄金可以为他们创造利息吗？与黄金相关的理财产品主要有哪些呢？为了帮助大家解答上述疑问，接下来我们将从黄金的功能、黄金是否产生利息、与黄金有关的理财产品三个方面详细介绍黄金这个交易品种。

第一，黄金的功能。一些投资者之所以对购买黄金情有独钟，是因为当市场出现突发风险事件时，黄金具有较好的避险、保值、抵抗通货膨胀的功能。接下来，我们从三个角度来讨论黄金的功能。

（1）黄金具有较好的避险功能。俗话说"乱世买黄金"，意思是指在兵荒马乱的动荡时期，人们可以将值钱的物件换成黄金来避险。

根据美国 COMEX 黄金期货收盘价格自 1975 年至 2021 年 2 月初的走势图（见图 3-7），我们可以总结出以下四条规律：一是黄金价格虽有起伏，但整体呈现上涨的趋势；二是黄金价格走势出现三次大幅度上涨的情况，分别为 1976 年—1980 年、2004 年—2011 年、2018 年—2020 年；三是黄金价格走势出现两次大幅度下跌的情况，分别为 1980 年—1985 年、2012 年—2016 年；四是在 1985 年—2004 年，黄金价格走势整体呈现较为平稳的态势。换句话说，如果投资者想要通过投资黄金来获取投资回报，那么他只能在黄金价格大幅上涨的时候获取回报。

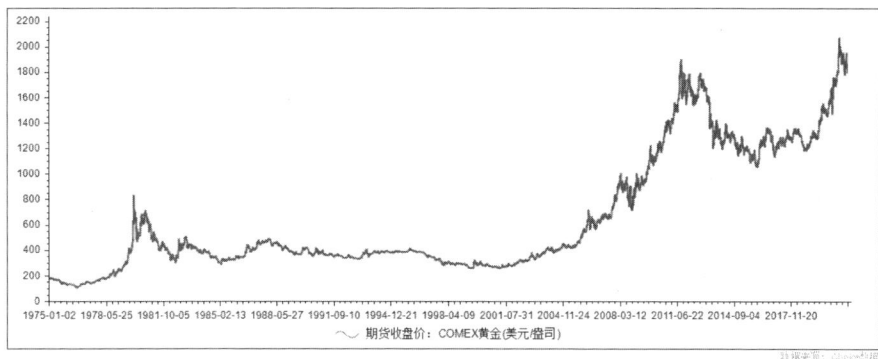

图 3-7　自 1975 年至 2021 年 2 月初，美国 COMEX 黄金期货收盘价格走势图

数据来源：东方财富 Choice 数据。

（2）黄金具有较好的保值功能。自 2018 年以来，黄金价格一路上涨。2020 年，国际经济的发展陷入困境。在这种情况下，黄金的保值功能就显得尤其突出。由于受到全球很多投资机构与个人投资者的追捧与青睐，黄金的价格呈现一路上涨的趋势。

（3）黄金具有较好的抵抗通货膨胀的功能。在通常情况下，货币发行过多会引起通货膨胀。相较于传统的纸质货币，黄金并不会被超额发行，也就不会引起通货膨胀的现象。因此，我们可以说黄金具有较好的抵抗通货膨胀的功能。

第二，黄金是否产生利息。黄金本身不产生利息。储户将资金存储在银行，是因为在储蓄到期时他可以获得一定的利息；投资者购买上市公司的股票，是因为长期持有性价比较高的股票可以让他获得丰厚的投资回报；投资者坚持公募基金定投，是因为长期坚持基金定投可以让他获得相对令人满意的投资收益。那么，投资者购买黄金可以获得什么呢？

实际上，黄金本身可以起到避险、保值、抵抗通货膨胀的作用，但是投资黄金并不能让投资者获得很高的投资回报，这是因为黄金本身并不能为投资者创造利息。换句话说，黄金在本质上并不属于生息资产。因此，当投资者对黄金进行投资时，他可以适当地减少投资金额与降低投资比例。

第三，与黄金有关的理财产品。在通常情况下，与黄金有关的理财产品主要有实物黄金、纸黄金、黄金基金、投资黄金公司的股票型基金产品等。

（1）关于投资实物黄金。常见的实物黄金主要有金币、金条、金章、金砖等，这些实物黄金通常是看得见、摸得着的，会让人心里有一种踏实的感觉。金币体积相对较小，容易储藏。但是对金条、金砖等体积相对较大的实物黄金来说，它们是不容易被储藏的。所以，实物黄金在储藏方面并不是一个最优的选择。

（2）关于投资纸黄金。相较于实物黄金，纸黄金是没有实物的。现在很多银行都提供纸黄金业务，投资者可以在银行柜台、网上银行、手机银行 App 办理纸黄金业务。在通常情况下，投资纸黄金的买卖操作相对比较简单。

对拥有比较丰富的黄金投资经验的投资者来说，当黄金价格上涨时，投资者可以通过做多金价来获取投资收益；当黄金价格下跌时，投资者可以通过做空金价来获取投资收益。

此外，纸黄金交易是实行 T+0 交易制度的，即投资者可以在同一交易日内进行买入与卖出操作。值得投资者注意的是，纸黄金在全球市场的交易时间是 24 小时不间断的。在国内，普通投资者可以在银行开通纸黄金业务。对于纸黄金的交易时间，不同的银行会有不同的规定。关于纸黄金具体的交易时间，投资者可以咨询各个银行的业务经理。

（3）关于投资黄金基金。对普通投资者来说，投资黄金基金是一个性价比较高的选择。那么，黄金基金是什么呢？在通常情况下，黄金基金是指投资于黄金或者黄金衍生品的基金。黄金基金的标的通常为黄金 ETF，换句话说，黄金基金一般会紧密跟踪黄金的价格变化情况，如 COMEX 黄金价格或者伦敦金价格等。如果投资者投资黄金基金，那么他不需要自己盯盘，不需要自己研究标的的行情变化，也不需要担心突发的事件，因为会有专门的基金公司与专业的基金经理来为投资者进行资金管理。

但是，值得投资者注意的是，黄金基金对黄金价格的敏感度不如纸黄金，这是因为纸黄金可以按照具体的点位进行交易，而黄金基金只能按照交易日的净值进行交易。

截至 2021 年 2 月 7 日收盘，市场上现存的黄金概念类基金产品大约有 15 款，如表 3-36 所示。在表 3-36 中，我们可以发现：基金产品"华宝资源优选混合 A"的年化收益率为 16.51%，与之相对应的年化波动率为 20.03%；基金产品"国泰黄金 ETF 联接 A"的年化收益率为 8.54%，年化波动率为 9.79%；基金产品"博时黄金 ETF 联接 A"的年化收益率为 7.20%，年化波动率为 9.46%。

此外，表 3-36 中的基金产品"国泰黄金 ETF 联接 A""博时黄金 ETF 联接 A""易方达黄金 ETF 联接 A"等属于黄金 ETF 联接型基金产品。在通常情况下，黄金 ETF 联接型基金产品是指将大部分基金中的资金投资到目标 ETF 基金之中，并对黄金价格进行紧密跟踪的基金产品。在通常情况下，黄金 ETF 联接型基金产品也是投资者在配置黄金类资产时性价比较高的选择。

表 3-36　黄金概念类基金产品按年化收益率排名

基金代码	基金名称	成立年限（年）	年化收益率（%）	年化波动率（%）
240022.OF	华宝资源优选混合 A	8.47	16.51	20.03
000218.OF	国泰黄金 ETF 联接 A	4.83	8.54	9.79
002610.OF	博时黄金 ETF 联接 A	4.71	7.20	9.46
000307.OF	易方达黄金 ETF 联接 A	4.71	7.11	9.41
002611.OF	博时黄金 ETF 联接 C	4.71	6.81	9.46
002207.OF	前海开源金银珠宝混合 C	5.19	6.72	22.01
001302.OF	前海开源金银珠宝混合 A	5.59	6.57	21.22
002963.OF	易方达黄金 ETF 联接 C	4.61	6.37	9.49
000216.OF	华安黄金易 ETF 联接 A	7.47	5.45	10.32
000217.OF	华安黄金易 ETF 联接 C	7.47	5.32	10.30
110025.OF	易方达资源行业混合	9.49	5.20	21.69
320013.OF	诺安全球黄金(QDII-FOF)	10.08	2.25	11.47
160719.SZ	嘉实黄金	9.52	-0.04	10.95
161116.SZ	易基黄金	9.77	-0.75	13.51
164701.SZ	添富贵金	9.45	-1.51	11.68

数据来源：东方财富 Choice 数据。注：年化收益率与年化波动率是基于过去 11 年的数据（即 2010 年 1 月 1 日至 2021 年 1 月 19 日的收盘数据）计算的。

（4）关于投资黄金公司的股票型基金产品。在这里，投资者需要了解一个重要的知识点，即黄金 ETF 联接型基金产品与投资黄金公司的股票型基金产品在本质上是两个截然不同的投资方向。

具体来说，黄金 ETF 联接型基金产品是以跟踪黄金价格变化为投资目标的 ETF 基金产品，而投资黄金公司的股票型基金产品是以黄金公司的股票为投资标的的基金产品。当国际经济形势持续处于低迷状态时，黄金价格可能会呈现上涨趋势，此时黄金 ETF 联接型基金产品的净值可能会随之上涨。但是，对投资黄金公司的股票型基金产品来说，当国际经济环境长期处于低迷状态时，股票市场的整体行情可能会面临下行压力。与此同时，黄金公司的股票价格也可能会受到经济环境的影响而呈现下跌趋势。此时，投资黄金公司的股票型基金产品的净值可能会随之下跌。

因此，在选择与黄金有关的基金产品之前，投资者需要注意区分该基金产品是黄金 ETF 联接型基金产品还是投资黄金公司的股票型基金产品。

综上所述，无论是投资实物黄金、纸黄金、黄金基金，还是投资黄金公司的股票型基金产品，投资者都需要了解一个重要的事实，即虽然黄金具有保值、避险、抵抗通货膨胀的功能，但是黄金本身并不是生息资产。此外，投资者还需要事先对实物黄金、纸黄金、黄金基金、投资黄金公司的股票型基金产品进行充分的了解，具体了解它们的产品特点、交易规则、投资方向、常见的注意事项等，进而可以规避一些不必要的投资损失。

9. 指数型基金

指数型基金是指将特定指数（如上证 50 指数、沪深 300 指数、中证 500 指数等）选为标的指数，将指数的全部或者大部分成分股选为投资对象，以及将追踪标的指数的表现情况作为目标的一种基金。

佳话小贴士：

> 指数型基金又被称为被动型基金，是指它会试图跟踪并复制指数的表现。由于每只指数型基金跟踪的指数不尽相同，所以它们彼此之间并不具备相互比较的可能性。

指数型基金的具体分类比较多，在这里我们暂时将它分为两大类，即被动指数型基金与增强指数型基金。具体分析如下所示。

1）被动指数型基金

截至 2021 年 2 月 8 日收盘，市场上现存的被动指数型基金大约有 1038 只。根据基金产品的成立年限、年化收益率、年化波动率等参数进行筛选，成立年限在 3 年以上的被动指数型基金有 447 只，成立年限在 5 年以上的被动指数型基金有 322 只。

我们选取的成立年限在 3 年以上的部分被动指数型基金产品如表 3-37 所示。在表 3-37 中，我们可以发现：基金产品"招商中证白酒指数(LOF)"的年化收益率为 40.79%，与之相对应的年化波动率为 26.52%；基金产品"国泰国证食品饮料行业(LOF)"的年化收益率为 36.89%，年化波动率为 22.34%；基金产品"鹏华中证酒指数(LOF)"的年化收益率为 34.18%，年化波动率为 25.24%。

此外，投资者还可以在表 3-37 中查看其他年化收益率相对较为优秀的被动指数型基金产品。

表 3-37　部分被动指数型基金产品按年化收益率排名（基金产品成立 3 年以上）

基金代码	基金名称	成立年限（年）	年化收益率（%）	年化波动率（%）
161725.OF	招商中证白酒指数(LOF)	5.71	40.79	26.52
160222.OF	国泰国证食品饮料行业(LOF)	6.30	36.89	22.34
160632.OF	鹏华中证酒指数(LOF)	5.79	34.18	25.24
512600.OF	嘉实中证主要消费 ETF	6.67	32.64	21.60
001631.OF	天弘中证食品饮料指数 A	5.54	30.81	20.20
001632.OF	天弘中证食品饮料指数 C	5.54	30.52	20.20
510630.OF	华夏消费 ETF	7.88	29.38	20.62
159928.OF	汇添富中证主要消费 ETF	7.47	29.08	21.47
501009.OF	汇添富中证生物科技指数(LOF)A	4.14	28.57	20.96
501010.OF	汇添富中证生物科技指数(LOF)C	4.14	28.52	20.96
000248.OF	汇添富中证主要消费 ETF 联接	5.89	27.53	21.67
004407.OF	招商上证消费 80ETF 联接 C	3.95	27.29	17.30
159957.OF	华夏创业板 ETF	3.18	26.97	22.59
159956.OF	建信创业板 ETF	3.01	26.37	22.52
159958.OF	工银瑞信创业板 ETF	3.13	25.53	22.79

续表

基金代码	基金名称	成立年限（年）	年化收益率（%）	年化波动率（%）
001344.OF	易方达沪深 300 医药卫生 ETF 联接 A	3.22	23.57	20.38
000835.OF	华润元大富时中国 A50 指数 A	6.23	23.41	19.24
004408.OF	招商深证 100 指数 C	3.95	23.35	18.85
004742.OF	易方达深证 100ETF 联接 C	3.69	23.26	18.33
512070.OF	易方达沪深 300 非银行金融 ETF	6.63	22.30	26.55

数据来源：东方财富 Choice 数据。注：年化收益率与年化波动率是基于过去 11 年的数据（即 2010 年 1 月 1 日至 2021 年 1 月 19 日的收盘数据）计算的。

同理，我们选取的成立年限在 5 年以上的被动指数型基金产品如表 3-38 所示。

在表 3-38 中，我们可以发现：基金产品"招商中证白酒指数(LOF)"的年化收益率为 40.79%，与之相对应的年化波动率为 26.52%；基金产品"国泰国证食品饮料行业(LOF)"的年化收益率为 36.89%，年化波动率为 22.34%；基金产品"鹏华中证酒指数(LOF)"的年化收益率为 34.18%，年化波动率为 25.24%。以此类推，我们可以在表 3-38 中找到其他业绩表现相对较好的成立年限在 5 年以上的被动指数型基金产品。

表 3-38　部分被动指数型基金产品按年化收益率排名（基金产品成立 5 年以上）

基金代码	基金名称	成立年限（年）	年化收益率（%）	年化波动率（%）
161725.OF	招商中证白酒指数(LOF)	5.71	40.79	26.52
160222.OF	国泰国证食品饮料行业(LOF)	6.30	36.89	22.34
160632.OF	鹏华中证酒指数(LOF)	5.79	34.18	25.24
512600.OF	嘉实中证主要消费 ETF	6.67	32.64	21.60
001631.OF	天弘中证食品饮料指数 A	5.54	30.81	20.20
001632.OF	天弘中证食品饮料指数 C	5.54	30.52	20.20
510630.OF	华夏消费 ETF	7.88	29.38	20.62
159928.OF	汇添富中证主要消费 ETF	7.47	29.08	21.47
000248.OF	汇添富中证主要消费 ETF 联接	5.89	27.53	21.67
000835.OF	华润元大富时中国 A50 指数 A	6.23	23.41	19.24
512070.OF	易方达沪深 300 非银行金融 ETF	6.63	22.30	26.55
510680.OF	万家上证 50ETF	7.28	22.16	19.88

续表

基金代码	基金名称	成立年限（年）	年化收益率（%）	年化波动率（%）
160626.OF	鹏华中证信息技术指数(LOF)	6.77	20.75	26.83
512010.OF	易方达沪深 300 医药 ETF	7.39	19.95	21.01
510660.OF	华夏医药 ETF	7.88	19.94	20.66
159915.OF	易方达创业板 ETF	9.40	19.57	25.39
000656.OF	前海开源沪深 300 指数	6.66	19.16	18.15
217027.OF	招商央视财经 50 指数 A	8.02	18.93	18.23
165312.OF	建信央视财经 50 指数(LOF)	7.88	18.88	17.92
000826.OF	广发百发 100 指数 A	6.28	18.88	26.48

数据来源：东方财富 Choice 数据。注：年化收益率与年化波动率是基于过去 11 年的数据（即 2010 年 1 月 1 日至 2021 年 1 月 19 日的收盘数据）计算的。

当我们对这些被动指数型基金产品的成立年限、年化收益率、年化波动率进行中位数统计时，统计结果如表 3-39 所示。

表 3-39　被动指数型基金产品的"中位数"统计

基金类型	成立年限中位数（年）	年化收益率中位数（%）	年化波动率中位数（%）	基金数量（只）
被动指数型基金（全部）	2.40	16.47	18.29	1038
被动指数型基金（成立 3 年以上）	5.78	9.53	20.23	447
被动指数型基金（成立 5 年以上）	7.23	9.20	20.38	322

数据来源：东方财富 Choice 数据。注：年化收益率中位数与年化波动率中位数是基于过去 11 年的数据（即 2010 年 1 月 1 日至 2021 年 1 月 19 日的收盘数据）统计的。

在表 3-39 中，我们可以发现：全部被动指数型基金产品的年化收益率中位数为 16.47%，年化波动率中位数为 18.29%；成立 3 年以上的被动指数型基金产品的年化收益率中位数为 9.53%，年化波动率中位数为 20.23%；成立 5 年以上的被动指数型基金产品的年化收益率中位数为 9.20%，年化波动率中位数为 20.38%。

根据上述数据，当投资者筛选被动指数型基金产品时，他可以选取年化收益率在 16.47%以上的基金产品，即选取那些年化收益率在"中位数"水平以上的被动指数型基金产品。与此同时，他可以选取年化波动率在 18.29%以下的基金产品，即选取那些年化波动率在"中位数"水平以下的被动指数型基金产品。

2）增强指数型基金

截至 2021 年 2 月 9 日收盘，市场上现存的增强指数型基金大约有 220 只。根据基金的成立年限、年化收益率、年化波动率等参数进行筛选，成立年限在 3 年以上的增强指数型基金有 98 只，成立年限在 5 年以上的增强指数型基金有 53 只。

我们选取的成立年限在 3 年以上的部分增强指数型基金产品如表 3-40 所示。在表 3-40 中，我们可以发现：基金产品"长城创业板指数增强发起式 A"的年化收益率为 31.09%，与之相对应的年化波动率为 19.17%；基金产品"易方达上证 50 增强 C"的年化收益率为 29.25%，年化波动率为 16.64%；基金产品"西部利得沪深 300 指数增强 A"的年化收益率为 28.58%，年化波动率为 15.62%。

此外，投资者还可以在表 3-40 中查看其他年化收益率相对较为优秀的增强指数型基金产品。

表 3-40　部分增强指数型基金产品按年化收益率排名（基金产品成立 3 年以上）

基金代码	基金名称	成立年限（年）	年化收益率（%）	年化波动率（%）
001879.OF	长城创业板指数增强发起式 A	3.70	31.09	19.17
004746.OF	易方达上证 50 增强 C	3.68	29.25	16.64
673100.OF	西部利得沪深 300 指数增强 A	3.89	28.58	15.62
005112.OF	银华中证全指医药卫生指数增强发起式	3.37	26.75	21.51
161037.OF	富国中证高端制造指数增强型(LOF)	3.79	25.26	19.55
003876.OF	华宝沪深 300 增强 A	4.17	23.47	15.41
161035.OF	富国中证医药主题指数增强型(LOF)	4.25	23.12	19.37
005313.OF	万家中证 1000 指数增强 A	3.03	22.79	16.57
002671.OF	万家沪深 300 指数增强 C	4.38	22.41	16.87
005314.OF	万家中证 1000 指数增强 C	3.03	22.06	16.57
000311.OF	景顺长城沪深 300 指数增强	7.29	21.87	19.12
003548.OF	泰达宏利沪深 300 指数增强 C	4.00	21.28	15.03
004874.OF	融通巨潮 100 指数 C	3.60	21.20	16.15
003957.OF	安信量化精选沪深 300 指数增强 A	3.91	21.08	15.25
161613.OF	融通创业板指数 A	8.85	20.87	24.80

基金代码	基金名称	成立年限 （年）	年化收益率 （%）	年化波动率 （%）
003958.OF	安信量化精选沪深 300 指数增强 C	3.91	20.71	15.25
000312.OF	华安沪深 300 增强 A	7.38	20.30	18.58
003986.OF	申万菱信中证 500 指数优选增强 A	4.08	20.24	16.90
003884.OF	汇安沪深 300 指数增强 A	4.04	20.11	13.50
004190.OF	招商沪深 300 指数 A	4.00	19.74	15.25

数据来源：东方财富 Choice 数据。注：年化收益率与年化波动率是基于过去 11 年的数据（即 2010 年 1 月 1 日至 2021 年 1 月 19 日的收盘数据）计算的。

同理，我们选取的成立年限在 5 年以上的增强指数型基金产品如表 3-41 所示。

在表 3-41 中，我们可以发现：基金产品"景顺长城沪深 300 指数增强"的年化收益率为 21.87%，与之相对应的年化波动率为 19.12%；基金产品"融通创业板指数 A"的年化收益率为 20.87%，年化波动率为 24.80%；基金产品"华安沪深 300 增强 A"的年化收益率为 20.30%，年化波动率为 18.58%。以此类推，我们可以在表 3-41 中找到其他业绩表现相对较好的成立年限在 5 年以上的增强指数型基金产品。

表 3-41　部分增强指数型基金产品按年化收益率排名（基金产品成立 5 年以上）

基金代码	基金名称	成立年限（年）	年化收益率（%）	年化波动率（%）
000311.OF	景顺长城沪深 300 指数增强	7.29	21.87	19.12
161613.OF	融通创业板指数 A	8.85	20.87	24.80
000312.OF	华安沪深 300 增强 A	7.38	20.30	18.58
000313.OF	华安沪深 300 增强 C	7.38	19.67	18.58
000478.OF	建信中证 500 指数增强 A	7.04	19.25	21.66
110030.OF	易方达沪深 300 量化增强	8.61	18.58	17.86
000512.OF	国泰沪深 300 指数增强 A	6.73	18.16	10.88
162216.OF	泰达宏利中证 500 指数增强(LOF)	9.20	17.83	21.31
001015.OF	华夏沪深 300 指数增强 A	6.00	16.82	19.25
002315.OF	创金合信沪深 300 指数增强 C	5.12	16.46	15.25
700002.OF	平安深证 300 指数增强	9.15	16.44	19.98
002310.OF	创金合信沪深 300 指数增强 A	5.12	16.33	15.25

续表

基金代码	基金名称	成立年限（年）	年化收益率（%）	年化波动率（%）
001016.OF	华夏沪深 300 指数增强 C	6.00	16.24	19.25
000042.OF	中证财通可持续发展 100 指数 A	7.89	15.94	17.00
530018.OF	建信深证 100 指数增强	8.91	15.76	20.36
000176.OF	嘉实沪深 300 指数研究增强	6.13	15.53	18.64
161017.OF	富国中证 500 指数增强(LOF)	9.34	15.22	20.27
162213.OF	泰达宏利沪深 300 指数增强 A	10.81	14.75	17.47
310318.OF	申万菱信沪深 300 指数增强 A	16.21	14.53	15.42
001397.OF	建信精工制造指数增强	5.46	14.28	16.74

数据来源：东方财富 Choice 数据。注：年化收益率与年化波动率是基于过去 11 年的数据（即 2010 年 1 月 1 日至 2021 年 1 月 19 日的收盘数据）计算的。

我们可以对这些增强指数型基金产品的成立年限、年化收益率、年化波动率进行中位数统计，投资者可以在表 3-42 中查询到相关的统计结果。

表 3-42　增强指数型基金产品的"中位数"统计

基金类型	成立年限中位数（年）	年化收益率中位数（%）	年化波动率中位数（%）	基金数量（只）
增强指数型基金（全部）	2.76	20.97	17.10	220
增强指数型基金（成立 3 年以上）	5.18	14.08	17.63	98
增强指数型基金（成立 5 年以上）	8.77	13.00	18.56	53

数据来源：东方财富 Choice 数据。注：年化收益率中位数与年化波动率中位数是基于过去 11 年的数据（即 2010 年 1 月 1 日至 2021 年 1 月 19 日的收盘数据）统计的。

在表 3-42 中，我们可以发现：全部增强指数型基金产品的年化收益率中位数为 20.97%，年化波动率中位数为 17.10%；成立 3 年以上的被动指数型基金产品的年化收益率中位数为 14.08%，年化波动率中位数为 17.63%；成立 5 年以上的被动指数型基金产品的年化收益率中位数为 13.00%，年化波动率中位数为 18.56%。

根据上述数据，当投资者筛选增强指数型基金产品时，他可以选取年化收益率在 20.97% 以上的基金产品，即选取那些年化收益率在"中位数"水平以上的增强指数型基金产品。与此同时，他可以选取年化波动率在 17.10% 以下的基金产品，即选取那些年化波动率在"中位数"水平以下的增强指数型基金产品。

值得投资者注意的是，上述年化收益率中位数与年化波动率中位数是基于过去 11 年的数据（即 2010 年 1 月 1 日至 2021 年 1 月 19 日的收盘数据）统计的。如果投资者选取不同时间区间内的数据来计算年化收益率与年化波动率，那么他在大概率上会得到不同的统计结果。因此，投资者也不能完全参考上述数据，但是他可以参考上述的数据统计方法。虽然这种简单的方法不能保证让投资者选取到市场中特别优秀的基金产品，但是它可以帮助投资者避免选到业绩相对较差的基金产品。

10．ETF 基金

ETF 基金（英文全称为 Exchange Traded Fund），是指"交易型开放式指数基金"，也被称为"交易所交易基金"。如果投资者觉得这个专业术语理解起来比较难，那么可以将之简单地理解为一种在交易所进行买卖交易的跟踪"标的指数"动态变化的基金。

此外，ETF 基金也是一种特殊的开放式基金。具体来说，投资者一方面可以将 ETF 基金当作封闭式基金或者股票标的在二级市场进行基金份额的买卖，另一方面也可以将 ETF 基金当作开放式基金随时向基金管理公司进行基金份额的申购或者赎回操作。

截至 2021 年 2 月 9 日收盘，市场上现存的 ETF 基金大约有 400 只。根据基金的成立年限、年化收益率、年化波动率等参数进行筛选，成立年限在 3 年以上的 ETF 基金共有 151 只，成立年限在 5 年以上的 ETF 基金共有 107 只。

我们选取的成立年限在 3 年以上的部分 ETF 基金产品如表 3-43 所示。在表 3-43 中，我们可以发现：基金产品"主要消费 ETF"的年化收益率为 32.64%，与之相对应的年化波动率为 21.60%；基金产品"消费 ETF 基金"的年化收益率为 29.38%，年化波动率为 20.62%；基金产品"消费 ETF"的年化收益率为 29.08%，年化波动率为 21.47%。通过观察表 3-43，我们可以发现成立年限在 3 年以上的 ETF 基金产品在年化收益率方面存在着一定的差距，这是因为不同的 ETF 基金产品跟踪着不同的标的指数。

表 3-43 部分 ETF 基金产品按年化收益率排名（基金产品成立 3 年以上）

基金代码	基金名称	成立年限（年）	年化收益率（%）	年化波动率（%）
512600.SH	主要消费 ETF	6.67	32.64	21.60
510630.SH	消费 ETF 基金	7.88	29.38	20.62
159928.SZ	消费 ETF	7.47	29.08	21.47
159957.SZ	创业板 HX	3.18	26.97	22.59
159956.SZ	创业板 F	3.01	26.37	22.52
513050.SH	中概互联网 ETF	4.10	26.22	21.65
159958.SZ	创业板 ET	3.13	25.53	22.79
513100.SH	纳指 ETF	7.80	23.22	16.26
512070.SH	证券保险 ETF	6.63	22.30	26.55
510680.SH	上证 50ETF 基金	7.28	22.16	19.88
159941.SZ	纳指 ETF	5.67	21.26	18.28
512550.SH	富时 A50ETF	3.61	21.04	16.54
159952.SZ	创业 ETF	3.80	20.85	21.45
512010.SH	医药 ETF	7.39	19.95	21.01
510660.SH	医药卫生 ETF	7.88	19.94	20.66
159955.SZ	创业板 E	3.58	19.65	21.77
159915.SZ	创业板	9.40	19.57	25.39
159933.SZ	金地 ETF	7.40	17.97	20.26
510800.SH	50ETF 基金	3.14	17.34	16.88
512640.SH	金融地产 ETF 基金	6.65	17.25	20.6367

数据来源：东方财富 Choice 数据。注：年化收益率与年化波动率是基于过去 11 年的数据（即 2010 年 1 月 1 日至 2021 年 1 月 19 日的收盘数据）计算的。

同理，我们可以将部分成立年限在 5 年以上的 ETF 基金产品按照年化收益率进行降序排列，大家可以在表 3-44 中看到相关的数据。

表 3-44 部分 ETF 基金产品按年化收益率排名（基金产品成立 5 年以上）

基金代码	基金名称	成立年限（年）	年化收益率（%）	年化波动率（%）
512600.SH	主要消费 ETF	6.67	32.64	21.60
510630.SH	消费 ETF 基金	7.88	29.38	20.62
159928.SZ	消费 ETF	7.47	29.08	21.47
513100.SH	纳指 ETF	7.80	23.22	16.26

基金代码	基金名称	成立年限（年）	年化收益率（%）	年化波动率（%）
512070.SH	证券保险 ETF	6.63	22.30	26.55
510680.SH	上证 50ETF 基金	7.28	22.16	19.88
159941.SZ	纳指 ETF	5.67	21.26	18.28
512010.SH	医药 ETF	7.39	19.95	21.01
510660.SH	医药卫生 ETF	7.88	19.94	20.66
159915.SZ	创业板	9.40	19.57	25.39
159933.SZ	金地 ETF	7.40	17.97	20.26
512640.SH	金融地产 ETF 基金	6.65	17.25	20.64
159938.SZ	医药	6.20	17.05	22.34
159916.SZ	深 F60	9.43	16.95	19.87
512120.SH	医药 50ETF	7.19	16.47	20.97
512610.SH	医药卫生 ETF 基金	6.67	16.33	21.01
159929.SZ	医药 ETF	7.47	15.99	20.97
510330.SH	300ETF 基金	8.13	15.71	18.98
159925.SZ	南方 300	7.98	15.61	18.96
512220.SH	科技 ETF150	6.57	15.56	25.63

数据来源：东方财富 Choice 数据。注：年化收益率与年化波动率是基于过去 11 年的数据（即 2010 年 1 月 1 日至 2021 年 1 月 19 日的收盘数据）计算的。

截至 2021 年 2 月 9 日收盘，市场上现存的 ETF 基金大约有 400 只。我们可以对这些 ETF 基金产品的成立年限、年化收益率、年化波动率进行中位数统计，统计结果如表 3-45 所示。

表 3-45　ETF 基金产品的"中位数"统计

基金类型	成立年限中位数（年）	年化收益率中位数（%）	年化波动率中位数（%）	基金数量（只）
ETF 基金（全部）	1.69	15.81	17.57	400
ETF 基金（成立 3 年以上）	6.63	8.81	19.24	151
ETF 基金（成立 5 年以上）	7.84	9.38	19.32	107

数据来源：东方财富 Choice 数据。注：年化收益率中位数与年化波动率中位数是基于过去 11 年的数据（即 2010 年 1 月 1 日至 2021 年 1 月 19 日的收盘数据）统计的。

根据表 3-45，我们可以发现：全部 ETF 基金产品的年化收益率中位数为 15.81%，年化波动率中位数为 17.57%；成立 3 年以上的 ETF 基金产品的年化收益率中位数为 8.81%，年化波动率中位数为 19.24%；成立 5 年以上的股票型基金产品的年化收益率中位数为 9.38%，年化波动率中位数为 19.32%。

根据上述数据，我们可以发现，无论是成立年限在 3 年以上的 ETF 基金产品、成立年限在 5 年以上的 ETF 基金产品，还是全部 ETF 基金产品，它们的年化波动率中位数存在相对较小的差距。换句话说，当基金产品的年化波动率相近时，投资者可以选取那些年化收益率相对较高的基金产品。

11. LOF 基金

LOF 基金（英文全称为 Listed Open-Ended Fund），是指"上市型开放式基金"。在通常情况下，在 LOF 基金发行结束后，投资者既可以在指定网点对基金份额进行申购或赎回操作，也可以直接在交易所进行基金买卖。

截至 2021 年 2 月 9 日收盘，市场上现存的 LOF 基金大约有 397 只。根据基金的成立年限、年化收益率、年化波动率等参数进行筛选，成立年限在 3 年以上的 LOF 基金共有 354 只，成立年限在 5 年以上的 LOF 基金共有 253 只。

我们选取的成立年限在 3 年以上的部分 LOF 基金产品如表 3-46 所示。在表 3-46 中，我们可以发现：基金产品"白酒基金"的年化收益率为 40.79%，与之相对应的年化波动率为 26.52%；基金产品"国泰食品"的年化收益率为 36.88%，年化波动率为 22.34%；基金产品"国寿精选"的年化收益率为 36.22%，年化波动率为 17.43%。通过观察表 3-46，我们可以发现这些成立年限在 3 年以上的 LOF 基金产品的年化收益率存在一定的差距，但整体业绩表现还不错。

表 3-46 部分 LOF 基金产品按年化收益率排名（基金产品成立 3 年以上）

基金代码	基金名称	成立年限（年）	年化收益率（%）	年化波动率（%）
161725.SZ	白酒基金	5.71	40.79	26.52
160222.SZ	国泰食品	6.30	36.88	22.34
168002.SZ	国寿精选	3.37	36.22	17.43
169104.SZ	东证睿满	4.62	34.56	15.92
160632.SZ	酒 LOF	5.79	34.18	25.24
169101.SZ	东证睿丰	6.40	33.20	18.28
160918.SZ	大成小盘	6.84	32.55	22.75
501038.SH	银华明择	3.50	31.87	17.30
160133.SZ	南方天元	6.61	30.99	20.60

基金代码	基金名称	成立年限（年）	年化收益率（%）	年化波动率（%）
163412.SZ	兴全轻资	8.85	30.84	20.60
163415.SZ	兴全模式	8.15	30.35	19.74
169105.SZ	东证睿华	4.52	29.84	16.16
163417.SZ	兴全合宜	3.05	29.70	14.95
166011.SZ	中欧盛世	8.87	29.57	20.38
501009.SH	生物科技 LOF	4.14	28.57	20.96
501010.SH	生物科技 LOFC	4.14	28.52	20.96
165516.SZ	信诚周期	8.77	28.26	20.72
166023.SZ	中欧瑞丰	3.53	27.40	16.57
161128.SZ	标普科技	4.16	26.16	20.16
161219.SZ	国投产业	9.17	25.40	16.79

数据来源：东方财富 Choice 数据。注：年化收益率与年化波动率是基于过去 11 年的数据（即 2010 年 1 月 1 日至 2021 年 1 月 19 日的收盘数据）计算的。

同理，我们可以将 LOF 基金产品的成立年限延长至 5 年以上，并将符合标准的 LOF 基金产品按照年化收益率进行降序排列，如表 3-47 所示。

表 3-47　部分 LOF 基金产品按年化收益率排名（基金产品成立 5 年以上）

基金代码	基金名称	成立年限（年）	年化收益率（%）	年化波动率（%）
161725.SZ	白酒基金	5.71	40.79	26.52
160222.SZ	国泰食品	6.30	36.88	22.34
160632.SZ	酒 LOF	5.79	34.18	25.24
169101.SZ	东证睿丰	6.40	33.20	18.28
160918.SZ	大成小盘	6.84	32.55	22.75
160133.SZ	南方天元	6.61	30.99	20.56
163412.SZ	兴全轻资	8.85	30.84	20.60
163415.SZ	兴全模式	8.15	30.35	19.74
166011.SZ	中欧盛世	8.87	29.57	20.38
165516.SZ	信诚周期	8.77	28.26	20.72
161219.SZ	国投产业	9.17	25.40	16.79
160916.SZ	优选 LOF	8.55	24.49	17.96
163406.SZ	兴全合润	10.81	24.43	18.47
160127.SZ	南方消费	8.92	23.38	19.39

续表

基金代码	基金名称	成立年限（年）	年化收益率（%）	年化波动率（%）
166009.SZ	中欧动力	10.01	22.86	18.67
168101.SZ	九泰锐智	5.50	21.48	15.62
160626.SZ	信息 LOF	6.77	20.75	26.83
162605.SZ	景顺鼎益	15.92	20.48	20.59
160919.SZ	大成产业	6.13	20.4597	24.14
163409.SZ	兴全绿色	9.77	20.2714	19.17

数据来源：东方财富 Choice 数据。注：年化收益率与年化波动率是基于过去 11 年的数据（即 2010 年 1 月 1 日至 2021 年 1 月 19 日的收盘数据）计算的。

截至 2021 年 2 月 9 日收盘，市场上现存的 LOF 基金大约有 397 只。我们可以对这些 LOF 基金产品的成立年限、年化收益率、年化波动率进行中位数统计，统计结果如表 3-48 所示。

表 3-48　LOF 基金产品的"中位数"统计

基金类型	成立年限中位数（年）	年化收益率中位数（%）	年化波动率中位数（%）	基金数量（只）
LOF 基金（全部）	5.75	9.51	17.62	397
LOF 基金（成立 3 年以上）	6.29	8.93	17.77	354
LOF 基金（成立 5 年以上）	8.43	8.58	18.46	253

数据来源：东方财富 Choice 数据。注：年化收益率中位数与年化波动率中位数是基于过去 11 年的数据（即 2010 年 1 月 1 日至 2021 年 1 月 19 日的收盘数据）统计的。

在表 3-48 中，我们可以发现：全部 LOF 基金产品的年化收益率中位数为 9.51%，年化波动率中位数为 17.62%；成立 3 年以上的 LOF 基金产品的年化收益率中位数为 8.93%，年化波动率中位数为 17.77%；成立 5 年以上的 LOF 基金产品的年化收益率中位数为 8.58%，年化波动率中位数为 18.46%.

根据上述数据，我们可以发现，无论是成立年限在 3 年以上的 LOF 基金产品、成立年限在 5 年以上的 LOF 基金产品，还是全部 LOF 基金产品，它们的年化波动率中位数相差都不大。同时，它们的年化收益率中位数在 9% 左右。投资者可以运用这些方法来初步评估 LOF 基金产品。

12. FOF 基金

FOF 基金是基金中的基金，是指以其他基金为主要投资对象的基金。其中，其他基金是指直接投资股票或者债券等证券资产的基金。也就是说，FOF基金可以间接投资股票或者债券等证券资产。

截至 2021 年 2 月 9 日收盘，市场上现存的 FOF 基金大约有 216 只。根据基金的成立年限、年化收益率、年化波动率等参数进行筛选，成立年限在 3 年以上的 FOF 基金共有 31 只，成立年限在 5 年以上的 FOF 基金共有 13 只。

我们选取的成立年限在 3 年以上的部分 FOF 基金产品如表 3-49 所示。在表 3-49 中，我们可以发现：基金产品"海富通聚优精选混合(FOF)"的年化收益率 19.29%，与之相对应的年化波动率 15.87%；基金产品"华夏聚惠(FOF)A"的年化收益率为 10.32%，年化波动率为 6.19%；基金产品"南方全天候策略(FOF)A"的年化收益率为 9.90%，年化波动率为 4.96%。

通过观察表 3-49，我们可以发现成立年限在 3 年以上的 FOF 基金产品的年化收益率的差别相对较大，有的基金产品的年化收益率可以达 8%以上，有的基金产品的年化收益率刚刚超过 3%，有的基金产品的业绩表现在未来还有很大的进步空间。

表 3-49　部分 FOF 基金产品按年化收益率排名（基金产品成立 3 年以上）

基金代码	基金名称	成立年限（年）	年化收益率（%）	年化波动率（%）
005220.OF	海富通聚优精选混合(FOF)	3.27	19.29	15.87
005218.OF	华夏聚惠(FOF)A	3.27	10.32	6.19
005215.OF	南方全天候策略(FOF)A	3.32	9.90	4.96
005219.OF	华夏聚惠(FOF)C	3.27	9.88	6.19
005156.OF	嘉实领航资产配置混合(FOF)A	3.30	9.50	6.18
005216.OF	南方全天候策略(FOF)C	3.32	9.24	4.96
003629.OF	上投摩根全球多元配置(QDII-FOF)人民币	4.15	8.94	9.07
003631.OF	上投摩根全球多元配置(QDII-FOF)美元现汇	4.15	8.83	9.60
003630.OF	上投摩根全球多元配置(QDII-FOF)美元现钞	4.15	8.83	9.60
005157.OF	嘉实领航资产配置混合(FOF)C	3.30	8.58	6.18
005217.OF	建信福泽安泰混合(FOF)	3.28	8.14	4.93

基金代码	基金名称	成立年限（年）	年化收益率（%）	年化波动率（%）
005221.OF	泰达宏利全能混合(FOF)A	3.28	7.90	5.82
005222.OF	泰达宏利全能混合(FOF)C	3.28	7.54	5.82
202801.OF	南方全球精选配置(QDII-FOF)	13.41	6.37	12.01
183001.OF	银华全球优选(QDII-FOF)	12.72	3.65	11.17
320013.OF	诺安全球黄金(QDII-FOF)	10.08	2.25	11.47
160719.SZ	嘉实黄金	9.53	−0.04	10.95
165510.SZ	信诚四国	10.16	−0.08	14.49
161116.SZ	易基黄金	9.78	−0.75	13.51
164701.SZ	添富贵金	9.45	−1.51	11.68

数据来源：东方财富 Choice 数据。注：年化收益率与年化波动率是基于过去 11 年的数据（即 2010 年 1 月 1 日至 2021 年 1 月 19 日的收盘数据）计算的。

如果我们将 FOF 基金产品的成立年限延长至 5 年以上，并将符合标准的 FOF 基金产品按照年化收益率进行降序排列，统计结果如表 3-50 所示。

表 3-50　部分 FOF 基金产品按年化收益率排名（基金产品成立 5 年以上）

基金代码	基金名称	成立年限（年）	年化收益率（%）	年化波动率（%）
202801.OF	南方全球精选配置(QDII-FOF)	13.41	6.37	12.01
183001.OF	银华全球优选(QDII-FOF)	12.72	3.65	11.17
320013.OF	诺安全球黄金(QDII-FOF)	10.08	2.25	11.47
160719.SZ	嘉实黄金	9.53	−0.04	10.95
165510.SZ	信诚四国	10.16	−0.08	14.49
161116.SZ	易基黄金	9.78	−0.75	13.51
164701.SZ	添富贵金	9.45	−1.51	11.68
163813.OF	中银全球策略(QDII-FOF)	9.95	−2.27	13.76
163208.SZ	诺安油气	9.38	−3.40	19.68
161815.SZ	银华通胀	10.19	−6.79	9.76
050020.OF	博时抗通胀增强回报(QDII-FOF)	9.81	−8.57	11.46
165513.SZ	信诚商品	9.15	−10.15	16.16
160216.SZ	国泰商品	8.78	−11.79	24.36

数据来源：东方财富 Choice 数据。注：年化收益率与年化波动率是基于过去 11 年的数据（即 2010 年 1 月 1 日至 2021 年 1 月 19 日的收盘数据）计算的。

通过观察表 3-50 中的数据，我们可以看到成立年限在 5 年以上的 FOF 基金产品的年化收益率的差别相对较大，业绩表现出现两极分化的趋势。换句话说，投资者在挑选 FOF 基金产品时要尽量多地进行同类基金产品的对比研究，尽量筛选长期业绩表现较为优秀的 FOF 基金产品。

在前面的内容中，我们已知截至 2021 年 2 月 9 日收盘，市场上现存的 FOF 基金大约有 216 只。我们可以对这些 FOF 基金的成立年限、年化收益率、年化波动率进行中位数统计，统计结果如表 3-51 所示。

表 3-51　FOF 基金的"中位数"统计

基金类型	成立年限中位数（年）	年化收益率中位数（%）	年化波动率中位数（%）	基金数量（只）
FOF 基金（全部）	1.51	16.74	8.55	216
FOF 基金（成立 3 年以上）	4.15	2.25	11.46	31
FOF 基金（成立 5 年以上）	9.81	−1.51	12.01	13

数据来源：东方财富 Choice 数据。注：年化收益率中位数与年化波动率中位数是基于过去 11 年的数据（即 2010 年 1 月 1 日至 2021 年 1 月 19 日的收盘数据）统计的。

通过观察表 3-51 中的数据，我们可以分别从基金的成立年限、年化收益率、年化波动率，以及数据局限性等角度对 FOF 基金进行统计分析。具体分析如下所示。

1）从 FOF 基金的成立年限的角度出发

如果对 FOF 基金的成立年限进行统计分析，我们可以发现：截至 2021 年 2 月 9 日收盘，全部 FOF 基金的成立年限中位数为 1.51 年，成立 3 年以上的 FOF 基金的成立年限中位数为 4.15 年，成立 5 年以上的 FOF 基金的成立年限中位数为 9.81 年。其中，全部 FOF 基金的成立年限中位数为 1.51 年，这个数据说明市场上现存的大约一半以上的 FOF 基金的成立年限在 1 年零 6 个月之内。

更准确地说，截至 2021 年 2 月 9 日收盘，在 216 只 FOF 基金中，成立年限在 1 年以内的 FOF 基金有 72 只，占比 33.33%；成立年限在 1～2 年的 FOF 基金有 82 只，占比 37.96%；成立年限在 2～3 年的 FOF 基金有 31 只，占比 14.35%；成立年限在 3～5 年的 FOF 基金有 18 只，占比 8.33%；成立年限在 5 年以上的 FOF 基金有 13 只，占比 6.02%，如表 3-52 所示。

表 3-52　FOF 基金数量统计

成立年限（年）	基金数量（只）	权重百分比
1 年以内	72	33.33%
1~2 年	82	37.96%
2~3 年	31	14.35%
3~5 年	18	8.33%
5 年以上	13	6.02%
合计	216	100.00%

数据来源：东方财富 Choice 数据，数据截至 2021 年 2 月 9 日收盘。

　　根据这些数据，我们可以发现：在过去两年中，FOF 基金的发行数量呈现显著激增的态势，如图 3-8 所示。

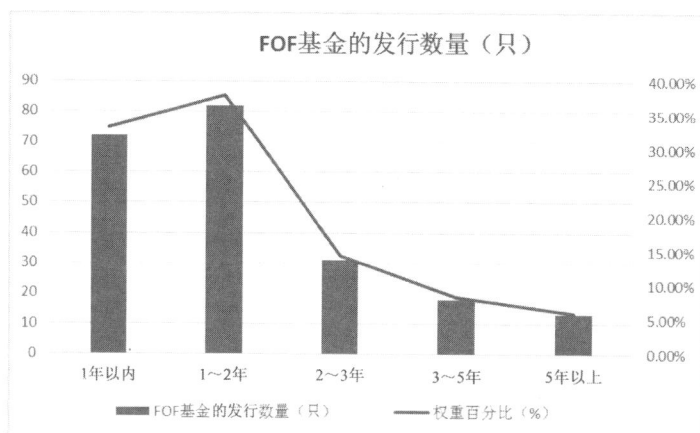

图 3-8　不同成立年限的 FOF 基金的发行数量及其占比

数据截至 2021 年 2 月 9 日收盘，数据来源：东方财富 Choice 数据。

2）从 FOF 基金的年化收益率的角度出发

　　如果对 FOF 基金的年化收益率进行统计分析，我们可以发现：截至 2021 年 2 月 10 日收盘，成立年限在 1 年以内的 FOF 基金的年化收益率中位数为 18.03%，成立年限在 1~2 年的 FOF 基金的年化收益率中位数为 20.08%，成立年限在 2~3 年的 FOF 基金的年化收益率中位数为 17.76%，成立年限在 3~5 年的 FOF 基金的年化收益率中位数为 8.70%，成立年限在 5 年以上的 FOF 基金的年化收益率中位数为-1.51%，如表 3-53 所示。

表 3-53　FOF 基金的中位数统计

成立年限（年）	年化收益率中位数（%）	年化波动率中位数（%）	基金数量（只）
1 年以内	18.03	5.93	72
1~2 年	20.08	9.58	82
2~3 年	17.76	8.25	35
3~5 年	8.70	7.63	18
5 年以上	-1.51	12.01	13

数据来源：东方财富 Choice 数据。注：年化收益率中位数与年化波动率中位数是基于过去 11 年的数据（即 2010 年 1 月 1 日至 2021 年 1 月 19 日的收益数据）统计的。

通过观察表 3-53，我们可以发现五个规律。具体分析如下所示。

第一，投资者可以优先选取成立年限在 3 年以内的 FOF 基金。通过上述分析，我们可以发现成立年限在 3 年以内的 FOF 基金的年化收益率中位数介于 17.76%~20.08%，成立年限在 3 年以上的 FOF 基金的年化收益率中位数介于-1.51%~8.70%。通过对比观察这两组数据，我们可以发现：成立年限在 3 年以内的 FOF 基金的年化收益率中位数明显高于成立年限在 3 年以上的 FOF 基金的年化收益率中位数。与此同时，与之相对应的年化波动率也在可接受的范围之内。换句话说，根据上述统计结果，投资者可以优先选取成立年限在 3 年以内的 FOF 基金产品。

第二，成立年限在 1 年以内的 FOF 基金的年化收益率中位数为 18.03%，与之相对应的年化波动率中位数为 5.93%。这组数据说明：当投资者选取成立年限在 1 年以内的 FOF 基金产品时，如果想要博取 18%左右的年化收益，那么他在大概率上需要容忍 6%左右的年化波动。

第三，成立年限在 1~2 年的 FOF 基金的年化收益率中位数为 20.08%，与之相对应的年化波动率中位数为 9.58%。这组数据说明：当投资者选取成立年限在 1~2 年的 FOF 基金产品时，如果投资者想要博取 20%左右的年化收益，那么他在大概率上需要容忍 10%左右的年化波动。

第四，成立年限在 2~3 年的 FOF 基金的年化收益率中位数为 17.76%，与之相对应的年化波动率中位数为 8.25%；成立年限在 1 年以内的 FOF 基金的年化收益率中位数为 18.03%，与之相对应的年化波动率中位数为 5.93%。通过对比观察这两组数据，我们可以发现一个现象，即当 FOF 基金的年化收益率中位数在 18%附近时，成立年限在 1 年以内的 FOF 基金的业绩稳定性要优于成立年限在 2~3 年的 FOF 基金。

第五，成立年限在 3~5 年的 FOF 基金的年化收益率中位数为 8.70%，与之相对应的年化波动率中位数为 7.63%；成立年限在 5 年以上的 FOF 基金的年化收益率中位数为-1.51%，与之相对应的年化波动率中位数为 12.01%。通过对比观察这两组数据，我们可以发现：无论是成立年限在 3～5 年的 FOF 基金，还是成立年限在 5 年以上的 FOF 基金，它们的年化收益率中位数都远不及成立年限在 3 年以内的 FOF 基金。与此同时，成立年限在 3～5 年或者 5 年以上的 FOF 基金的年化波动率中位数都相对较高，这也意味着投资者需要承受较大的风险波动。

3）从 FOF 基金的年化波动率的角度出发

如果对 FOF 基金的年化波动率进行统计分析，我们可以发现：全部 FOF 基金的年化波动率中位数为 8.55%，如表 3-51 所示；成立年限在 1 年以内的 FOF 基金的年化波动率中位数为 5.93%，成立年限在 1~2 年的 FOF 基金的年化波动率中位数为 9.58%，成立年限在 2~3 年的 FOF 基金的年化波动率中位数为 8.25%，成立年限在 3~5 年的 FOF 基金的年化波动率中位数为 7.63%，成立年限在 5 年以上的 FOF 基金的年化波动率中位数为 12.01%，如表 3-53 所示。

基于以上统计数据，我们可以发现：成立年限在 5 年以上的 FOF 基金的年化波动率中位数要显著高于其他 FOF 基金的年化波动率中位数，这说明近年来上市发行的 FOF 基金的年化波动率要比成立年限在 5 年以上的 FOF 基金的年化波动率要低。换句话说，如果投资者购买的是近年来发行上市的 FOF 基金产品，那么他在投资的过程中需要承受的年化波动要小于成立年限相对较长的 FOF 基金产品。

4）从数据局限性的角度出发

值得投资者注意的是，当未来行情数据发生巨大变化时，投资者需要根据最新的行情数据来具体分析 FOF 基金产品的业绩表现。换句话说，投资者不能完全照搬以上的统计数据与分析结论，但是可以参考分析思路与方法。

13．可转债基金

根据晨星中国公募基金（非 QDII）分类标准，可转债基金属于非 QDII 基金中的一种。截至 2021 年 2 月 10 日收盘，市场上现存的可转债基金大约有 59 只。根据基金的成立年限、年化收益率、年化波动率等参数进行筛选，成立年限在 3 年以上的可转债基金共有 44 只，成立年限在 5 年以上的可转债基金共有 33 只。

我们选取的部分成立年限在 3 年以上的可转债基金产品如表 3-54 所示。在表 3-54 中，我们可以发现：基金产品"长信可转债债券 A"的年化收益率为 17.05%，与之相对应的年化波动率为 15.21%；基金产品"长信可转债债券 C"的年化收益率为 16.21%，年化波动率为 15.21%；基金产品"建信转债增强债券 A"的年化收益率为 14.45%，年化波动率为 12.03%。同理，投资者可以解读表 3-54 中其他成立年限在 3 年以上的可转债基金产品。

表 3-54　部分可转债基金产品按年化收益率排名（基金产品成立 3 年以上）

基金代码	基金名称	成立年限（年）	年化收益率（%）	年化波动率（%）
519977.OF	长信可转债债券 A	8.88	17.05	15.21
519976.OF	长信可转债债券 C	8.88	16.21	15.21
530020.OF	建信转债增强债券 A	8.72	14.45	12.03
163816.OF	中银转债增强债券 A	9.63	14.34	17.92
001045.OF	华夏可转债增强债券 A	4.38	14.16	12.62
004993.OF	中欧可转债债券 A	3.26	14.07	10.48
531020.OF	建信转债增强债券 C	8.72	14.02	12.02
005273.OF	华商可转债债券 A	3.15	13.95	14.39
163817.OF	中银转债增强债券 B	9.63	13.91	17.91
004994.OF	中欧可转债债券 C	3.26	13.66	10.48
005284.OF	华商可转债债券 C	3.15	13.66	14.39
005246.OF	国泰可转债债券	3.13	12.70	10.45
003511.OF	长盛可转债 C	4.19	12.09	12.19
003510.OF	长盛可转债 A	4.19	11.75	12.18
470058.OF	汇添富可转换债券 A	9.67	10.95	15.80
003401.OF	工银可转债债券	4.17	10.75	10.55
470059.OF	汇添富可转换债券 C	9.67	10.53	15.80

基金代码	基金名称	成立年限（年）	年化收益率（%）	年化波动率（%）
340001.OF	兴全可转债混合	16.77	10.10	10.48
310518.OF	申万菱信可转债债券	9.19	10.04	15.29
050019.OF	博时转债增强债券 A	10.23	8.62	15.44

数据来源：东方财富 Choice 数据。注：年化收益率与年化波动率是基于过去 11 年的数据（即 2010 年 1 月 1 日至 2021 年 1 月 19 日的收盘数据）计算的。

我们选取的部分成立年限在 5 年以上的可转债基金产品如表 3-55 所示。在通常情况下，当基金产品的年化收益率的差别不大时，投资者可以优先选取那些年化波动率相对较低的基金产品，进而减少投资过程中的风险波动；当基金产品的年化波动率的差别不大时，投资者可以优先选取那些年化收益率相对较高的基金产品，进而在投资过程中博取更高的收益与回报。

表 3-55　部分可转债基金产品按年化收益率排名（基金产品成立 5 年以上）

基金代码	基金名称	成立年限（年）	年化收益率（%）	年化波动率（%）
519977.OF	长信可转债债券 A	8.88	17.05	15.21
519976.OF	长信可转债债券 C	8.88	16.21	15.21
530020.OF	建信转债增强债券 A	8.72	14.45	12.03
163816.OF	中银转债增强债券 A	9.63	14.34	17.92
531020.OF	建信转债增强债券 C	8.72	14.02	12.02
163817.OF	中银转债增强债券 B	9.63	13.91	17.91
470058.OF	汇添富可转换债券 A	9.67	10.95	15.80
470059.OF	汇添富可转换债券 C	9.67	10.53	15.80
340001.OF	兴全可转债混合	16.77	10.10	10.48
310518.OF	申万菱信可转债债券	9.19	10.04	15.29
050019.OF	博时转债增强债券 A	10.23	8.62	15.44
000536.OF	前海开源可转债债券	6.89	8.53	15.34
100051.OF	富国可转债 A	10.19	8.41	12.79
050119.OF	博时转债增强债券 C	10.23	8.33	15.43
000297.OF	鹏华可转债债券 A	6.03	8.18	12.28
161719.OF	招商可转债债券	6.54	8.05	15.63
000080.OF	天治可转债增强债券 A	7.70	7.72	16.03
000081.OF	天治可转债增强债券 C	7.70	7.32	16.03

基金代码	基金名称	成立年限（年）	年化收益率（%）	年化波动率（%）
040022.OF	华安可转债债券 A	9.65	6.99	16.75
040023.OF	华安可转债债券 B	9.65	6.58	16.76

数据来源：东方财富 Choice 数据。注：年化收益率与年化波动率是基于过去 11 年的数据（即 2010 年 1 月 1 日至 2021 年 1 月 19 日的收盘数据）计算的。

截至 2021 年 2 月 10 日收盘，市场上现存的可转债基金大约有 59 只。我们对这些可转债基金的成立年限、年化收益率、年化波动率进行的中位数统计如表 3-56 所示。

在表 3-56 中，我们可以发现：全部可转债基金的年化收益率中位数为 10.95%，年化波动率中位数为 13.26%；成立 3 年以上的可转债基金的年化收益率中位数为 8.37%，年化波动率中位数为 15.21%；成立 5 年以上的可转债基金的年化收益率中位数为 7.72%，年化波动率中位数为 15.63%。假设投资者持有一款可转债基金产品，且该基金产品的年化收益率长期低于同类基金产品的年化收益率中位数，那么该投资者可以考虑置换一下手中持有的基金产品。换句话说，投资者可以选取其他业绩更为优秀的基金产品。

表 3-56　可转债基金的"中位数"统计

基金类型	成立年限 中位数（年）	年化收益率 中位数（%）	年化波动率 中位数（%）	基金数量（只）
可转债基金（全部）	6.54	10.95	13.26	59
可转债基金（成立 3 年以上）	7.86	8.37	15.21	44
可转债基金（成立 5 年以上）	8.72	7.72	15.63	33

数据来源：东方财富 Choice 数据。注：年化收益率中位数与年化波动率中位数是基于过去 11 年的数据（即 2010 年 1 月 1 日至 2021 年 1 月 19 日的收盘数据）统计的。

至此，我们一起学习了基金可以分为哪些具体的类型，如货币型基金、债券型基金、股票型基金、混合型基金、指数型基金、商品型基金、ETF 基金，以及可转债基金等。投资者只有充分了解基金产品的类型，才能够更加多元化地对基金产品进行综合筛选。此外，值得投资者注意的是，本书分析中提及的公募基金产品的成立年限与写作本书的时间有关。随着时间的流逝，越来越多的基金产品会进入基金市场，会与书中统计表格的内容有些许出入。

如果投资者想要了解最新的统计数据，可以关注公众号"佳话财智双全"进行查询。

在接下来的内容中，我们将一起学习如何在同类基金中选择适合自己的基金产品。

3.3 在同类基金中选择适合自己的基金产品

在通常情况下，当投资者需要对不同的基金产品进行评估与筛选时，他大致可以参考以下 3 个步骤。

第 1 步：投资者需要先确定基金产品的具体类型。根据东方财富（应用类）分类标准，我们可以将基金分为四大类，分别为：应用一级分类，包括开放式基金、封闭式基金；应用二级分类，包括股票型基金、混合型基金、债券型基金、货币市场型基金、QDII 基金、封闭式基金，以及商品型基金；应用三级分类；应用概念分类。关于这部分内容，我们已经在前面的内容中为投资者做了详细的介绍。

第 2 步：投资者需要在同类基金中对不同的基金产品进行多维度的综合性评估。也就是说，投资者不能拿股票型基金产品与货币型基金产品、债券型基金产品、商品型基金产品或者其他类型的基金产品进行比较，因为不同基金类型的基金产品之间是不具有可比性的。

第 3 步：根据上述分析结果，投资者可以进一步地筛选出性价比相对较高的基金产品。

在投资者初步了解基金产品的筛选方法与步骤之后，从哪些分析维度对同类基金产品进行综合性的评估与筛选成为一项十分重要的内容。关于如何在同类基金中选择适合自己的基金产品，我们会从四个分析维度来为投资者进行详细的梳理与分析，这四个分析维度分别为同类基金的平均规模、同类基金的数量、同类基金的区间平均收益率、同类基金的区间收益排名。

1. 同类基金的平均规模

如果投资者想要筛选一款适合自己的基金产品，那么他可以先从"同类基金的平均规模"入手。同类基金的平均规模是指同类基金最新的平均规模，单位通常为亿元。

　　具体来说，如果投资者想要选择一款性价比相对较高的股票型基金产品，那么他可以查看两个数据，即投资者心仪的股票型基金产品的规模、同类股票型基金产品的平均规模。随后，投资者可以对比上述两个数据。换句话说，投资者可以优先选取那些规模高于同类基金平均规模的基金产品，进而降低流动性风险。

　　在接下来的内容中，投资者们可以看到不同基金类型下基金产品的基金规模的详细介绍。基金类型包括开放式基金、封闭式基金、股票型基金、混合型基金、债券型基金、货币型基金、QDII 基金、LOF 基金，以及 ETF 基金等。

　　1）开放式基金

　　截至 2021 年 2 月 10 日收盘，市场上现存的已经发行上市且可以进行同类基金规模排名统计的开放式基金共有 11319 只。投资者可以在表 3-57 中查询到基金规模较大的 20 款开放式基金产品的基金代码、基金名称、基金规模，以及同类基金平均规模等信息。

　　在表 3-57 中，我们可以观察到：基金产品"天弘余额宝货币"是市场上现存的基金规模最大的开放式基金，其基金规模有 1608.33 亿元；基金产品"易方达易理财货币 A"是现存的基金规模第二大的开放式基金，其基金规模有 1402.97 亿元；基金产品"华安日日鑫货币 A"是现存的基金规模第三大的开放式基金，其基金规模有 1353.50 亿元。以此类推，投资者可以在表 3-57 中解读其他基金规模相对较大的开放式基金产品。

　　此外，值得投资者注意的是，同类开放式基金的平均规模为 18.57 亿元。如果投资者想要选取开放式基金产品，那么他可以优先选取那些基金规模高于同类开放式基金的平均规模的基金产品，进而降低流动性风险。

表 3-57　开放式基金产品按基金规模排序前 20 名

基金代码	基金名称	基金规模（亿元）	同类基金的平均规模（亿元）
000198.OF	天弘余额宝货币	1,608.33	18.57
000359.OF	易方达易理财货币 A	1,402.97	18.57
040038.OF	华安日日鑫货币 A	1,353.50	18.57

续表

基金代码	基金名称	基金规模（亿元）	同类基金的平均规模（亿元）
050003.OF	博时现金收益货币 A	1,277.83	18.57
000397.OF	汇添富全额宝货币	1,235.50	18.57
511990.SH	华宝添益 ETF	1,217.78	18.57
000719.OF	南方现金通 E	1,132.96	18.57
004501.OF	嘉实现金添利货币	1,128.30	18.57
003515.OF	国泰利是宝货币	1,058.76	18.57
000379.OF	平安日增利货币 A	1,001.66	18.57
000380.OF	景顺长城景益货币 A	984.61	18.57
000575.OF	兴全添利宝货币	957.64	18.57
000621.OF	易方达现金增利货币 B	947.74	18.57
000343.OF	华夏财富宝货币 A	934.28	18.57
000693.OF	建信现金添利货币 A	918.66	18.57
000638.OF	富国富钱包货币 A	889.40	18.57
000569.OF	鹏华增值宝货币	857.52	18.57
001211.OF	中欧滚钱宝货币 A	1,608.33	18.57
511880.SH	银华日利 ETF	1,402.97	18.57
000662.OF	银华活钱宝货币 F	1,353.50	18.57

数据来源：东方财富 Choice 数据。注：统计数据截至 2021 年 2 月 10 日收盘。

2）封闭式基金

截至 2021 年 2 月 10 日收盘，市场上现存的已经发行上市且可以进行同类基金规模排名统计的封闭式基金共有 206 只。投资者可以在表 3-58 中查询到基金规模较大的 20 款封闭式基金产品的基金代码、基金名称、基金规模，以及同类基金的平均规模等信息。

根据表 3-58，我们可以观察到：基金产品"易方达高质量严选三年持有期混合"是市场上现存的基金规模最大的封闭式基金，其基金规模有 148.32 亿元；基金产品"博时汇兴回报一年持有期混合"是现存的基金规模第二大的封闭式基金，其基金规模有 147.19 亿元；基金产品"银华心佳两年持有期混合"是现存的基金规模第三大的开放式基金，其基金规模有 135.08 亿元。以此类推，投资者可以在表 3-58 中解读其他基金规模相对较大的封闭式基金产品。

　　此外，值得投资者注意的是，同类封闭式基金的平均规模为 21.49 亿元。如果投资者想要选取封闭式基金产品，那么他可以优先选取那些基金规模高于同类封闭式基金的平均规模的基金产品，进而降低流动性风险。

表 3-58　封闭式基金产品按基金规模排序前 20 名

基金代码	基金名称	基金规模（亿元）	同类基金的平均规模（亿元）
010340.OF	易方达高质量严选三年持有期混合	148.32	21.49
011056.OF	博时汇兴回报一年持有期混合	147.19	21.49
010730.OF	银华心佳两年持有期混合	135.08	21.49
011363.OF	南方兴润价值一年持有混合 A	117.05	21.49
009812.OF	易方达悦兴一年持有期混合 A	116.26	21.49
501208.SH	中欧创新未来	109.70	21.49
009342.OF	易方达优质企业三年持有期混合	108.05	21.49
501203.SH	易方达创新未来	89.61	21.49
501206.SH	添富创新未来	89.19	21.49
010717.OF	前海开源优质企业 6 个月持有混合 A	88.72	21.49
010619.OF	华安添利 6 个月债券 A	88.16	21.49
501207.SH	华夏创新未来	87.15	21.49
009902.OF	易方达悦享一年持有混合 A	85.14	21.49
009813.OF	易方达悦兴一年持有期混合 C	82.25	21.49
501205.SH	鹏华创新未来	81.52	21.49
011058.OF	景顺长城成长龙头一年持有混合 A	79.39	21.49
011006.OF	工银圆丰三年持有期混合	79.16	21.49
163418.SZ	兴全合兴	79.02	21.49
010347.OF	农银汇理策略收益一年持有期混合	78.85	21.49
009900.OF	易方达磐固六个月持有期混合 A	68.07	21.49

数据来源：东方财富 Choice 数据。注：统计数据截至 2021 年 2 月 10 日收盘。

3）股票型基金

　　截至 2021 年 2 月 10 日收盘，市场上现存的已经发行上市且可以进行同类基金规模排名统计的股票型基金共有 1856 只。投资者可以在表 3-59 中查询到基金规模较大的 20 款股票型基金产品的基金代码、基金名称、基金规模，以及同类基金的平均规模等信息。

在表 3-59 中，我们可以观察到：基金产品"白酒基金"是市场上现存的基金规模最大的股票型基金，其基金规模有 568.47 亿元；基金产品"上证 50ETF"是现存的基金规模第二大的股票型基金，其基金规模有 565.74 亿元；基金产品"沪深 300ETF"是现存的基金规模第三大的股票型基金，其基金规模有 457.48 亿元。以此类推，投资者可以在表 3-59 中解读其他基金规模相对较大的股票型基金产品。

此外，值得投资者注意的是，同类股票型基金的平均规模为 11.51 亿元。如果投资者想要选取股票型基金产品，那么他可以优先选取那些基金规模高于同类股票型基金的平均规模的基金产品，进而降低流动性风险。

表 3-59　股票型基金产品按基金规模排序前 20 名

基金代码	基金名称	基金规模（亿元）	同类基金的平均规模（亿元）
161725.SZ	白酒基金	568.47	11.51
510050.SH	上证 50ETF	565.74	11.51
510300.SH	沪深 300ETF	457.48	11.51
512880.SH	证券 ETF	389.05	11.51
510500.SH	中证 500ETF	382.37	11.51
110022.OF	易方达消费行业股票	347.10	11.51
510330.SH	300ETF 基金	305.88	11.51
159919.SZ	300ETF	250.93	11.51
110003.OF	易方达上证 50 增强 A	240.22	11.51
510180.SH	上证 180ETF	239.04	11.51
159995.SZ	芯片 ETF	238.72	11.51
512000.SH	券商 ETF	229.58	11.51
515050.SH	5GETF	209.66	11.51
009550.OF	汇添富开放视野中国优势六个月持有股票 A	166.79	11.51
001938.OF	中欧时代先锋股票 A	165.52	11.51
159915.SZ	创业板	155.93	11.51
160706.SZ	嘉实 300A	153.22	11.51
161726.SZ	生物医药	149.84	11.51
009341.OF	易方达均衡成长股票	148.74	11.51
512760.SH	芯片 ETF	147.95	11.51

数据来源：东方财富 Choice 数据。注：统计数据截至 2021 年 2 月 10 日收盘。

4）混合型基金

截至 2021 年 2 月 10 日收盘，市场上现存的已经发行上市且可以进行同类基金规模排名统计的混合型基金共有 2647 只。投资者可以在表 3-60 中查询到基金规模较大的 20 款股票型基金产品的基金代码、基金名称、基金规模，以及同类基金的平均规模等信息。

在表 3-60 中，我们可以观察到：基金产品"易方达蓝筹精选混合"是市场上现存的基金规模最大的混合型基金，其基金规模有 677.01 亿元；基金产品"易方达中小盘混合"是现存的基金规模第二大的混合型基金，其基金规模有 401.11 亿元；基金产品"景顺长城新兴成长混合"是现存的基金规模第三大的混合型基金，其基金规模有 393.19 亿元。以此类推，投资者可以解读表 3-60 中其他基金规模相对较大的混合型基金产品。

此外，值得投资者注意的是，同类混合型基金的平均规模为 11.64 亿元。如果投资者想要选取混合型基金产品，那么他可以优先选取那些基金规模高于同类混合型基金的平均规模的基金产品，进而降低流动性风险。

表 3-60　混合型基金产品按基金规模排序前 20 名

基金代码	基金名称	基金规模（亿元）	同类基金的平均规模（亿元）
005827.OF	易方达蓝筹精选混合	677.01	11.64
110011.OF	易方达中小盘混合	401.11	11.64
260108.OF	景顺长城新兴成长混合	393.19	11.64
320007.OF	诺安成长混合	327.76	11.64
161005.SZ	富国天惠	278.98	11.64
270002.OF	广发稳健增长混合 A	275.96	11.64
007119.OF	睿远成长价值混合 A	271.56	11.64
009570.OF	鹏华匠心精选混合 A	259.58	11.64
163406.SZ	兴全合润	241.73	11.64
008903.OF	广发科技先锋混合	239.70	11.64
009548.OF	汇添富中盘价值精选混合 A	238.14	11.64
009714.OF	华安聚优精选混合	232.26	11.64
161903.SZ	万家优选	193.03	11.64
519069.OF	汇添富价值精选混合 A	192.91	11.64
005911.OF	广发双擎升级混合 A	190.36	11.64

续表

基金代码	基金名称	基金规模（亿元）	同类基金的平均规模（亿元）
519674.OF	银河创新成长混合	184.86	11.64
009318.OF	南方成长先锋混合 A	183.98	11.64
000762.OF	汇添富绝对收益定开混合 A	182.41	11.64
000083.OF	汇添富消费行业混合	176.96	11.64
180012.OF	银华富裕主题混合	173.62	11.64

数据来源：东方财富 Choice 数据。注：统计数据截至 2021 年 2 月 10 日收盘。

5）债券型基金

截至 2021 年 2 月 10 日收盘，市场上现存的已经发行上市且可以进行同类基金规模排名统计的债券型基金共有 3752 只。投资者可以在表 3-61 中查询到基金规模较大的 20 款债券型基金产品的基金代码、基金名称、基金规模，以及同类基金的平均规模等信息。

在表 3-61 中，我们可以观察到：基金产品"农银汇理金穗纯债 3 个月定开债"是市场上现存的基金规模最大的债券型基金，其基金规模有 739.82 亿元；基金产品"中银丰和定期开放债券"是现存的基金规模第二大的债券型基金，其基金规模有 479.32 亿元；基金产品"中银证券汇嘉定期开放债券"是现存的基金规模第三大的债券型基金，其基金规模有 417.40 亿元。以此类推，投资者可以解读表 3-61 中其他基金规模相对较大的债券型基金产品。

此外，值得投资者注意的是，同类债券型基金的平均规模为 13.74 亿元。如果投资者想要选取债券型基金产品，那么他可以优先选取那些基金规模高于同类债券型基金的平均规模的基金产品，进而降低流动性风险。

表 3-61　债券型基金产品按基金规模排序前 20 名

基金代码	基金名称	基金规模（亿元）	同类基金的平均规模（亿元）
003526.OF	农银汇理金穗纯债 3 个月定开债	739.82	13.74
004722.OF	中银丰和定期开放债券	479.32	13.74
005309.OF	中银证券汇嘉定期开放债券	417.40	13.74
003929.OF	中银证券安进债券 A	329.21	13.74
003313.OF	中银睿亨定开债券	240.67	13.74
002351.OF	易方达裕祥回报债券	239.84	13.74

基金代码	基金名称	基金规模（亿元）	同类基金的平均规模（亿元）
007967.OF	大成惠嘉一年定开债券	215.39	13.74
000171.OF	易方达裕丰回报债券	209.93	13.74
003213.OF	中银悦享定期开放债券发起式	208.67	13.74
008338.OF	嘉实安元 39 个月定期纯债 A	208.46	13.74
003285.OF	国寿安保安康纯债债券	194.28	13.74
008117.OF	博时稳欣 39 个月定开债	182.89	13.74
485111.OF	工银瑞信双利债券 A	182.60	13.74
007010.OF	国寿安保中债 1-3 年国开债指数 A	179.42	13.74
006491.OF	南方 1-3 年国开债 A	175.97	13.74
007259.OF	民生加银中债 1-3 年农发行债券指数	175.15	13.74
003427.OF	建信恒远一年定期开放债券	168.56	13.74
003400.OF	建信恒瑞一年定期开放债券	167.61	13.74
003832.OF	中银丰润定期开放债券	167.18	13.74
003394.OF	建信恒安一年定期开放债券	164.47	13.74

数据来源：东方财富 Choice 数据。注：统计数据截至 2021 年 2 月 10 日收盘。

6）货币型基金

截至 2021 年 2 月 10 日收盘，市场上现存的已经发行上市且可以进行同类基金规模排名统计的货币型基金共有 691 只。投资者可以在表 3-62 中查询到基金规模较大的 20 款货币型基金产品的基金代码、基金名称、基金规模，以及同类基金的平均规模等信息。

在表 3-62 中，我们可以观察到：基金产品"天弘余额宝货币"是市场上现存的基金规模最大的货币型基金，其基金规模有 11,908.16 亿元；基金产品"易方达易理财货币 A"是现存的基金规模第二大的货币型基金，其基金规模有 2,083.24 亿元；基金产品"华安日日鑫货币 A"是现存的基金规模第三大的货币型基金，其基金规模有 1,632.63 亿元。以此类推，投资者可以在表 3-62 中解读其他基金规模相对较大的货币型基金产品。

此外，值得投资者注意的是，同类货币型基金的平均规模为 119.84 亿元。如果投资者想要选取货币型基金产品，那么他可以优先选取那些基金规模高于同类货币型基金的平均规模的基金产品，进而降低流动性风险。

表 3-62　货币型基金产品按基金规模排序前 20 名

基金代码	基金名称	基金规模（亿元）	同类基金的平均规模（亿元）
000198.OF	天弘余额宝货币	11,908.16	119.84
000359.OF	易方达易理财货币 A	2,083.24	119.84
040038.OF	华安日日鑫货币 A	1,632.63	119.84
050003.OF	博时现金收益货币 A	1,608.33	119.84
000397.OF	汇添富全额宝货币	1,402.97	119.84
511990.SH	华宝添益 ETF	1,353.50	119.84
000719.OF	南方现金通 E	1,277.83	119.84
004501.OF	嘉实现金添利货币	1,235.50	119.84
003515.OF	国泰利是宝货币	1,217.78	119.84
000379.OF	平安日增利货币 A	1,132.96	119.84
000380.OF	景顺长城景益货币 A	1,128.30	119.84
000575.OF	兴全添利宝货币	1,058.76	119.84
000621.OF	易方达现金增利货币 B	1,001.66	119.84
000343.OF	华夏财富宝货币 A	984.61	119.84
000693.OF	建信现金添利货币 A	957.64	119.84
000638.OF	富国富钱包货币 A	947.74	119.84
000569.OF	鹏华增值宝货币	934.28	119.84
001211.OF	中欧滚钱宝货币 A	918.66	119.84
511880.SH	银华日利 ETF	889.40	119.84
000662.OF	银华活钱宝货币 F	857.52	119.84

数据来源：东方财富 Choice 数据。注：统计数据截至 2021 年 2 月 10 日收盘。

7）QDII 基金

截至 2021 年 2 月 10 日收盘，市场上现存的已经发行上市且可以进行同类基金规模排名统计的 QDII 基金共有 312 只。投资者可以在表 3-63 中查询到基金规模较大的 20 款 QDII 基金产品的基金代码、基金名称、基金规模，以及同类基金的平均规模等信息。

在表 3-63 中，我们可以观察到：基金产品"H 股 ETF"是市场上现存的基金规模最大的 QDII 基金，其基金规模有 99.64 亿元；基金产品"恒生 ETF"是现存的基金规模第二大的 QDII 基金，其基金规模有 88.25 亿元；基金产品"纳斯达克 ETF"是现存的基金规模第三大的 QDII 基金，其基金规模有 76.10

亿元。以此类推,投资者可以解读表 3-63 中其他基金规模相对较大的 QDII 基金产品。

此外,值得投资者注意的是,同类 QDII 基金的平均规模为 6.47 亿元。如果投资者想要选取 QDII 基金产品,那么他可以优先选取那些基金规模高于同类 QDII 基金的平均规模的基金产品,进而降低流动性风险。

表 3-63　QDII 基金产品按基金规模排序前 20 名

基金代码	基金名称	基金规模(亿元)	同类基金的平均规模(亿元)
510900.SH	H 股 ETF	99.64	6.47
159920.SZ	恒生 ETF	88.25	6.47
513300.SH	纳斯达克 ETF	76.10	6.47
513330.SH	恒生互联网 ETF	75.57	6.47
513050.SH	中概互联网 ETF	55.41	6.47
377016.OF	上投摩根亚太优势混合(QDII)	43.31	6.47
070012.OF	嘉实海外中国股票混合(QDII)	41.69	6.47
162411.SZ	华宝油气	36.00	6.47
001481.OF	华宝标普油气上游股票(QDII)美元 A	36.00	6.47
000041.OF	华夏全球股票(QDII)	35.89	6.47
100061.OF	富国中国中小盘混合(QDII)人民币	35.45	6.47
010591.OF	富国中国中小盘混合(QDII)美元	35.45	6.47
050203.OF	博时亚洲票息收益债券现钞(QDII)	31.67	6.47
050202.OF	博时亚洲票息收益债券现汇(QDII)	31.67	6.47
050030.OF	博时亚洲票息收益债券(QDII)	31.67	6.47
202801.OF	南方全球精选配置(QDII-FOF)	29.26	6.47
001876.OF	鹏华全球高收益债(QDII)美元现汇	26.85	6.47
000290.OF	鹏华全球高收益债(QDII)	26.85	6.47
513500.SH	标普 500ETF	25.84	6.47
270023.OF	广发全球精选股票(QDII)	23.84	6.47

数据来源:东方财富 Choice 数据。注:统计数据截至 2021 年 2 月 10 日收盘。

8)LOF 基金

截至 2021 年 2 月 10 日收盘,市场上现存的已经发行上市且可以进行同类基金规模排名统计的 LOF 基金共有 397 只。投资者可以在表 3-64 中查询到基金规模较大的 20 款 LOF 基金产品的基金代码、基金名称、基金规模，以及同类基金的平均规模等信息。

在表 3-64 中，我们可以观察到：基金产品"白酒基金"是市场上现存的基金规模最大的 LOF 基金，其基金规模有 568.47 亿元；基金产品"兴全趋势"是现存的基金规模第二大的 LOF 基金，其基金规模有 352.54 亿元；基金产品"兴全合宜"是现存的基金规模第三大的 LOF 基金，其基金规模有 292.63 亿元。以此类推，投资者可以解读表 3-64 中其他基金规模相对较大的 LOF 基金产品。

此外，值得投资者注意的是，同类 LOF 基金的平均规模为 19.33 亿元。如果投资者想要选取 LOF 基金产品，那么他可以优先选取那些基金规模高于同类 LOF 基金的平均规模的基金产品，进而降低流动性风险。

表 3-64　LOF 基金产品按基金规模排序前 20 名

基金代码	基金名称	基金规模（亿元）	同类基金的平均规模（亿元）
161725.SZ	白酒基金	568.47	19.33
163402.SZ	兴全趋势	352.54	19.33
163417.SZ	兴全合宜	292.63	19.33
161728.SZ	招商配售	283.83	19.33
161005.SZ	富国天惠	278.98	19.33
161131.SZ	易基配售	277.98	19.33
163406.SZ	兴全合润	241.73	19.33
160142.SZ	南方配售	207.19	19.33
161903.SZ	万家优选	193.03	19.33
501188.SH	添富配售	175.14	19.33
163415.SZ	兴全模式	173.32	19.33
162703.SZ	广发小盘	158.83	19.33
160706.SZ	嘉实 300A	153.22	19.33
161726.SZ	生物医药	149.84	19.33
501189.SH	嘉实配售	141.60	19.33
166006.SZ	中欧成长	140.07	19.33
162605.SZ	景顺鼎益	136.23	19.33
501186.SH	华夏配售 LOF	124.16	19.33

续表

基金代码	基金名称	基金规模（亿元）	同类基金的平均规模（亿元）
160505.SZ	博时主题	100.63	19.33
161028.SZ	新能源车	94.18	19.33

数据来源：东方财富 Choice 数据。注：统计数据截至 2021 年 2 月 10 日收盘。

9）ETF 基金

截至 2021 年 2 月 10 日收盘，市场上现存的已经发行上市且可以进行同类基金规模排名统计的 ETF 基金共有 408 只。投资者可以在表 3-65 中查询到基金规模较大的 20 款 ETF 基金产品的基金代码、基金名称、基金规模，以及同类基金的平均规模等信息。

在表 3-65 中，我们可以观察到：基金产品"华宝添益 ETF"是市场上现存的基金规模最大的 ETF 基金，其基金规模有 1,353.50 亿元；基金产品"银华日利 ETF"是现存的基金规模第二大的 ETF 基金，其基金规模有 889.40 亿元；基金产品"上证 50ETF"是现存的基金规模第三大的 ETF 基金，其基金规模有 565.74 亿元。以此类推，投资者可以解读表 3-65 中其他管理规模相对较大的 ETF 基金产品。

此外，值得投资者注意的是，同类 ETF 基金的平均规模为 27.75 亿元。如果投资者想要选取 ETF 基金产品，那么他可以优先选取那些基金规模高于同类 ETF 基金的平均规模的基金产品，进而降低流动性风险。

表 3-65　ETF 基金产品按基金规模排序前 20 名

基金代码	基金名称	基金规模（亿元）	同类基金的平均规模（亿元）
511990.SH	华宝添益 ETF	1,353.50	27.75
511880.SH	银华日利 ETF	889.40	27.75
510050.SH	上证 50ETF	565.74	27.75
510300.SH	沪深 300ETF	457.48	27.75
512880.SH	证券 ETF	389.05	27.75
510500.SH	中证 500ETF	382.37	27.75
510330.SH	300ETF 基金	305.88	27.75
511660.SH	货币 ETF 建信添益	260.17	27.75
159919.SZ	300ETF	250.93	27.75

续表

基金代码	基金名称	基金规模（亿元）	同类基金的平均规模（亿元）
510180.SH	上证 180ETF	239.04	27.75
159995.SZ	芯片 ETF	238.72	27.75
512000.SH	券商 ETF	229.58	27.75
515050.SH	5GETF	209.66	27.75
159915.SZ	创业板	155.93	27.75
512760.SH	芯片 ETF	147.95	27.75
588000.SH	科创 50ETF	124.58	27.75
512480.SH	半导体 ETF	105.54	27.75
159949.SZ	创业板 50	104.97	27.75
518880.SH	黄金 ETF	102.81	27.75
512660.SH	军工 ETF	102.59	27.75

数据来源：东方财富 Choice 数据。注：统计数据截至 2021 年 2 月 10 日收盘。

通过从表 3-57 至表 3-65 进行观察，我们可以发现：截至 2021 年 2 月 10 日收盘，货币型基金是市场上现存同类基金的平均规模最大的基金类型，其平均规模为 119.84 亿元；ETF 基金是市场上现存同类基金的平均规模第二大的基金类型，其平均规模为 27.75 亿元；封闭式基金是市场上现存同类基金的平均规模第三大的基金类型，其平均规模为 21.49 亿元。投资者可以在表 3-66 中查看其他基金类型的同类基金的平均规模。

表 3-66 不同基金类型的基金规模一览表

基金类型	基金代码	同类基金中最大规模的产品名称	同类基金的最大规模（亿元）	同类基金的平均规模（亿元）
开放式基金	000198.OF	天弘余额宝货币	11,908.16	18.57
封闭式基金	010340.OF	易方达高质量严选三年持有期混合	148.32	21.49
股票型基金	161725.SZ	白酒基金	568.47	11.51
混合型基金	005827.OF	易方达蓝筹精选混合	677.01	11.64
债券型基金	003526.OF	农银汇理金穗纯债 3 个月定开债	739.82	13.74
货币型基金	000198.OF	天弘余额宝货币	11,908.16	119.84
QDII 基金	510900.SH	H 股 ETF	99.64	6.47

续表

基金类型	基金代码	同类基金中最大规模的产品名称	同类基金的最大规模（亿元）	同类基金的平均规模（亿元）
LOF 基金	161725.SZ	白酒基金	568.47	19.33
ETF 基金	511990.SH	华宝添益 ETF	1,353.50	27.75

数据来源：东方财富 Choice 数据。注：统计数据截至 2021 年 2 月 10 日收盘。

随后，投资者可以将自己心仪的基金产品的基金规模与同类基金的平均规模进行比较，进而评估该基金产品是否具有足够的市场流动性。

2. 同类基金的数量

假设投资者想要筛选一款适合自己的基金产品，那么他还可以从"同类基金的数量"的角度进行统计分析。同类基金的数量是指投资类型相同的基金的数量，单位通常为只。

具体来说，如果投资者想要选择一款性价比相对较高的股票型基金产品，那么他需要先找到市场上所有的股票型基金产品。然后，他需要在这些股票型基金产品中进行层层筛选。

在表 3-67 中，投资者们可以看到不同基金类型的基金数量。截至 2021 年 2 月 10 日收盘，市场上现存的开放式基金有 11319 只，封闭式基金有 206 只，股票型基金有 1856 只，混合型基金有 2647 只，债券型基金有 3752 只，货币型基金有 691 只，QDII 基金有 312 只，商品型基金有 42 只，指数型基金有 1265 只，ETF 基金有 408 只，LOF 基金有 397 只，FOF 基金有 216 只，以及可转债基金有 59 只。投资者在了解每个基金类型的基金数量后，可以更好地评估自己心仪的基金产品是否位于同类基金产品排名中中等偏上的位置。

表 3-67　不同基金类型的基金数量一览表

序号	基金类型	基金数量（只）
1	开放式基金	11319
2	封闭式基金	206
3	股票型基金	1856
4	混合型基金	2647
5	债券型基金	3752
6	货币型基金	691

序号	基金类型	基金数量（只）
7	QDII 基金	312
8	商品型基金	42
9	指数型基金	1265
10	ETF 基金	408
11	LOF 基金	397
12	FOF 基金	216
13	可转债基金	59

数据来源：东方财富 Choice 数据。注：统计数据截至 2021 年 2 月 10 日收盘。

3. 同类基金的区间平均收益率

投资者想要筛选一款适合自己的基金产品，还可以从"同类基金的区间平均收益率"的角度进行统计分析。同类基金的区间平均收益率是指投资类型相同的基金在指定区间内的平均收益率。

如果投资者想要了解一款基金产品在一段时间内的收益情况是否超越同类基金在这段时间内的平均收益，那么他可以参考"同类基金的区间平均收益率"这个统计数据。投资者具体可以参考以下 4 个步骤。

第 1 步：投资者需要判断自己心仪的基金产品属于哪种基金类型，是属于股票型基金、债券型基金、混合型基金、货币型基金，还是属于其他的基金类型？假设投资者心仪的基金产品属于股票型基金，那么投资者需要分析股票型基金的收益情况。

第 2 步：投资者需要明确具体的时间段。在通常情况下，投资者可以根据自己的实际情况选择过去 3 年、5 年或者 10 年的数据进行统计分析。

第 3 步：投资者需要对同类基金在具体时间段内的收益情况进行分析，进而计算出同类基金的区间平均收益率。

第 4 步：投资者可以优先选择那些收益率高于同类基金的区间平均收益率的基金产品。

4. 同类基金的区间收益排名

投资者如果想要筛选一款适合自己的基金产品，那么他还可以从"同类基金的区间收益排名"的角度进行统计分析。同类基金的区间收益排名，是指投资类型相同的基金在同一区间内的收益排名。

如果投资者想要了解一款基金产品在一段时间内的收益是否在同类基金中处于相对靠前的位置，那么他可以参考"同类基金的区间收益排名"这个统计数据。投资者具体可以参考以下 4 个步骤。

第 1 步：投资者需要判断自己心仪的基金产品属于哪种基金类型。假设投资者心仪的基金产品属于股票型基金，那么他需要分析股票型基金产品的收益排名情况。

第 2 步：投资者需要明确具体的时间段。在通常情况下，投资者可以根据自己的实际情况选择过去 3 年、5 年或者 10 年的数据进行统计分析。

第 3 步：投资者需要对同类基金在具体时间段内的收益排名情况进行分析，进而统计出同类基金的区间收益排名。

第 4 步：投资者可以优先选择那些在同类基金的区间收益排名中相对较为靠前的基金产品。

综上所述，关于如何在同类基金中选择适合自己的基金产品，投资者可以分别从同类基金的平均规模、同类基金的数量、同类基金的区间平均收益率、同类基金的区间收益排名等角度进行分析。如果一款基金产品在过去 3 年、5 年或者 10 年的时间里始终在同类基金的区间收益排名中处于相对较为靠前的位置，那么投资者可以判断该基金产品的历史业绩是相对比较优秀的。换句话说，这样的基金产品是值得投资者长期格外关注的。

3.4 选择盈利能力强的基金产品

在基金定投的世界里，如何在"牛短熊长"的股市行情中筛选出盈利能力相对较强的基金产品是一项非常重要的技能。俗话说，投资中一年五倍者比比皆是，五年一倍者却寥若晨星。换句话说，短期昙花一现的基金产品不一定能给投资者带来长期稳定的回报。如果一款基金产品能够以相对较为优秀的业绩经历牛熊周期，那么该基金产品是非常值得受到投资者的长期青睐的。

在通常情况下，投资者主要可以参考六个金融指标来对基金产品进行盈利能力的评估。这六个金融指标分别为收益率、阿尔法系数、贝塔系数、夏普比率、特雷诺指数、詹森指数。关于每个金融指标的具体分析，投资者可以在接下来的内容中看到。

1. 收益率（Rate of Return）

在金融领域里，"收益率"是一个非常重要的概念。在通常情况下，投资者可以用"年化收益率"来比较不同证券投资标的之间的收益情况。我们以上证指数与深证成指为例。在过去 3 年、5 年，以及 10 年的时间中，上证指数与深证成指的年化收益率并不是十分可观，统计结果如表 3-68 所示。

表 3-68　上证指数与深证成指的年化收益率（过去 3 年、5 年，以及 10 年）

时间周期	指数	年化收益率（%）
过去 3 年（2018.01.01—2021.02.10）	上证指数	3.35
	深证成指	12.93
过去 5 年（2016.01.01—2021.02.10）	上证指数	0.65
	深证成指	4.75
过去 10 年（2011.01.01—2021.02.10）	上证指数	2.72
	深证成指	2.55

数据来源：东方财富 Choice 数据。

投资者还可以用年化收益率来比较不同基金产品之间的收益情况。投资者之所以选择基金定投，是因为他想让自己手中的资金实现保值，进而不断博取更高的投资收益与回报。为了方便对不同基金产品的收益率进行比较，投资者可以将基金的收益率进行年化计算，进而得出年化收益率。在通常情况下，投资者可以在交易软件中找到基金产品的年化收益率，不需要自己进行计算。

此外，值得投资者注意的是，当我们在比较不同基金产品的年化收益率时，还需要将基金产品的年化波动率纳入考量。我们举个例子来解释说明。已知基金产品 A、基金产品 B、基金产品 C 的收益与风险情况，如图 3-9 所示。

通过观察图 3-9，我们可以发现基金产品 B 与基金产品 C 的收益率相同，但是基金产品 C 的风险明显大于基金产品 B 的风险。如果投资者只考虑基金产品的收益率，那么他有可能会选择基金产品 C。可想而知，他后期的投资过程可能就不会那么顺利了。因此，投资者在选择基金产品时，不仅要考虑基金产品的收益情况，也要考虑基金产品的风险情况。换句话说，投资者需要了解用来衡量证券投资标的风险情况的重要概念——波动率。

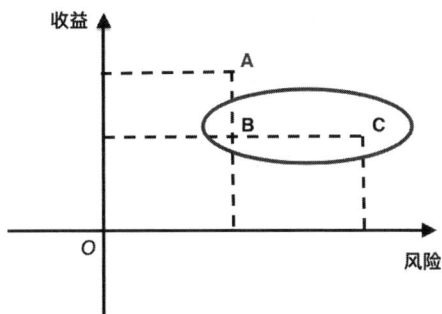

图 3-9　基金产品 A、基金产品 B、基金产品 C 的收益与风险情况

投资者在了解"收益率"这个重要的金融指标后，还可以简单了解一下与收益率相关的其他金融指标，如平均收益率、平均风险收益率、几何平均收益率、几何平均风险收益率、收益标准差等。投资者可以在表 3-69 中查询到这些金融指标。

表 3-69　与收益率相关的其他金融指标

序号	名称	定义	参数
1	平均收益率	平均收益率是指投资者对指定时间段内的收益率情况进行统计分析，然后计算得出的一个平均数值	为了得到"平均收益率"这个数值，投资者需要事先确定四个参数，它们分别为指定时间段的起始交易日期、截止交易日期、计算周期，以及收益率计算方法
2	平均风险收益率	平均风险收益率是指投资者在计算平均收益率时将无风险收益部分剔除后得出的收益率数值	为了得到"平均风险收益率"这个数值，投资者需要事先确定五个参数，它们分别为指定时间段的起始交易日期、截止交易日期、计算周期、收益率计算方法，以及无风险收益率
3	几何平均收益率	在通常情况下，几何平均收益率优于算术平均收益率，这是因为几何平均收益率将"复利"这个概念加入计算公式中，使得数值更加贴近现实	为了得到"几何平均收益率"这个数值，投资者需要事先确定四个参数，它们分别为指定时间段的起始交易日期、截止交易日期、计算周期，以及收益率计算方法

续表

序号	名称	定义	参数
4	几何平均风险收益率	几何平均风险收益率是指投资者在计算几何平均收益率时,将无风险收益部分剔除后得出的收益率数值	为了得到"几何平均风险收益率"这个数值,投资者需要事先确定五个参数,它们分别为指定时间段的起始交易日期、截止交易日期、计算周期、收益率计算方法,以及无风险收益率
5	收益标准差	收益标准差是指投资者通过对指定时间段内的收益率情况进行标准差计算得出的一个标准差数值	为了得到"收益标准差"这个数值,投资者需要事先确定四个参数,它们分别为指定时间段的起始交易日期、截止交易日期、计算周期,以及收益率计算方法

2．阿尔法系数（a 系数）

在通常情况下,阿尔法系数反映了证券的"平均实际收益"与"平均预期风险收益"之间的差额,这个差额就是我们常说的"超额收益"。我们在计算完一款基金产品的阿尔法系数之后,可以对该数值进行年化处理。具体的计算公式如下所示。

$$阿尔法系数（年化）=阿尔法系数×N$$

其中,

- 阿尔法系数:是指证券的"平均实际收益"与"平均预期风险收益"之间的差额。

- N:是指计算周期。当计算周期以日为单位时,$N=250$;当计算周期以周为单位时,$N=52$;当计算周期以月为单位时,$N=12$;当计算周期以年为单位时,$N=1$。

当我们通过计算得出证券投资标的（如某基金产品）的阿尔法系数时,我们应该如何解读它呢?对此,我们将阿尔法系数分为三种情形进行分析,如表 3-70 所示。

表 3-70　阿尔法系数的三种情形分析

序号	情形	投资标的的估值水平	投资标的的绝对收益与预期收益之间的关系
1	当阿尔法系数>0 时	投资标的的价格可能被低估	投资标的的绝对收益大于预期收益

序号	情形	投资标的的估值水平	投资标的的绝对收益与预期收益之间的关系
2	当阿尔法系数=0时	投资标的的价格反映其内在价值，标的未被低估或者高估	投资标的的绝对收益等于预期收益
3	当阿尔法系数<0时	投资标的的价格可能被高估	投资标的的绝对收益小于预期收益

综上所述，当投资者在筛选证券投资标的（如某基金产品）时，可以优先选择那些阿尔法系数相对较大的证券投资标的。

3. 贝塔系数（β 系数）

在通常情况下，贝塔系数是我们用来衡量证券投资标的（如某基金产品）的变动与整个证券投资市场的变动之间的相关性的指标。证券投资标的的贝塔系数越大，说明它的波动幅度越大，贝塔系数越大说明产品的潜在波动越大。

当我们通过计算得出证券投资标的（如某基金产品）的贝塔系数时，应该如何解读它呢？对此，我们可以将贝塔系数分为五种情形进行分析，如表 3-71 所示。

表 3-71　贝塔系数的五种情形分析

序号	情形	证券投资标的与市场走向的关系	证券投资标的与市场的波动幅度
1	当贝塔系数>1时	证券投资标的与市场整体走向呈正相关关系	证券投资标的的波动幅度比市场整体波动幅度要大
2	当贝塔系数=1时	证券投资标的与市场整体走向呈正相关关系	证券投资标的波动幅度与市场整体波动幅度几乎相同
3	当0<贝塔系数<1时	证券投资标的与市场整体走向呈正相关关系	证券投资标的的波动幅度比市场整体波动幅度要小
4	当贝塔系数=0时	证券投资标的与市场整体走向没有相关性	证券投资标的的波动幅度与市场整体波动几乎无关
5	当贝塔系数<0时	证券投资标的与市场整体走向呈负相关关系	贝塔系数越小，证券投资标的的波动幅度比市场整体波动幅度越大（反向）

4. 夏普比率（Sharpe Ratio）

在通常情况下，夏普比率是用来衡量证券投资标的（如某基金产品）在风险调整后的收益率的核心关键指标。换句话说，投资者可以用夏普比率对证券投资标的的收益与风险情况进行综合性的评估。夏普比率的计算公式如下所示。

$$\text{Sharpe Ratio} = \frac{E(R_P) - R_f}{\sigma_p}$$

其中，

- $E(R_P)$：是指投资组合预期报酬率。

- R_f：是指无风险收益率。

- σ_p：是指投资组合超额收益的标准差。

我们在计算完一款基金产品的夏普比率之后，可以对该数值进行年化处理。具体的计算公式如下所示。

$$\text{Sharpe Ratio}（年化）= \frac{E(R_P) - R_f}{\sigma_p（年化）}$$

其中，

- R_f：是指所选起始日期的最新无风险收益率。

当我们通过计算得出证券投资标的的（如某基金产品）的夏普比率时，应该如何解读它呢？在通常情况下，夏普比率越高，说明投资者在承担一定风险的情况下所获得的超额回报越高。

综上所述，当投资者在筛选证券投资标的时，他可以优先选择那些夏普比率相对较高的证券投资标的。

5. 特雷诺指数（Treynor Ratio）

在通常情况下，特雷诺指数用来反映每单位风险获得的风险溢价，也可以用来反映证券投资标的在承担单位系统风险时所获得的超额收益。特雷诺指数的计算公式如下所示。

$$\text{Treynor Ratio} = \frac{R_p - R_f}{\beta_p}$$

其中，

- R_p：是指证券投资标的（如某基金产品）的平均收益率。

- R_f：是指无风险收益率。

- β_p：是指证券投资标的（如某基金产品）的系统风险。

我们在计算完一个证券投资标的的特雷诺指数之后，还可以对该数值进行年化处理。

此外，当我们计算出证券投资标的（如某基金产品）的特雷诺指数时，应该如何解读它呢？在通常情况下，特雷诺指数越大，说明证券投资标的的单位风险溢价越高，该标的的投资绩效越好，该标的在投资过程中遇到的风险有利于投资者获利；特雷诺指数越小，说明证券投资标的的单位风险溢价越低，该标的的投资绩效越差，该标的在投资过程中遇到的风险不利于投资者获利。

综上所述，当投资者在筛选证券投资标的时，可以优先选择那些特雷诺指数相对较大的证券投资标的。

6．詹森指数（Jensen Ratio）

在通常情况下，詹森指数是用来衡量证券投资标的（如某基金产品）的超额收益的指标。詹森指数的计算公式较为复杂，投资者可以在交易软件中直接查询相关数据。

投资者在查询到具体证券投资标的的詹森指数后，应该如何解读它呢？在通常情况下，当詹森指数大于 0 时，说明证券投资标的（如某基金产品）的业绩表现要强于市场的业绩基准；当詹森指数小于 0 时，说明证券投资标的（如某基金产品）的业绩表现要弱于市场的业绩基准。

综上所述，当投资者在筛选证券投资标的时，可以优先选择那些詹森指数相对较大的证券投资标的。

3.5　选择抗跌能力强的基金产品

投资者在学习了如何选择盈利能力较强的基金产品后，可以继续学习如何选择抗跌能力较强的基金产品。在选择抗跌能力较强的基金产品时，投资者可以参考波动率与最大回撤这两个重要的风险指标。

1．波动率（Volatility）

在金融领域里，"波动率"是一个非常重要的概念，可以用来衡量证券投资标的的价格波动与收益率不确定性的情况，也可以用来反映证券投资标的的风险水平。证券投资标的的波动率越高，其价格的波动越大，收益率的不确定性也越大；证券投资标的的波动率越低，其价格的波动越小，其收益率的不确定性也越小。

在通常情况下，投资者可以用"年化波动率"来衡量不同证券投资标的之间的风险情况。我们以上证指数与深证成指为例。在过去 3 年、5 年及 10 年的时间中，上证指数与深证成指的年化波动率均较高，统计结果如表 3-72 所示。

如果投资者同时观察表 3-68 与表 3-72，那么他会发现无论是在过去 3 年、5 年还是 10 年的时间中，上证指数与深证成指的年化收益率均不高（除了过去 3 年深证成指的年化收益率数据），有些时间段内的年化收益率都没有超过定期储蓄的年化收益率。与此同时，无论年化波动率的计算周期是日、周、月还是年，上证指数与深证成指的年化波动率均较高，如表 3-72 所示。换句话说，投资者在整个投资的过程中需要忍受相对较大（大约为 20%～30%）的投资波动。

表 3-72　上证指数、深证成指的年化波动率（过去 3 年、5 年及 10 年）

时间周期	指数	年化波动率（%）计算周期（日）	年化波动率（%）计算周期（周）	年化波动率（%）计算周期（月）	年化波动率（%）计算周期（年）
过去 3 年（2018.01.01—2021.02.10）	上证指数	19.36	19.11	16.73	25.00
	深证成指	24.67	24.12	22.92	43.86
过去 5 年（2016.01.01—2021.02.10）	上证指数	18.59	17.31	18.00	19.25
	深证成指	23.80	21.72	23.28	34.67
过去 10 年（2011.01.01—2021.02.10）	上证指数	21.17	20.44	21.03	22.89
	深证成指	25.54	24.54	24.94	28.39

数据来源：东方财富 Choice 数据。

投资者还可以用波动率与年化波动率来比较不同基金产品之间的风险情况。为了方便对不同基金产品的波动率进行比较，投资者可以将基金产品的波动率进行年化计算，进而得出该基金产品的年化波动率。在通常情况下，投资者可以在交易软件中找到基金产品的年化波动率。如果没有找到年化波动率，投资者可以参考以下公式进行计算。

- 如果计算周期是"日"，一年大约有 250 个交易日，那么年化波动率的计算公式为：

$$年化波动率 = 日波动率 \times \sqrt{250}$$

- 如果计算周期是"周"，一年有 52 个交易周，那么年化波动率的计算公式为：

$$年化波动率 = 周波动率 \times \sqrt{52}$$

- 如果计算周期是"月"，一年有 12 个交易月，那么年化波动率的计算公式为：

$$年化波动率 = 月波动率 \times \sqrt{12}$$

- 如果计算周期是"年"，那么年化波动率的计算公式为：

$$年化波动率 = 年波动率 \times 1$$

综上所述，投资者不仅可以用"年化波动率"来衡量不同证券投资标的的风险情况，还可以用年化波动率来比较不同基金产品的风险情况。在通常情况下，如果一款基金产品的年化收益率很高，同时它的年化波动率也很高，那么该基金产品的收益率情况是需要用时间检验的；如果一款基金产品的年化收益率很高，同时它的年化波动率很低，那么该基金产品的收益率情况是相对较好的。

如果投资者喜欢偏稳健的基金产品，那么可以关注那些年化收益率相对较高、年化波动率相对较低的基金产品。如果投资者想要博弈更高的投资收益，那么可以适当关注那些年化收益率相对较高且具有一定年化波动率的基金产品。至于如何筛选这类基金产品，投资者需要综合考虑很多因素并坚持使用科学定投的方法。

2. 最大回撤（Maximum Drawdown）

在金融领域里，"回撤（Drawdown）"是指在某一段时间内产品净值从最高点回落到最低点的幅度，用来衡量证券投资标的抵抗风险的情况。投资者可以对证券投资标的（如某基金产品）的每一个净值进行回撤率的求值运算，然后找到最大的数值，该数值即为"最大回撤"。在通常情况下，最大回撤的数值越小越好。

投资者可以在一些第三方基金销售平台或者基金评级网站上查询到具体基金产品的最大回撤数据。当投资者查询到证券投资标的（如某基金产品）的最大回撤数值时，应该如何解读它呢？假设一款基金产品的最大回撤数值为10%，说明投资者在买入该基金产品后可能需要忍受10%的投资亏损。

在前面的内容中，我们一起学习了"年化收益率""年化波动率""最大回撤"的相关内容。当上述三个重要指标同时出现时，投资者应该如何使用它们来筛选基金产品呢？对此，我们大致可以分六种情形进行分析，如表3-73所示。

表3-73　年化收益率、年化波动率、最大回撤之间的六种情形分析

情形	年化收益率（%）	年化波动率（%）	最大回撤（%）	口诀注释
1	当标的的年化收益率相对较高时	当标的的年化波动率相对较高时	当标的的最大回撤相对较大时	"高高大"，请三思
2	当标的的年化收益率相对较高时	当标的的年化波动率相对较高时	当标的的最大回撤相对较小时	"高高小"，也许好，也许不好
3	当标的的年化收益率相对较高时	当标的的年化波动率相对较低时	当标的的最大回撤相对较小时	"高低小"，请深爱
4	当标的的年化收益率相对较低时	当标的的年化波动率相对较低时	当标的的最大回撤相对较小时	"低低小"，太稳但也难赚钱
5	当标的的年化收益率相对较低时	当标的的年化波动率相对较高时	当标的的最大回撤相对较大时	"低高大"，不想爱
6	当标的的年化收益率相对较低时	当标的的年化波动率相对较高时	当标的的最大回撤相对较小时	"低高小"，不想爱

根据表3-73，我们可以归纳总结出六条规律，具体内容如下所示。

第一，当标的的年化收益率相对较高、年化波动率相对较高、最大回撤相对较大时，投资者需要三思且谨慎地对待这类基金产品。

第二，当标的的年化收益率相对较高、年化波动率相对较高、最大回撤相对较小时，投资者很难根据短期的数据来判断基金产品的好坏。此时，投资者需要将追踪观察的周期拉长并进行持续性观察，进而判断该基金产品的盈利能力是否具有可持续性。

第三，当标的的年化收益率相对较高、年化波动率相对较低、最大回撤相对较小时，投资者可以格外关注这类基金产品。

第四，当标的的年化收益率相对较低、年化波动率相对较低、最大回撤相对较小时，投资者需要降低自己对投资收益的预期。换句话说，投资者不能指望这类基金产品可以为自己赚取很多的投资收益。如果一款基金产品的盈利能力不够强大，波动率很小，最大回撤也很小，那么它也不是一款好的基金产品。

第五，当标的的年化收益率相对较低、年化波动率相对较高、最大回撤相对较大时，投资者需要慎重考虑。

第六，当标的的年化收益率相对较低、年化波动率相对较高、最大回撤相对较小时，投资者也需要慎重考虑。当一款基金产品的年化收益率相对较低时，如果投资者还需要承受相对较大的投资波动，那么投资该基金产品的性价比就相对较低了。

综上所述，当投资者筛选抗跌能力相对较强的基金产品时，可以在筛选完盈利能力相对较强的基金产品之后，将基金产品的"年化波动率"与"最大回撤"这两个重要指标纳入考量，进而筛选出更优质的基金产品。

3.6　选择"三高"基金产品

投资者在学习完如何选择盈利能力较强与抗跌能力较强的基金产品后，还可以从"高波动性""高成长性""高景气度"的角度来继续筛选优质的基金产品。

1. 选择"高波动性"的基金产品

投资者可以从"高波动性"的角度出发来评估并筛选优秀的基金产品。当投资者进行基金定投时，是选择波动幅度较大的基金产品，还是选择波动幅度较小的基金产品呢？

在基金定投的世界里，如果投资者喜欢收益较高且持有过程相对偏稳的基金产品，那么他可以关注那些年化收益率相对较高、年化波动率相对较低的基金产品。如果投资者想要博弈更高的投资收益，并且在持有的过程中能够承受相对较大的投资波动，那么他可以适当关注那些年化收益率相对较高且具有相对较高的年化波动率的基金产品。定投年化波动相对较大的基金产品可能会给投资者带来相对较高的投资回报，也就是说，投资者可以在波动中获取更多的投资收益。

2. 选择"高成长性"的基金产品

在前面的内容中，投资者学习了如何从"高波动性"的角度来评估并筛选优秀的基金产品。投资者还可以从"高成长性"的角度来评估并筛选优秀的基金产品。

如果基金产品的年化收益率相对较低且年化波动率相对较高，那么我们只能说该基金产品具有"高波动性"，但是缺乏"高成长性"。投资者在筛选优质基金产品的过程中，不仅要考虑基金产品是否具有高波动性，还要考虑该基金产品是否具有高成长性。当一款基金产品具有很高的成长性与波动性时，如果投资者坚持使用科学的定投方法，那么他在大概率上会获得相对较高的基金定投回报。

3. 选择"高景气度"的基金产品

除了"高波动性""高成长性"，投资者还可以从"高景气度"的角度出发来评估并筛选优秀的基金产品。基金公司有专业的基金经理对投资者的资金进行集中、统一的管理。在通常情况下，基金公司拥有完备的风控体系、强大的投研团队、复合灵活的投资策略、严格的交易执行力等，这些交易优势往往是普通投资者所不具备的。换句话说，投资者将资金委托给专业的基金公司进行管理可能是更加明智的选择。

看到这里，相信很多投资者已经发现了基金公司的优势。但是，如果投资者选择了低景气度行业的基金产品，那么他的定投结果可能会比较惨淡。换句话说，投资者在筛选优质基金产品的过程中，不仅要考虑基金产品是否具有高波动性、高成长性，还要考虑该基金产品是否处于高景气度的行业中。

当一款基金产品具有很高的波动性、成长性，同时又处在景气度较高的行业中时，如果投资者坚持使用科学的定投方法，那么他在大概率上会获得相对较高的基金定投回报。

综上所述，当投资者在筛选基金产品时，一方面需要对基金产品的盈利能力与抗跌能力进行评估，另一方面还需要对基金产品的波动性、成长性、景气度进行评估，进而筛选出性价比更高的基金产品。

3.7　选择优秀的基金经理

投资者在根据上述各项指标对基金产品完成初步筛选之后，还需要认真评估一下管理这些基金产品的基金经理是否足够优秀。投资者主要可以从四个方面来综合评估基金经理，这四个方面分别为基金经理的选股能力、择时能力、基金管理能力、综合能力。

1. 基金经理的选股能力

基金经理的选股能力，是指基金经理筛选兼具高成长性与高收益性的表现良好的证券投资标的的能力。

投资者在筛选基金产品时，都希望尽可能地选到优秀基金经理管理的基金产品。如果投资者想要在同类基金中找到选股能力较强的基金经理，那么他可以参考"选股能力同类排名"这个指标。在通常情况下，选股能力同类排名的数值越小，说明基金经理的选股能力在同类基金中越优秀。

假设投资者想要筛选一款股票型基金产品，那么他可以在成立 3 年以上的股票型基金产品中进行筛选。随后，投资者可以将上证指数与深证成指分别作为标的指数来对基金经理的选股能力进行排名测算，找到排名靠前的基金产品，同时可以筛选出选股能力较强的基金经理，统计结果如表 3-74 所示。

在表 3-74 中，值得投资者注意的是：上证指数与深证成指（标的指数）的计算是基于过去 3 年的数据（即 2018 年 1 月 1 日至 2021 年 2 月 10 日的收盘数据）进行的。具体的计算过程较为复杂，我们在这里不展开说明。

表 3-74　同类股票型基金产品的选股能力排名（基金产品成立 3 年以上）

基金代码	基金名称	成立年限（年）	上证指数（标的指数）	深证成指（标的指数）
160632.SZ	酒 LOF	5.81	0.12	0.12
001643.OF	汇丰晋信智造先锋股票 A	5.38	0.25	0.25
001644.OF	汇丰晋信智造先锋股票 C	5.38	0.37	0.50
161725.SZ	白酒基金	5.73	0.50	0.87
004075.OF	交银医药创新股票	3.90	0.62	0.99
004851.OF	广发医疗保健股票 A	3.52	0.74	1.73
001104.OF	华安新丝路主题股票	5.86	0.87	0.74
001766.OF	上投摩根医疗健康股票	5.33	0.99	1.49
003834.OF	华夏能源革新股票	3.70	1.12	1.36
003190.OF	创金合信消费主题股票 A	4.49	1.24	0.37
003191.OF	创金合信消费主题股票 C	4.49	1.36	0.62
001717.OF	工银前沿医疗股票 A	5.04	1.49	3.35
000913.OF	农银医疗保健股票	6.02	1.61	5.33
000780.OF	鹏华医疗保健股票	6.40	1.73	3.72
003230.OF	创金合信医疗保健股票 A	4.47	1.86	1.12
003231.OF	创金合信医疗保健股票 C	4.47	1.98	1.24
000854.OF	鹏华养老产业股票	6.21	2.11	1.98
004041.OF	金鹰医疗健康产业 C	3.55	2.23	2.60
000746.OF	招商行业精选股票基金	6.46	2.35	3.84
000409.OF	鹏华环保产业股票	6.95	2.48	2.23

数据来源：东方财富 Choice 数据。

2. 基金经理的择时能力

基金经理的择时能力，是指基金经理买入或者卖出证券投资标的的能力。

投资者在筛选优秀的基金产品时，都希望尽可能地遇到择时能力相对较为优秀的基金经理。如果投资者想要在同类基金中找到择时能力较强的基金经理，那么他可以参考"择时能力同类排名"这个指标。在通常情况下，择时能力同类排名的数值越小，说明基金经理的择时能力在同类基金中越优秀。

假设投资者想要筛选一款股票型基金产品,那么他可以在成立 3 年以上的股票型基金产品中进行筛选。随后,投资者可以将上证指数与深证成指分别作为标的指数来对基金经理的择时能力进行排名测算,找到排名靠前的基金产品,同时可以筛选出择时能力较强的基金经理,统计结果如表 3-75 所示。

在表 3-75 中,值得投资者注意的是,上证指数与深证成指(标的指数)的计算是基于过去 3 年的数据(即 2018 年 1 月 1 日至 2021 年 2 月 10 日的收盘数据)进行的。具体的计算过程较为复杂,我们在这里不展开说明。

表 3-75　同类股票型基金产品的择时能力排名(基金产品成立 3 年以上)

基金代码	基金名称	成立年限(年)	上证综指(标的指数)	深证成指(标的指数)
167301.SZ	保险主题	5.55	0.12	6.07
001552.OF	天弘中证证券保险 A	5.64	0.25	9.79
001553.OF	天弘中证证券保险 C	5.64	0.37	9.91
512070.SH	证券保险 ETF	6.65	0.50	9.29
501016.SH	券商基金 LOF	3.81	0.62	16.85
160516.SZ	券商基金	5.75	0.74	12.76
000950.OF	易方达沪深 300 非银行金融 ETF 联接 A	6.07	0.87	11.03
510230.SH	金融 ETF	9.89	0.99	18.96
004069.OF	南方中证全指证券 ETF 联接 A	3.95	1.12	22.68
004070.OF	南方中证全指证券 ETF 联接 C	3.95	1.24	23.17
512900.SH	证券 ETF 基金	3.94	1.36	27.39
161027.SZ	证券	5.90	1.49	21.81
512880.SH	证券 ETF	4.56	1.61	28.62
512000.SH	券商 ETF	4.47	1.73	29.00
160633.SZ	券商 LOF	5.79	1.86	27.51
165521.SZ	信诚金融	7.16	1.98	20.07
160625.SZ	证保 LOF	6.79	2.11	18.22
160419.OF	华安中证全指证券公司指数	5.70	2.23	24.04
510650.SH	金融地产 ETF	7.90	2.35	20.94
512570.SH	中证证券 ETF	3.56	2.48	34.94

数据来源:东方财富 Choice 数据。

3. 基金经理的基金管理能力

基金经理在具有相对较强的选股能力和择时能力后，还需要具备相对较强的基金管理能力。

投资者在筛选优秀的基金产品时，都希望尽可能地遇到基金管理能力相对较为优秀的基金经理。如果投资者想要在同类基金中找到基金管理能力较强的基金经理，那么他可以参考"跟踪误差"与"信息比率"这两个指标。这两个指标的具体分析如下所示。

1）跟踪误差（Tracking Error）

跟踪误差也被称为拟合偏离度，用来反映基金收益率偏离标的指数收益率的程度。如果基金经理在管理一只指数型基金，那么投资者可以参考"跟踪误差"这个指标来评估该基金经理的基金管理能力。

跟踪误差的计算公式如下所示。

$$跟踪误差（拟合偏离度）=\left[\sum \frac{R_i-RM_i^{\ 2}}{N}\right]^{0.5}\times100\%$$

其中，

- R_i：是指基金复权单位净值收益率的序列数据；

- RM_i：是指标的指数收益率的序列数据；

- N：是指根据计算周期和所选时间段确定的收益率个数。

为了方便对不同基金产品的跟踪误差进行比较，投资者可以将基金产品的跟踪误差进行年化计算，进而得出该基金产品的年化跟踪误差。在通常情况下，投资者可以在部分交易软件中查询到基金产品的年化跟踪误差，不需要自己进行计算。

此外，如果投资者想要在同类基金中找到基金管理能力较强的基金经理，那么他可以参考"跟踪误差同类排名"这个指标。在通常情况下，跟踪误差同类排名的数值越小，说明基金经理在跟踪相关基金方面的能力在同类基金中越优秀。

2）信息比率（Informational Ratio, IR）

信息比率用来衡量某一投资组合优于特定指数的超额收益。信息比率可以跟踪整个市场的情况，并且可以被用来比较不同基金经理的表现。信息比率的计算公式如下所示。

$$信息比率 = \frac{投资组合的收益 - 基准收益}{跟踪误差}$$

其中，

■ 投资组合的收益：是指投资组合的年化收益率。

■ 基准收益：是指特定指数的收益率。

■ 跟踪误差：是指投资组合收益与基准指数的标准差。

在基金领域中，不同的基金经理会发布不同的投资收益率数据。此时，投资者可以参考"信息比率"这个指标来比较基金经理的基金管理能力。

为了方便对不同投资组合的信息比率进行比较，投资者可以将投资组合的信息比率进行年化计算，进而得出该投资组合的年化信息比率。投资者可以在部分交易软件中查询到投资组合的年化信息比率，不需要自己进行计算。在通常情况下，证券投资组合的信息比率越高，说明它持续优于特定指数的程度越高，该投资组合的安全性越高；证券投资组合的信息比率越低，说明它持续优于特定指数的程度越低，该投资组合的安全性越低。此外，投资者还可以参考"信息比率同类排名"这个指标。在通常情况下，信息比率同类排名的数值越小，说明基金经理在信息比率方面越优秀。

假设基金经理 A 管理的投资组合的年化收益率为 13%，跟踪误差为 8%，同期大盘的基准收益为-1.5%；基金经理 B 管理的投资组合的年化收益率为 8%，跟踪误差为 4.5%，同期大盘的基准收益也为-1.5%。根据信息比率的计算公式进行计算，我们可以发现：基金经理 A 管理的投资组合的信息比率约为 1.81，基金经理 B 管理的投资组合的信息比率约为 2.11，如表 3-76 所示。由于信息比率 2.11 大于信息比率 1.81，所以基金经理 B 的信息比率要优于基金经理 A 的信息比率。同理，投资者可以用信息比率这个指标来评估基金经理管理其他产品的能力。

表 3-76　比较基金经理 A 与基金经理 B 的信息比率

基金经理	年化收益率（%）	同期大盘的基准收益（%）	跟踪误差（%）	信息比率
基金经理 A	13%	−1.5%	8%	1.81
基金经理 B	8%	−1.5%	4.5%	2.11

4．基金经理的综合能力

投资者主要可以从任职年限、任期内管理的产品的收益率，以及任期内管理的产品的数量等方面来综合评估基金经理的综合能力。具体分析如下所示。

1）任职年限

基金经理的任职年限与从业经验是很重要的。当投资市场的行情较好时，大部分基金产品的业绩都较好，基金经理之间并没有特别显著的差异性；当投资市场的行情较差时，基金经理的选股能力、择时能力、基金管理能力及综合能力就显得尤为突出。值得投资者注意的是，一个基金经理在经历过一个或几个牛熊周期后，往往可以更好地感知市场行情，同时也可以更好地控制投资回撤。

换句话说，当熊市行情来临时，那些任职年限较长且富有丰富从业经验的基金经理往往具有更好的经历牛熊周期的综合能力。

2）任期内管理的产品的收益率

对于基金经理在任期内管理的产品的收益率是否足够优秀，投资者主要可以从基金经理投资业绩的稳定性、投资业绩的综合排名等角度进行分析。

具体来说，基金经理的投资业绩具有稳定性，即具有可持续性。投资者要尽量避免选到偶然业绩稳定的基金产品。与此同时，基金经理的投资业绩是否长期位于同期同类基金产品中的前 25% 也是一个特别重要的观察角度。

此外，投资者还可以关注基金经理在任期内管理的产品的几何平均年化收益率、算数平均年化收益率等指标。

3）任期内管理的产品的数量

基金经理在任期内管理的产品的数量也是一个重要的参考因素。如果一个基金经理在任期内管理多款基金产品，同时这些基金产品的业绩都比较优秀，那么我们可以长期关注该基金经理。如果一个基金经理在任期内管理产品的数量相对较少，同时这些基金产品的业绩又长期低于同类产品的业绩，那么我们可以暂时不用关注该基金经理。

综上所述，投资者可以从基金经理的任职年限、任期内管理的产品的收益率、任期内管理的产品的数量等方面来评估基金经理管理基金产品的综合能力。

3.8　判断基金产品的性价比

根据上述七点内容，投资者基本上可以掌握筛选优质基金产品的基本方法。

第一，投资者可以选择综合实力强的基金公司。投资者可以从基金公司的成立时间、管理规模、投资研究团队是否团结稳定、产品业绩是否足够优秀，以及基金公司的业界口碑是否足够积极正向这五个方面来综合衡量一家公募基金管理公司是否属于综合实力较强的基金公司。

值得投资者注意的是，公募基金管理公司是我国资本市场中信息披露相对较为完整且受国家监管机构监管的金融机构。在通常情况下，公募基金管理公司会及时对外披露基金产品的净值与运作情况。投资者可以很容易地查询到基金产品的相关信息，并做出相关的投资评估与买卖决策。

第二，投资者可以选择适合自己的基金类型。在基金存续运作期内，根据投资标的的类别，基金产品可以分为股票型基金、混合型基金、债券型基金、货币型基金、QDII 基金、商品型基金、指数型基金，以及其他不同类型的基金。投资者只有充分了解基金产品所属的基金类型，才能更加全面且多元化地对基金产品进行筛选，进而找到更加符合自己实际需求的基金产品。

每类基金产品都有其特有的属性，也有其相对固定的收益率与波动率的变化区间。假设投资者想了解一款成立年限在 3 年以上的基金产品在 2017 年9 月 24 日至 2020 年 9 月 24 日的年化收益率与年化波动率，那么投资者可以先确定该基金产品的基金类型，然后参考表 3-77 中每种基金类型的"中位数"统计结果。如果该基金产品的年化收益率高于同类基金的年化收益率中位数，同时它的年化波动率低于同类基金的年化波动率中位数，那么该基金产品是值得关注的。

表 3-77　不同基金类型的"中位数"统计（基金产品成立 3 年以上）

基金类型	年化收益率中位数（%）	年化波动率中位数（%）
开放式基金	7.43	7.72
封闭式基金	5.08	20.38
货币型基金	2.96	0.25
债券型基金	4.56	2.12
股票型基金	14.01	21.20
混合型基金	17.15	19.58
指数型基金（被动）	11.00	21.35
商品型基金	15.29	10.77
FOF 基金	1.85	15.28
LOF 基金	10.38	18.27
ETF 基金	8.17	19.36

数据来源：东方财富 Choice 数据。注：年化收益率中位数与年化波动率中位数是基于过去 3 年的数据（即 2017 年 9 月 24 日至 2020 年 9 月 24 日的收盘数据）统计的。

同理，假设投资者想了解一款成立年限在 5 年以上的基金产品在 2017 年 9 月 24 日至 2020 年 9 月 24 日的年化收益率与年化波动率，那么投资者也需要先确定该基金产品的基金类型，然后参考表 3-78 中每种基金类型的"中位数"统计结果。如果投资者持有的基金产品的年化收益率没有达到同类基金产品的中等水平，那么投资者可以考虑将现持有的基金产品换成其他业绩表现较为优秀的基金产品。

表 3-78　不同基金类型的"中位数"统计（基金产品成立 5 年以上）

基金类型	年化收益率中位数（%）	年化波动率中位数（%）
开放式基金	8.58	15.73
封闭式基金	5.08	20.38
货币型基金	2.94	0.25
债券型基金	4.69	2.43
股票型基金	13.45	21.14
混合型基金	20.43	20.72

基金类型	年化收益率中位数（%）	年化波动率中位数（%）
指数型基金	11.11	20.86
商品型基金	15.34	10.79
FOF 基金	4.20	16.97
LOF 基金	9.64	18.06
ETF 基金	9.43	19.44

数据来源：东方财富 Choice 数据。注：年化收益率中位数与年化波动率中位数是基于过去 3 年的数据（即 2017 年 9 月 24 日至 2020 年 9 月 24 日的收盘数据）统计的。

第三，投资者可以在同类基金中选择适合自己的基金产品。投资者在选好适合自己的基金类型后，还需要在同类基金中对不同的基金产品进行多维度的综合性评估，进而找到适合自己的基金产品。在通常情况下，投资者主要可以参考两个标准来比较同类基金中不同的基金产品。

（1）当两款基金产品的成立年限差不多且年化收益率相差不大时，投资者可以优先选择年化波动率相对较低的基金产品。比如，投资者想要比较两款成立年限在 3 年以上的股票型基金产品，已知股票型基金产品 A 的年化收益率为 15%，且年化波动率为 10%，股票型基金产品 B 的年化收益率为 15%，且年化波动率为 30%。这两款股票型基金产品的年化收益率相差不大，年化波动率较低的股票型基金产品 A 的性价比更高。

（2）当两款基金产品的成立年限差不多且年化波动率相差不大时，投资者可以优先选择年化收益率相对较高的基金产品。比如，投资者想要比较两款成立年限在 3 年以上的股票型基金产品，已知股票型基金产品 A 的年化收益率为 15%，且年化波动率为 20%，股票型基金产品 B 的年化收益率为 30%，且年化波动率为 20%。这两款股票型基金产品的年化波动率相差不大，年化收益率较高的股票型基金产品 B 的性价比更高。

值得投资者注意的是，由于不同类型的基金产品之间不具有可比性，所以投资者只能在同类基金中对不同的基金产品进行比较。具体来说，投资者只能将货币型基金产品与同类中其他的货币型基金产品进行比较，将债券型基金产品与同类中其他的债券型基金产品进行比较，将股票型基金产品与同类中其他的股票型基金产品进行比较等。

第四，投资者可以选择盈利能力强的基金产品。如果一款基金产品长期能够以相对较为优秀的业绩经历牛熊周期，那么该基金产品是非常值得投资者长期关注的。

第五，投资者可以选择抗跌能力强的基金产品。如果一款基金产品不仅具有相对较强的盈利能力，而且还具有较强的抗跌能力，那么该基金产品是值得投资者关注的。

第六，投资者可以选择"高波动性、高成长性、高景气度"的"三高"基金产品。在通常情况下，选择"三高"基金产品是需要时机的。如果投资者遇到性价比很高的"三高"基金产品，那么他可以持续关注这样的基金产品。

第七，投资者可以选择优秀基金经理管理的优质基金产品。投资者在根据上述六项内容对基金产品完成初步筛选之后，还可以认真评估一下管理这些基金产品的基金经理是否足够优秀。投资者主要可以从四个方面来综合评估基金经理，这四个方面分别为基金经理的选股能力、择时能力、基金管理能力、综合能力。选择优秀基金经理管理的优质基金产品往往可以让投资者事半功倍。

综上所述，投资者可以根据本章提及的七个维度的内容来综合评估并筛选优质的基金产品。投资者在选好基金产品之后，还需要持续关注该基金产品的基本情况并做好投后管理。如果一款基金产品的基金经理发生了变更或者一款基金产品的业绩排名发生了较大幅度的下滑，那么投资者需要保持谨慎的投资态度，并实时关注该基金产品的后续发展。

4

第 4 章

基金定投"怎么买、何时买"

在基金定投领域中，投资者可以在任意时间点开始参与基金定投，并且越早入场越好。那么，投资者到底应该如何买基金，以及何时买基金呢？投资者可以在本章的内容中找到这些问题的答案。接下来，笔者将为大家介绍三种买入基金的方法，分别为估值买入法、分批等比例买入法、金字塔买入法。

4.1 估值买入法

在基金定投领域中，投资者可以运用估值买入法对基金产品进行申购操作。关于估值买入法，投资者可以在接下来的内容中看到主要的估值方法、估值买入法的逻辑原理、估值买入法的具体操作，以及采用估值买入法的注意事项。

1．主要的估值方法

在证券投资市场中，投资者主要可以参考五种估值方法，分别为市盈率估值法、市净率估值法、市现率估值法、PEG 估值法、企业价值倍数估值法。每种估值方法都有其特有的优点与局限性，投资者需要结合标的资产的实际情况来具体选择使用哪种估值方法。

第一，关于市盈率估值法。 市盈率是指股票价格与每股收益之间的比率，也指公司市值与公司盈利之间的比率。投资者可以将市盈率简单地理解为按照企业现有的盈利水平，投资者要等多长时间才能收回投资成本。市盈率越低，意味着投资者收回投资成本的时间越短；市盈率越高，意味着投资者收回投资成本的时间越长。因此，在对标的资产进行估值时，市盈率越低越好。对盈利稳定且流动性较好的标的来说，市盈率估值法是一个比较好的选择。计算市盈率的具体公式如下所示。

$$市盈率 = \frac{每股股价}{每股收益}$$

其中，

- 每股股价：是指买入或者卖出一股股票的价格，单位为元/股。

- 每股收益：也被称为每股盈利，是指普通股股东每持有一股所能获得的企业当期净利润或所需要承担的企业当期净亏损，单位为元/股。

根据每股收益在不同时期的数据，我们可以将市盈率分为静态市盈率、动态市盈率、滚动市盈率。具体来说，静态市盈率是指每股股价与最近一期报告的每股收益之间的比率。动态市盈率是指每股股价与未来每股收益预测值之间的比率。滚动市盈率是指当前公司总市值与最近四个季度的总净利润之间的比率。当投资者预测股价时，通常采用动态市盈率，具体的计算公式如下。

$$股价 = 动态市盈率 \times 每股收益（预测值）$$

其中，

- 动态市盈率：可以参考企业所在行业的平均市盈率。

- 每股收益（预测值）：可以参考证券公司撰写的投资分析报告提及的具体标的的每股盈利预测值。

市盈率与公司的盈利水平息息相关。不同行业的盈利水平不同，当投资者使用市盈率估值法时，可以将标的现在的市盈率与其过去的市盈率进行对比，同时也可以将标的的市盈率与其同行业企业的市盈率进行对比。在通常情况下，对有发展前景的企业来说，它的估值普遍偏高。

佳话小贴士:

投资者可以将市盈率简单地理解为按照企业现有的盈利水平,投资者要等多长时间才能收回投资成本。市盈率越低,意味着投资者收回投资成本的时间越短;市盈率越高,意味着投资者收回投资成本的时间越长。因此,在对标的资产进行估值时,市盈率越低越好。在基金定投领域中,当基金产品持仓标的的市盈率处于历史相对低位时,投资者可以考虑申购该基金产品。

第二,关于市净率估值法。市净率是指每股股价与每股净资产之间的比率,也指公司市值与公司资产之间的比率。当市场出现熊市行情时,投资者更喜欢使用市净率估值法,因为这种估值方法更能体现股票的安全边际。一只股票的市净率越低,意味着该股票的安全系数越高,投资价值也越高;一只股票的市净率越高,意味着该股票的安全系数越低,投资价值也越低。因此,在对标的资产进行估值时,市净率越低越好。对盈利稳定且净资产权重较大的标的来说,市净率估值法是一个比较好的选择。计算市净率的具体公式如下所示。

$$市净率 = \frac{每股股价}{每股净资产}$$

其中,

■ 每股股价:是指买入或者卖出一股股票的价格,单位为元/股。

■ 每股净资产:是指每股股票所对应的净资产现值,单位为元/股。

在通常情况下,市净率可以分为静态市净率与动态市净率。静态市净率是指每股股价与最近一季报告的每股净资产之间的比率。动态市净率是指每股股价与未来每股净资产预测值之间的比率。当投资者预测股价时,通常采用动态市净率,具体的计算公式如下。

$$股价 = 动态市净率 \times 每股净资产(预测值)$$

其中,

■ 动态市净率:可以参考企业所在行业的平均市净率。

■ **每股净资产（预测值）**：可以参考证券公司撰写的投资分析报告提及的具体标的的每股净资产预测值。

市净率与公司的净资产水平息息相关。不同行业的净资产水平不同，当投资者使用市净率估值法时，他可以将标的现在的市净率与其过去的市净率进行对比，同时也可以将标的的市净率与其同行业中其他企业的市净率进行对比。在通常情况下，盈利稳定且净资产规模较大的企业比较适合使用市净率估值法。投资者在使用市净率估值法时，需要提前将固定资产的折旧减值纳入考虑。

佳话小贴士：

> 一只股票的市净率越低，意味着该股票的安全系数越高，投资价值也越高；一只股票的市净率越高，意味着该股票的安全系数越低，投资价值也越低。因此，在对标的资产进行估值时，市净率越低越好。在基金定投领域中，当基金产品持仓标的的市净率处于历史相对低位时，投资者可以考虑申购该基金产品。

第三，关于**市现率估值法**。市现率是指每股股价与每股现金流量之间的比率，也指经营性现金流净额与公司市值之间的比率。投资者可以用市现率来评估一家公司是否有充足的现金流量。市现率越低，意味着标的公司的每股现金流量越大，公司的经营压力越小；市现率越高，意味着标的公司的每股现金流量越小，公司的经营压力越大。因此，很多投资者倾向于使用市现率估值法对股票进行估值。在对标的公司的现金流量进行评估时，市现率越低越好。计算市现率的具体公式如下所示。

$$市现率 = \frac{每股股价}{每股现金流量}$$

$$每股现金流量 = \frac{净现金流量 - 优先股股利}{流通在外的普通股股数}$$

其中，

■ **每股股价**：是指买入或者卖出一股股票的价格，单位为元/股。

■ 每股现金流量：是指公司经营业务所带来的净现金流量减去优先股股利与流通在外的普通股股数之间的比率，单位为元/股。

佳话小贴士：

　　市现率越低，意味着标的公司的每股现金流量越大，公司的经营压力越小；市现率越高，意味着标的公司的每股现金流量越小，公司的经营压力越大。因此，在对标的公司的现金流量进行评估时，市现率越低越好。在基金定投领域中，当基金产品持仓标的的市现率处于历史相对低位时，投资者可以考虑申购该基金产品。

　　第四，关于 **PEG** 估值法。PEG 是指市盈率与公司的盈利增长速度之间的比率。这种估值方法是在市盈率估值法的基础上发展起来的，是对市盈率估值法的补充，用于对成长性企业进行估值。当标的股票的市盈率相对较低时，投资者可以使用市盈率估值法。当标的股票的市盈率相对较高时，使用市盈率估值法就不再合适了。此时，投资者可以使用 PEG 估值法对标的进行估值。计算 PEG 的具体公式如下所示。

$$PEG = \frac{市盈率}{公司的盈利增长速度}$$

其中，

■ 市盈率：是指股票价格与每股收益之间的比率，也指公司市值与公司盈利之间的比率。

■ 公司的盈利增长速度：可以参考券商研报提及的具体标的企业未来三年的每股收益预测值。

　　在通常情况下，标的的 PEG 值越小越好。PEG 值越小，则表示该标的的安全系数越高。当 PEG 值小于 1 时，表示股票价格上涨的速度慢于公司盈利增长的速度，此时股票可能被低估；当 PEG 值等于 1 时，表示股票的估值可能比较适中；当 PEG 值大于 1 时，表示股票价格上涨的速度快于公司盈利增长的速度，此时股票可能被高估。值得投资者注意的是，当一只股票的 PEG 值大于 1 时，投资者并不能直接认定该股票被高估了，还需要与同行业中其他企业的 PEG 值进行比较。如果同行业中其他企业的平均 PEG 值为 10，而标的的 PEG 值为 2，那么该标的可能被低估。

佳话小贴士：

> 在通常情况下，标的的 PEG 值越小越好。PEG 值越小，则表示该标的的安全系数越高。在基金定投领域中，当基金产品持仓标的的 PEG 值处于历史相对低位时，投资者可以考虑申购该基金产品。

第五，关于企业价值倍数估值法。企业价值倍数是指企业价值与 EBITDA 之间的比率。如果说市盈率估值法与市净率估值法可以对标的公司的股权部分进行估值，那么企业价值倍数估值法可以对标的公司的股权与债权部分进行估值。企业价值倍数估值法考虑的是企业整体的估值水平是否合理，可以用来衡量企业破产清盘以后还剩下多少资产。计算企业价值倍数的具体公式如下所示。

$$企业价值倍数 = \frac{企业价值}{EBITDA}$$

其中，

- 企业价值 = 股权价值总市值 + 带息债务 - 货币资金。

- EBITDA：是指企业在付息、交税、折旧和摊销之前的利润额。

企业价值倍数的计算相对比较复杂，投资者可以参考 Wind 与 Choice 金融终端里的数据。

佳话小贴士：

> 在基金定投领域中，当基金产品持仓标的的企业价值倍数较高时，说明持仓标的有可能被高估；当基金产品持仓标的的企业价值倍数较低时，说明持仓标的有可能被低估。

2. 估值买入法的逻辑原理

估值买入法是一种在估值历史走势基础上对基金产品的估值情况进行判

断的方法。如果标的的估值过低，或者已经处于历史低点，那么标的的估值存在回归均值的可能性。此时，投资者可以考虑对基金产品进行申购操作。

3．估值买入法的具体操作

当投资者使用估值买入法对基金产品进行申购操作时，可以参考以下 5个步骤。

第 1 步：观察证券投资标的的市盈率估值情况。当基金产品持仓标的的市盈率处于历史相对低位时，投资者可以考虑申购入场。

第 2 步：观察证券投资标的的市净率估值情况。当基金产品持仓标的的市净率处于历史相对低位时，投资者可以考虑申购入场。

第 3 步：观察证券投资标的的市现率估值情况。当基金产品持仓标的的市现率处于历史相对低位时，投资者可以考虑申购入场。

第 4 步：观察证券投资标的的 PEG 值。当基金产品持仓标的的 PEG 值处于历史相对低位时，投资者可以考虑申购入场。

第 5 步：观察证券投资标的的企业价值倍数。当基金产品持仓标的的企业价值倍数处于历史相对低位时，投资者可以考虑申购入场。

当上述多个指标同时处于历史相对低位时，投资者可以考虑对基金产品进行申购操作。

4．采用估值买入法的注意事项

当投资者决定采用估值买入法对基金产品进行申购操作时，应注意以下三点。

第一，每种估值方法都存在着一定的局限性。投资者可以同时参考几个估值指标来对基金产品的持仓标的进行综合性的评估，进而可以得出更为准确的参考结论。

第二，估值买入法并不是一直有效的。只有当估值指标呈现出明显的周期性规律时，投资者才能采用估值买入法对基金产品进行申购操作。

第三，投资者不能只通过单一估值来判断证券投资标的是被低估还是被高估，需要根据各个估值指标的历史百分位（如历史市盈率百分位、历史市净率百分位、历史市现率百分位等）来判断该证券投资标的是否被高估或者被低估。

4.2 分批等比例买入法

投资者可以运用分批等比例买入法来对基金产品进行申购操作。关于分批等比例买入法，投资者可以在接下来的内容中看到分批等比例买入法的逻辑原理、分批等比例买入法的具体操作，以及采用分批等比例买入法的注意事项。

1. 分批等比例买入法的逻辑原理

投资者在采用分批等比例买入法的过程中，应主要考虑两个方面的内容。一方面，如何实现"分批"买入。当市场行情呈现持续性下跌趋势时，投资者可以考虑分批对基金产品进行申购操作。在市场行情持续上涨到一定高度之后，投资者可以考虑分批对基金产品进行止盈操作。

另一方面，如何实现"等比例"买入。当投资者决定采用分批等比例买入法时，他需要确定每次分批买入标的的比例。投资者可以根据自己的交易习惯与交易策略来决定具体的比例数值。在现实情况中，如果投资者后期没有持续的现金流可以参与基金定投，即他只有一笔固定的资金可以用来投资，那么他可以考虑采用分批等比例买入法。

2. 分批等比例买入法的具体操作

当投资者采用分批等比例买入法对基金产品进行申购操作时，可以参考以下 5 个步骤。

第 1 步：投资者需要确定自己分批买入标的的周期频率，如是每周、每双周还是每月参与标的定投。

第 2 步：投资者需要确定自己等比例买入标的的具体比例，如每次分批买入 5%、10%、20%、33%或者 50%的仓位。具体来说，如果投资者决定每次买入 5%的仓位，那么他可以累计分 20 次进行操作；如果投资者决定每次买入 10%的仓位，那么他可以累计分 10 次进行操作；以此类推，投资者可以根据自己的实际情况对资金比例进行管理。在现实情况中，投资者可以考虑在每双周的时候投入一定比例的资金来申购基金份额。

3．采用分批等比例买入法的注意事项

当投资者决定采用分批等比例买入法对基金产品进行申购操作时，应注意以下两点。

第一，如果投资者后期没有持续的现金流来参与基金定投，那么他可以考虑采用分批等比例买入法。但是，如果后期市场行情持续下跌，那么投资者可能没有办法继续以相对较低的标的价格买到相对较多的基金份额。

第二，在基金定投的过程中，几乎所有的投资者都想在市场行情处于相对低点的时候入场，然后在市场行情处于相对高点的时候止盈离场。但是，我们不得不承认一个客观存在的事实，即择时是一件特别困难的事情。幸运的是，当投资者决定参与基金定投时，他是不太需要考虑择时这件事情的。

4.3　金字塔买入法

投资者还可以运用金字塔买入法来对基金产品进行申购操作。关于金字塔买入法，投资者可以在接下来的内容中看到金字塔买入法的逻辑原理、金字塔买入法的具体操作，以及采用金字塔买入法的注意事项。

1．金字塔买入法的逻辑原理

当市场行情处于上升趋势时，投资者可以考虑采用金字塔买入法，即当证券投资标的的价格持续上涨时，投资者可以在行情上涨初期投入相对较多的资金，以相对较低的价格买入相对较多的标的份额，在行情上涨中期投入相对适中的资金，以相对适中的价格买入相对适中的标的份额，在行情上涨后期投入相对较少的资金，以相对较高的价格买入相对较少的标的份额。

简言之，当投资者采用金字塔买入法申购基金时，理论上他可以以相对较低的标的价格买到相对较多的标的份额，并以相对较高的标的价格买到相对较少的标的份额，进而获取一个相对较好的买入位置，并在接下来的行情中逐渐实现投资盈利。

2. 金字塔买入法的具体操作

当投资者采用金字塔买入法对基金产品进行申购操作时,可以参考以下 3 个步骤。

第 1 步:当证券投资标的的价格持续上涨时,投资者可以在行情上涨初期投入相对较多的资金(如 50% 的资金),以相对较低的价格(如图 4-1 中的 P1 价格)买入相对较多的标的份额。

第 2 步:当证券投资标的的价格持续上涨时,投资者可以在行情上涨中期投入相对适中的资金(如 30% 的资金),以相对适中的价格(如图 4-1 中的 P2 价格)买入相对适中的标的份额。

第 3 步:当证券投资标的的价格持续上涨时,投资者可以在行情上涨后期投入相对较少的资金(如 20% 的资金),以相对较高的价格(如图 4-1 中的 P3 价格)买入相对较少的标的份额。

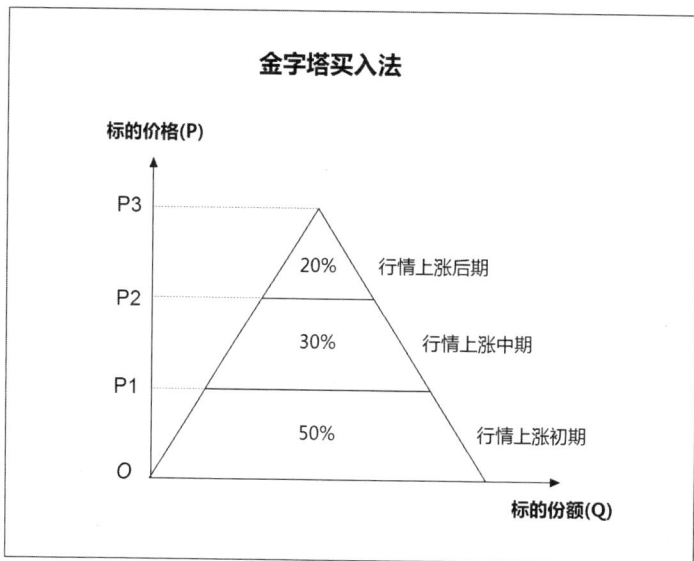

图 4-1　金字塔买入法

3. 采用金字塔买入法的注意事项

当投资者决定采用金字塔买入法对基金产品进行申购操作时,应注意以下三点。

第一,当市场行情处于上升趋势时,投资者可以考虑采用金字塔买入法,但是该方法并不适用于行情上升趋势的末期。当市场行情处于上升趋势的末期时，投资者需要努力以相对较高的标的价格卖出相对较多的标的份额。

第二，投资者在采用金字塔买入法之前，需要对拟投标的进行综合性的评估分析，并尽量确保拟投标的本身具有良好的波动性、成长性、景气度。

第三，投资者在采用金字塔买入法之前，需要对自身的现金流情况进行综合性的评估分析，并尽量确保自己有充足且持续的现金流。

综上所述，通过阅读本章的内容，投资者学会了如何采用估值买入法、分批等比例买入法、金字塔买入法对基金产品进行申购操作。每种买入方法都有它独特的优点与局限性，投资者可以根据自己的交易习惯、实际风险偏好与风险承受能力来进行合理筛选。

第5章

基金定投"烦心事"与"解决小妙招"

投资者通过基金定投获取回报的核心是，在市场处于相对低价的时候买入相对较多的基金份额，在市场处于相对高价的时候卖出这些基金份额，进而不断实现财富的积累与增值。在第 4 章中，投资者学习了如何买基金与何时买基金的相关知识，即解决了"如何买"的问题。

投资者在买入基金后，在持有基金的过程中会遇到不少"烦心事"。本章，笔者将为投资者详细介绍基金定投过程中的"烦心事"与"解决小妙招"，尽量让投资者少走弯路，进而帮助投资者早日实现不同人生阶段的财富小目标。

5.1 为什么基金定投会亏损

有的投资者会问："既然基金定投这么好，为什么我还会亏钱呢？"笔者将基金定投亏损的原因主要归纳为以下四个方面，供投资者参考。

1. 投资者可能选错了基金产品

在基金定投领域中，投资者可以优先筛选那些盈利能力较强、抗跌能力较强，同时还具有相对较高的波动性、成长性、景气度的优质基金产品。但是，有的投资者在筛选基金产品之前还没有掌握筛选优质基金产品的能力，所以他可能会筛选到"不适合参与定投的基金产品（如货币型基金产品、债券型基金产品）"或者"本身存在一定问题的基金产品"。

具体来说，投资者在筛选基金产品之前，可以参考本书第 3 章提及的内容。投资者在筛选基金产品之后，需要定期观察这些基金产品的净值走势。如果个别基金产品的净值走势长期不够理想，那么投资者可以考虑对其进行转换处理。

2. 投资者在应该定投的时候没有足够的现金流

当市场行情持续呈现下跌趋势时，如果投资者此时没有足够的现金流继续参与定投，那么他很有可能会亏损。换句话说，在基金定投的过程中，尤其是在市场行情相对较差的情况下，投资者更需要坚持长期定投，更需要准备好充足的现金流来参与基金定投，静待未来市场的好转。

3. 投资者在应该止盈的时候没有及时止盈

在基金定投的过程中，当投资者好不容易熬过漫长的熊市行情并逐渐迎来牛市行情时，如果投资者没有及时对基金产品进行止盈操作，那么他很有可能会空欢喜一场。在通常情况下，如果投资者在应该止盈的时候没有及时止盈，那么他的基金持仓可能会出现亏损，这样的结果往往是比较可惜与遗憾的。

如果投资者刚参与基金定投几个月并获得了一份相对较好的投资收益，那么他无须在短期内对基金定投进行止盈，因为此时他积攒的基金份额相对较少。

当投资者持有的基金产品本身没有问题时，如果投资者已经参与基金定投两至三年了，那么他在大概率上可能已经受尽市场行情的折磨，并且以相对较低的价格积攒了不少的基金份额。在随后的时间里，如果市场行情逐渐进入上涨行情中，那么投资者在大概率上可以获取一份相对较好的定投收益。此时，如果投资者没有及时对基金产品进行止盈，那么他在大概率上会错过相对丰厚的投资回报，甚至可能需要面对定投亏损的情况。换句话说，投资者需要在适当的时机对基金产品进行及时的止盈处理。

4. 投资者在应该坚持的时候没有继续坚持

在基金定投的过程中，投资者需要坚持长期主义。但是在实际的定投过程中，投资者可能会感叹："你说的道理我都懂，可账户一直亏损让人闹心，让人坚持不下来，这可怎么办呢？"的确是这样，当市场行情长期持续下跌时，如果投资者没有足够的信心，那么他很有可能会在市场下跌中途停止定投。

此时，投资者的基金账户很有可能会出现不同程度的浮亏。如果投资者的投资心态继续悲观，那么他很有可能会在市场处于相对低点的时候选择止损离场。这样的定投结果其实是有些遗憾与可惜的，因为投资者没有充分理解基金定投的基本原理。

佳话小贴士：

> 　　当基金产品本身的质量没有问题且市场行情呈现持续性的下跌趋势时，投资者应该继续坚持基金定投并耐心等待行情逐渐转好。换句话说，越是在市场行情呈现下跌的时候，投资者越是需要坚持长期主义来迎接未来的黎明时刻。

此外，投资者还应注意以下三点。第一，投资者要尽量减少对短期基金产品的盲目追逐。如果投资者盲目追逐短期火热的基金产品，那么在短期热点消散后，投资者很可能会在行情高位"站岗"。

第二，投资者要尽量减少对新基金产品的盲目追逐。如果投资者盲目追逐新发行的基金产品，那么他需要承受新基金产品带来的较大不确定性。

第三，投资者要尽量减少对基金净值的盲目迷恋。如果投资者盲目迷恋基金净值而忽视基金产品本身的质量，那么他很容易陷入不必要的投资误区。换句话说，有的基金产品的净值虽高，但是它存在继续上涨的可能性；而有的基金产品的净值虽低，但是它存在继续下跌的可能性。

根据上述内容，投资者可以综合且全面地分析自己基金定投亏损的原因。具体来说，投资者可以分析一下自己是否筛选到了不太适合参与基金定投的基金产品，自己是否有足够的现金流来持续参与基金定投，尤其是在持续性下跌的市场行情中，自己是否在基金应该止盈的时候没有及时止盈，以及自己是否在基金定投应该坚持的时候没有继续坚持等。

5.2　如何应对基金定投的亏损

在 5.1 节中，投资者初步了解了造成基金定投亏损的原因。接下来我们将从两个方面向投资者更加全面地介绍基金定投亏损的应对方法。

1．分析基金产品在资产配置组合中的占比是否过高

在通常情况下，单一基金产品的持仓比例不应超过整个投资组合的 15%。当投资者一不小心筛选到不合适的基金产品并出现较大幅度的账户亏损时，投资者需要严格遵守交易纪律并适当降低该标的的仓位。换句话说，在基金定投的过程中，投资者需要定期分析自己持有的基金产品在整个资产配置组合中的占比。如果单一基金产品的占比过高，投资者需要考虑适当减少该基金产品的仓位。

2．分析基金产品本身的质量是否及格

投资者可以从五个维度来分析基金产品本身的质量是否及格，具体的五个维度如下所示。

第一，基金产品隶属的基金公司的综合实力是否足够强。比如，基金公司的成立时间是否足够长久，如果一家基金公司能够在三至五年或者更长的时间里将基金产品的净值曲线管理得很好，那么说明该基金公司的投资研究实力与风控体系在牛熊周期中都得到了相对较好的实践考验。

第二，基金产品隶属的基金公司的管理规模是否足够大。投资者可以优先选择那些基金管理规模相对较大的基金公司，当基金公司的管理规模相对较大时，它在交易市场中的"话语权"也是相对较大的。

第三，基金产品隶属的基金公司的投资研究团队是否足够团结、稳定，风控体系是否强大。当基金产品背后的基金经理与投资研究团队足够团结、稳定时，基金产品的净值曲线在大概率上是比较亮眼的。与此同时，基金公司强大的风控系统也会让基金产品的净值曲线锦上添花。

第四，基金产品隶属的基金公司的业界口碑是否足够积极正向。如果一家基金公司长期受到负面行业新闻的干扰，那么投资者需要对其保持谨慎的态度。

第五，管理基金产品的现任基金经理的选股能力、择时能力、基金管理能力、综合能力是否足够强。投资者可以在同类基金中筛选适合自己的基金产品。如果一款基金产品在过去三年、五年，或者更长的时间内在同类基金排名中始终处于相对靠前的位置，说明该基金产品的历史业绩是相对较为优秀的，同时管理该基金产品的基金经理的能力也是非常优秀的。

综上所述，投资者可以分别从上述五个维度来分析基金产品的质量是否及格。如果基金产品本身没有质量问题，那么投资者可以继续坚持基金定投。

如果基金产品本身存在质量问题，那么投资者不可以盲目加仓，不然可能会面临"一路跌一路加，一路跌跌不休"的悲剧情节。此时，投资者可以考虑对该基金产品进行"置换"处理，即卖出该基金产品的全部份额，同时用卖出该基金产品的资金买入其他性价比相对较高的基金产品。

佳话小贴士：

当基金产品本身不存在质量问题时，基金定投的黄金法则是止盈不止损，即在基金亏损的时候坚持定投，不断积攒基金份额，然后耐心静待牛市行情的到来。

5.3　基金定投的真实收益率是多少

在基金定投领域中，投资者最关心、最在意的是基金定投的真实收益率。也就是说，坚持基金定投可以让投资者获得多少投资回报。关于基金定投的真实收益率，投资者主要可以关注四个重要概念，它们是货币的时间价值、净现值、定投的绝对收益率、定投的内部收益率。投资者可以在接下来的内容中看到每个重要概念的相关介绍。

1. 货币的时间价值

在通常情况下，货币是具有时间价值的。货币的时间价值是指货币在经历一段时间的投资和再投资后增加的价值。简单地说，现在的 10000 元和一年以后的 10000 元并不是等价的。两者之间的差额部分被称为"货币的时间价值"，投资者可以简单地将这部分差额理解为指定时间区间内的"银行利息"。

2. 净现值

净现值（Net Present Value，NPV），是指一项投资所产生的未来现金流的折现值与投资成本之间的差值。在通常情况下，净现值可以用来反映投资获利的能力。理论上，当净现值大于或等于 0 时，投资方案可行；当净现值小于 0 时，投资方案不可行。

3. 定投的绝对收益率

在基金定投的过程中，投资者可以参考"定投的绝对收益率"这个重要的金融数据指标。但是，值得投资者注意的是，定投的绝对收益率这个指标并没有将货币的时间价值纳入考量，所以它并不能代表真实的投资收益率。此时，我们需要引入一个将货币的时间价值纳入投资过程的金融数据指标，即"内部收益率"。

4. 定投的内部收益率

在基金定投领域中，投资者可以将内部收益率（Internal Rate of Return，IRR）理解为定投的真实收益率，因为该金融数据指标将货币的时间价值纳入了考量范围，更加符合实际情况。内部收益率的计算相对较为复杂，投资者不一定非要自己计算，只需要了解其中的基本原理即可。

佳话小贴士：

> 由于货币具有时间价值，所以投资者在计算基金定投的真实收益率时，不能只参考基金定投的绝对收益率，还需要参考基金定投的内部收益率。

5.4　当市场持续下跌时，微笑曲线还会来吗

在基金定投领域中，"微笑曲线"是一个特别重要的概念。在通常情况下，微笑曲线是指投资者需要经历"开始定投，持续定投，降低单位成本、积攒更多份额，静待反弹，实现盈利"五个阶段。如果投资者把这五个阶段的收益率情况连成一条线，那么这条线就是我们常说的微笑曲线，如图 5-1 所示。

微笑曲线

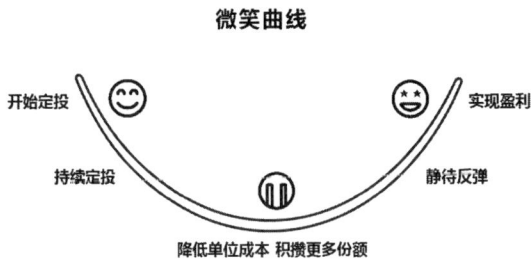

图 5-1　微笑曲线

　　通过观察图 5-1，投资者可以发现：在基金定投初期，投资者可能需要在市场低迷的行情中忍受很长一段时间的账户浮亏情况，即微笑曲线左侧不断下滑的阶段。客观地说，这段"糟糕的浮亏时光"在大概率上是不太顺利的，投资者需要理性看待市场波动，并且不断克服投资的心理障碍，然后耐心静待市场行情"画出"一条美丽而又灿烂的微笑曲线。

　　值得投资者注意的是，微笑曲线在初期下降得越多（即基金净值跌得越多），那么在后期上涨得也会越多（即基金净值涨得越多），此时微笑曲线呈现的笑容也越灿烂。在基金定投的过程中，如果投资者无法忍受定投的持续亏损，那么他可以选择先不看基金账户，等到行情转牛之后再回来看基金账户。

　　综上所述，在本章中，投资者学习了导致基金定投亏损的可能原因、应对基金定投亏损的方法、基金定投的真实收益率，以及微笑曲线在定投过程中的重要作用。在下一章中，投资者将继续学习如何对基金产品进行"卖出"操作。

6 第6章

基金定投"怎么卖、何时卖"

在基金定投过程中，投资者可以在任意时间点开始参与基金定投，并且越早入场越好。同时，如何对基金产品进行止盈卖出操作，是一个特别值得研究的课题。

那么，投资者应该如何在牛市行情中对基金定投产品进行及时的止盈卖出操作呢？投资者可以在本章的内容中找到这个问题的答案。接下来，笔者将为大家介绍五种基金定投的止盈方法，它们分别为目标收益率分批止盈法、估值止盈法、倒金字塔卖出法、最大回撤止盈法，以及市场情绪感知止盈法。

6.1 目标收益率分批止盈法

在基金定投的五种止盈方法中，目标收益率分批止盈法也许是最简单、最易操作的一种止盈方法。关于目标收益率分批止盈法，投资者可以在接下来的内容中看到它的逻辑原理、具体操作步骤，以及使用时的一些注意事项。

1. 目标收益率分批止盈法的逻辑原理

目标收益率分批止盈法是指投资者在开始参与基金定投之前会确定一个目标收益率，当基金定投的实际收益率大于或等于初始设定的目标收益率时，投资者可以考虑对定投基金进行分批止盈操作；当基金定投的实际收益率小于初始设定的目标收益率时，投资者可以耐心等待。在通常情况下，目标收益率分批止盈法适用于那些对自己的投资目标收益与实际风险偏好有非常清晰的认识的投资者。

每个基金定投的参与者都特别想在市场最高点的位置上对基金产品进行止盈卖出操作,努力将定投收益收入囊中。但是,在现实交易中,投资者很难在市场最高点对基金产品进行止盈操作。也就是说,投资者要么止盈早了,要么止盈晚了,几乎不太可能在市场最高点上止盈。如果投资者决定使用目标收益率分批止盈法,那么当基金定投的实际收益率达到并逐渐超过目标收益率时,投资者可以考虑逐步对基金产品进行分批止盈操作。即使投资者后续错过了更大的利润空间,也不要患得患失,毕竟没有人可以准确地预测未来的行情走势。

2. 目标收益率分批止盈法的具体操作步骤

当投资者使用目标收益率分批止盈法对持有的基金产品进行止盈卖出操作时,可以参考以下两个步骤。

第 1 步:投资者对自己持有的基金产品设置一个目标收益率,如 10%、15%、20%或者更高的目标收益率。

关于目标收益率,投资者可以根据自己的实际情况、实际风险偏好、实际风险承受能力、持有时间等因素进行设置。值得注意的是,如果投资者将目标收益率设置得过高,那么他很有可能会错过定投止盈的好时机,此时心里可能会比较难受;如果投资者将目标收益率设置得过低,那么他很有可能会错过后期更大的盈利空间,此时心里可能会更加难受。无论投资者如何设置目标收益率,他都不太可能在行情的最高点上对基金产品进行止盈卖出操作,只能在行情的相对高点上对基金产品进行分批止盈卖出操作。

第 2 步:当基金定投的实际收益率达到并逐渐超过目标收益率时,投资者可以考虑分批止盈离场,即分批卖出持有的基金份额。投资者可以参考下面三种情况。

情况一:当目标收益率达到 10%时,投资者可以对 50%的仓位进行止盈操作,提前将 50%的收益收入囊中。

情况二:当目标收益率达到 15%时,投资者可以对 30%的仓位进行止盈操作,继续将 30%的收益收入囊中。

情况三：当目标收益率达到 20%时，投资者可以对剩下 20%的仓位进行止盈操作，继续将最后 20%的收益收入囊中。

值得投资者注意的是，当牛市行情来临时，投资者既可以考虑适当性地将目标收益率提高，也可以严格遵守既定的分批止盈投资纪律。

3．采用目标收益率分批止盈法的注意事项

当投资者决定采用目标收益率分批止盈法对基金产品进行止盈操作时，就意味着投资者需要找到符合自己实际情况的目标收益率，如 10%、15%、20%或者更高。当定投的实际收益率达到目标收益率时，投资者可以选择直接止盈离场；当定投的实际收益率尚未达到目标收益率时，投资者需要耐心等待。

值得投资者注意的是，如果投资者将目标收益率设定得过高，那么他很容易会错过止盈的最好时机。此时，投资者可以考虑对基金产品进行分批止盈操作。如果投资者将目标收益率设定得过低，那么他很容易由于止盈过早而错过后期更大的盈利空间。换句话说，当投资者决定使用目标收益率分批止盈法对基金产品进行止盈卖出操作时，无论是由于止盈过早而错过后期更大的上涨行情，还是由于止盈过晚而失去止盈的最好时机，投资者都要尽量保持一个良好的投资心态，千万不能患得患失。毕竟，没有人可以准确地预测未来市场行情的走势。

6.2　估值止盈法

关于估值止盈法，投资者可以在接下来的内容中看到主要的估值方法、估值止盈法的逻辑原理、估值止盈法的具体操作，以及采用估值止盈法的注意事项。

1．主要的估值方法

在第 4 章中，投资者已经了解了五种估值方法，它们分别为市盈率估值法、市净率估值法、市现率估值法、PEG 估值法、企业价值倍数估值法。由于每种估值方法都有其特有的优点与局限性，所以投资者需要结合标的资产的实际情况来具体选择使用哪种估值方法。

第一，当投资者采用市盈率估值法时，可以将市盈率简单地理解为按照企业现有的盈利水平，投资者要等多少年才能收回投资成本。市盈率越低，意味着投资者收回投资成本的时间越短；市盈率越高，意味着投资者收回投资成本的时间越长。因此，在对标的资产进行估值时，市盈率越低越好。在基金定投的过程中，当基金产品持仓标的的市盈率处于历史相对高位时，投资者可以考虑止盈该基金产品。

第二，当投资者采用市净率估值法时，其对市净率的理解是：理论上，当证券投资标的的市净率越低时，该标的的安全系数越高，投资价值也越高；当证券投资标的的市净率越高时，该标的的安全系数越低，投资价值也越低。因此，在对标的资产进行估值时，市净率越低越好。在基金定投的过程中，当基金产品持仓标的的市净率处于历史相对高位时，投资者可以考虑止盈该基金产品。

第三，当投资者采用市现率估值法时，其对市现率的理解是：当证券投资标的的市现率越低时，标的公司每股的现金流量则越大，公司的经营压力相对越小；当证券投资标的的市现率越高时，标的公司每股的现金流量则越小，公司的经营压力相对越大。因此，在对标的公司的现金流量进行评估时，证券投资标的的市现率越低越好。在基金定投的过程中，当基金产品持仓标的的市现率处于历史相对高位时，投资者可以考虑止盈该基金产品。

第四，当投资者采用 PEG 估值法时，可以将 PEG 理解为市盈率与公司盈利增长速度之间的比例。这种估值方法是在市盈率估值法的基础上发展起来的，是对市盈率估值法的补充，适合对成长型企业进行估值。

在通常情况下，证券投资标的的 PEG 值越小越好。PEG 值越小，则表示该标的的安全系数越高。当 PEG 值小于 1 时，表示证券投资标的价格上涨的速度慢于公司盈利增长的速度，此时证券投资标的可能被低估；当 PEG 值等于 1 时，表示证券投资标的的估值可能比较适中；当 PEG 值大于 1 时，表示证券投资标的价格上涨的速度快于公司盈利增长的速度，此时证券投资标的可能被高估。值得投资者注意的是，当证券投资标的的 PEG 值大于 1 时，投资者并不能直接认定该标的是被高估的，他还需要结合同行业中其他企业的 PEG 值进行分析。如果同行业中其他企业的平均 PEG 值为 10，那么当标的的 PEG 值为 2 时，该标的可能被低估。

在基金定投的过程中，当基金产品持仓标的的 PEG 值达到历史相对高位时，投资者可以考虑止盈离场。

第五，当投资者采用企业价值倍数估值法时，可以将企业价值倍数理解为企业价值与 EBITDA 之间的比率。如果说市盈率估值法与市净率估值法是对标的公司的股权部分进行估值，那么企业价值倍数估值法则是对标的公司的股权与债权部分进行估值。在基金定投的过程中，当基金产品持仓标的的企业价值倍数达到历史相对高位时，投资者可以考虑止盈离场。

2. 估值止盈法的逻辑原理

估值止盈法是一种在估值历史走势的基础上对基金产品的估值情况进行判断的方法。如果标的的估值过高，或者已经接近历史高点，那么标的的估值存在回归均值的可能性。此时，投资者可以考虑对基金产品进行止盈操作。

3. 估值止盈法的具体操作

当投资者使用估值止盈法对持有的基金产品进行止盈操作时，可以参考以下 5 个步骤。

第 1 步：观察证券投资标的的市盈率估值情况。当基金产品持仓标的的市盈率达到历史相对高位时，投资者可以考虑止盈离场。

第 2 步：观察证券投资标的的市净率估值情况。当基金产品持仓标的的市净率达到历史相对高位时，投资者可以考虑止盈离场。

第 3 步：观察证券投资标的的市现率估值情况。当基金产品持仓标的的市现率达到历史相对高位时，投资者可以考虑止盈离场。

第 4 步：观察证券投资标的的 PEG 值。当基金产品持仓标的的 PEG 值达到历史相对高位时，投资者可以考虑止盈离场。

第 5 步：观察证券投资标的的企业价值倍数。当基金产品持仓标的的企业价值倍数达到历史相对高位时，投资者可以考虑止盈离场。

当上述多个估值指标同时处于历史相对高位时，投资者可以考虑对基金产品进行止盈操作。

4．采用估值止盈法的注意事项

当投资者决定采用估值止盈法对基金产品进行止盈操作时，可以同时参考几个估值指标来对基金产品的持仓标的进行综合性的评估，进而得出更为准确的参考结论。但是，值得投资者注意的是，估值止盈法并不是一直都有效。只有当估值指标呈现出明显的周期性规律时，投资者才能采用估值止盈法来对基金产品进行止盈操作。

6.3　倒金字塔卖出法

关于倒金字塔卖出法，投资者可以在接下来的内容中看到倒金字塔卖出法的逻辑原理、倒金字塔卖出法的具体操作，以及采用倒金字塔卖出法的注意事项。

1．倒金字塔卖出法的逻辑原理

在通常情况下，当市场行情处于下降趋势时，投资者可以考虑使用倒金字塔卖出法。当证券投资标的的价格持续下跌时，投资者可以在行情下跌初期以相对较高的价格卖出相对较多的标的份额，以保住相对较多的定投收益；在行情下跌中期，投资者以相对适中的价格卖出相对适中的标的份额，以保住相对适中的定投收益；在行情下跌后期，投资者以相对较低的价格卖出相对较少的标的份额，以保住相对较少的定投收益。

简言之，当投资者采用倒金字塔卖出法对基金产品进行止盈操作时，理论上他可以以相对较高的标的价格卖出相对较多的标的份额，并以相对较低的标的价格卖出相对较少的标的份额，进而获取一个相对较好的出场位置，并逐渐将定投利润收入囊中。

2．倒金字塔卖出法的具体操作

当投资者使用倒金字塔卖出法对基金产品进行止盈操作时，可以参考以下 3 个步骤。

第 1 步：当证券投资标的的价格持续下跌时，投资者可以在行情下跌初期以相对较高的价格（如图 6-1 中的 P3 价格）卖出相对较多的标的份额（如50%的份额）来保住相对较多的定投收益。

第 2 步：当证券投资标的的价格持续下跌时，投资者可以在行情下跌中期以相对适中的价格（如图 6-1 中的 P2 价格）卖出相对适中的标的份额（如30%的份额）来保住相对适中的定投收益。

第 3 步：当证券投资标的的价格持续下跌时，投资者可以在行情下跌后期以相对较低的价格（如图 6-1 中的 P1 价格）卖出相对较少的标的份额（如20%的份额）来保住相对较少的定投收益。

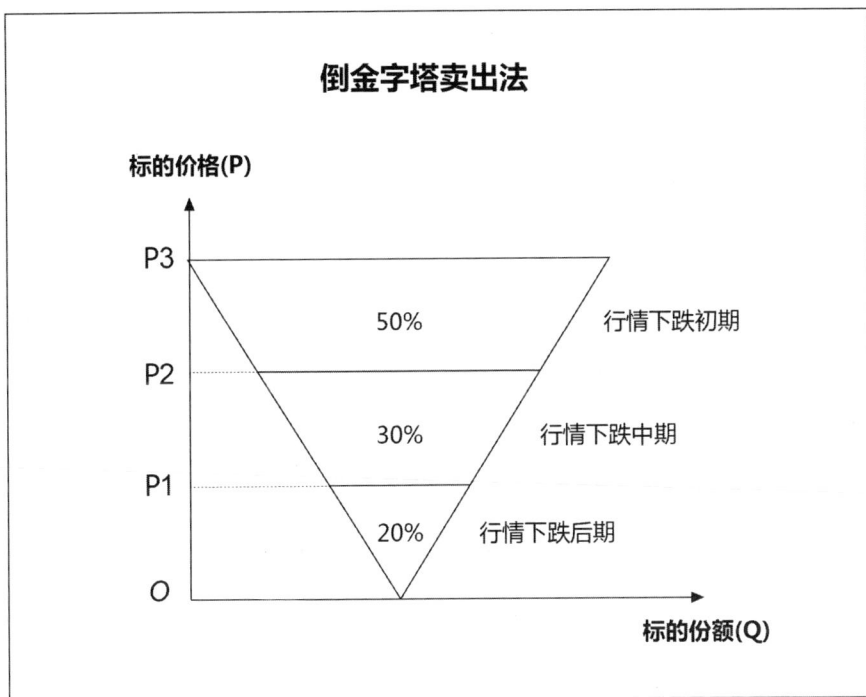

图 6-1 倒金字塔卖出法

3．采用倒金字塔卖出法的注意事项

当投资者决定使用倒金字塔卖出法对基金产品进行止盈操作时，应注意以下两点。

第一，当市场行情处于下降趋势时，投资者可以考虑使用倒金字塔卖出法，但是该方法并不适用于行情下降趋势的末期。当行情处于下降趋势末期时，投资者需要努力以相对较低的标的价格积攒相对较多的标的份额。

第二，当投资者采用倒金字塔卖出法时，他需要对已投标的进行综合性的评估分析，并尽量确保已投标的本身的波动性、成长性、景气度等属性得到了相对较大程度的实现。

6.4　最大回撤止盈法

关于最大回撤止盈法，投资者可以在接下来的内容中看到最大回撤止盈法的逻辑原理、最大回撤止盈法的具体操作，以及采用最大回撤止盈法的注意事项。

1. 最大回撤止盈法的逻辑原理

在金融交易领域中，"回撤"是一个非常重要的金融指标。在通常情况下，回撤是指基金产品的净值在某一段时间内从最高点下跌回落到最低点的幅度，该下跌回落幅度可以用来衡量证券投资标的抵抗市场投资风险的情况。此外，投资者可以对基金产品每一个净值进行回撤率的求值运算，然后找到这些数值中最大的那个，该数值即为基金产品的"最大回撤"。在通常情况下，基金产品最大回撤的数值越小越好，最大回撤的幅度越小越好。

当基金市场行情逐渐由熊市行情转向牛市行情时，投资者可以定期观察基金产品的净值是否已经达到目标收益。也就是说，当基金产品的实际收益率超过投资者心中的目标收益率时，如果基金产品的实际收益率的回撤幅度已经达到投资者能够忍受的最大回撤幅度，那么投资者可以采用最大回撤止盈法来对持有的基金产品进行止盈操作。

2. 最大回撤止盈法的具体操作

当投资者使用最大回撤止盈法对持有的基金产品进行止盈操作时，可以参考以下 3 个步骤。

第 1 步：投资者对自己持有的基金产品设置一个目标收益率，如 10%、15%、20%或者更高。关于目标收益率的设置，投资者可以根据自己的实际情况与实际风险承受能力来进行。有时候，适合投资者的目标收益率才是最好的，投资者不需要拿自己的目标收益率与其他投资者的目标收益率进行比较。

第 2 步：在基金产品的目标收益率的基础之上，投资者可以再设置一个最大回撤阈值，如 5%、8%、10% 等。关于最大回撤阈值的设置，投资者也需要根据自己的实际情况与实际风险承受能力来进行。投资者可以参考下面三种情况。

情况一：如果投资者自身的风险承受能力相对较弱，那么他可以考虑将最大回撤阈值设为 5%。也就是说，当基金产品的净值出现连续下跌回撤达 5% 时，投资者可以考虑对现有的基金产品进行止盈卖出操作。

情况二：如果投资者自身的风险承受能力处于中等水平，那么他可以考虑将最大回撤阈值设为 8%。也就是说，当基金产品的净值出现连续下跌回撤达 8% 时，投资者可以考虑对现有的基金产品进行止盈卖出操作。

情况三：如果投资者自身的风险承受能力相对较强，那么他可以考虑将最大回撤阈值设为 10%。也就是说，当基金产品的净值出现连续下跌回撤达 10% 时，投资者可以考虑对现有的基金产品进行止盈卖出操作。

值得注意的是，当牛市行情来临时，投资者可以适当地将最大回撤阈值提高。换句话说，如果基金定投的收益率在 50% 以上，那么投资者可以考虑将最大回撤阈值提高至 10%~15%，进而博弈未来可能存在的收益空间。但是，随着最大回撤阈值的提高，投资者需要承受的风险也在相应地变大。如果此时市场行情突然由牛转熊，那么投资者可能会失去较大一部分的定投收益。因此，投资者需要正确认识这里存在的潜在回撤风险。

第 3 步：当投资者设置的最大回撤阈值被触及时，投资者需要选择及时止盈离场，即止盈卖出持有的基金份额。

3. 采用最大回撤止盈法的注意事项

当投资者决定采用最大回撤止盈法对基金产品进行止盈操作时，这就意味着投资者在大概率上是无法在基金定投盈利的最高点对基金产品进行止盈操作的，只能在基金定投盈利的相对高点对基金产品进行止盈操作。基金定投盈利的最高点与相对高点之间的差距，就是我们在前面的内容中谈到的最大回撤部分。

投资者很难找到一个最佳的最大回撤阈值，只能找到一个相对较为合适的最大回撤阈值。在现实中，每个投资者的实际情况与风险承受能力不尽相同，这就使得投资者想要获得的目标收益率与能够忍受的最大回撤阈值也不尽相同。在通常情况下，如果投资者将最大回撤阈值设置得过小，那么他有可能会错过未来相对较大的盈利空间；如果投资者将最大回撤阈值设置得过大，那么他有可能需要承受未来相对较大的风险。在真实的交易中，由于没有人能够精准地预测未来市场行情的走势变化情况，所以投资者很难找到一个最佳的最大回撤阈值，只能找到一个相对较为合适的最大回撤阈值。

佳话小贴士：

> 当投资者决定采用最大回撤止盈法时，他在大概率上是不能在基金定投盈利的最高点对基金产品进行止盈操作的，只能在基金定投盈利的相对高点对基金产品进行止盈操作。

6.5 市场情绪感知止盈法

在前面的内容中，投资者学习了目标收益率分批止盈法、估值止盈法、倒金字塔卖出法、最大回撤止盈法，这些止盈方法相对来说都是较为理性的。投资者还可以采用一种感性的止盈方法，即市场情绪感知止盈法。投资者可以在接下来的内容中看到市场情绪感知止盈法的逻辑原理、市场情绪感知止盈法的具体操作，以及采用市场情绪感知止盈法的注意事项。

1. 市场情绪感知止盈法的逻辑原理

股神巴菲特曾说："在别人贪婪时恐惧，在别人恐惧时贪婪。"这句话也许是对市场情绪感知止盈法最贴切的描述。当投资者采用目标收益率分批止盈法、估值止盈法、倒金字塔卖出法或者最大回撤止盈法时，还可以搭配使用市场情绪感知止盈法来进一步寻找止盈信号。

在通常情况下，当一波单边上涨行情"燃爆"市场时，有经验的投资者往往可以察觉到市场情绪异常火热的变化，此时就会考虑止盈离场；当一波单边下跌行情接近尾声时，市场的成交量会相对较为萎靡，参与市场交易的人数会相对较为稀少，有经验的投资者往往可以察觉到市场情绪异常冷淡的变化，此时就会考虑逐渐入场。

2. 市场情绪感知止盈法的具体操作

当投资者使用市场情绪感知止盈法对持有的基金产品进行止盈卖出操作时，可以参考以下 6 个步骤。

第 1 步：投资者观察主要市场的成交量。当市场成交量异常火爆时，投资者需要保持谨慎的投资态度。

第 2 步：投资者观察公募基金管理公司新发行的基金的情况。当市场上新发行的基金异常火爆时，投资者需要保持谨慎的投资态度。

第 3 步：投资者观察证券公司新客户开通证券账户的情况。当证券公司新开证券账户的数量呈现急剧增多的趋势时，投资者需要保持谨慎的投资态度。

第 4 步：投资者观察场内基金产品折价或者溢价的情况。当场内基金产品的溢价率持续过高时，投资者需要保持谨慎的投资态度。

第 5 步：投资者观察银行是否出现加息的情况。当银行开始逐步加息时，股市行情依然特别火爆，投资者需要保持谨慎的投资态度。

第 6 步：投资者观察亲戚朋友、街坊邻里、大街小巷中的普通老百姓是否在谈论股票行情。当很多平时不炒股或者买基金的老百姓开始谈论股票或者基金的上涨行情时，投资者需要保持谨慎的投资态度。

综上所述，当投资者观察到以上六种情况中的一种或者多种情况时，说明当时的市场情绪可能有些过热，此时投资者可以考虑分批止盈并时刻保持谨慎的投资态度。

3. 采用市场情绪感知止盈法的注意事项

当投资者决定采用市场情绪感知止盈法对基金产品进行止盈卖出操作时，需要依靠自己过往对市场行情的感知力来对市场未来的走势做出一定的判断。在实际交易中，市场情绪感知止盈法过于主观与感性，投资者只能依靠自己过往的交易经验与对市场行情的感知判断能力，并没有一个统一的量化判断标准。换句话说，投资者在采用市场情绪感知止盈法的过程中，不能完全依赖于这种止盈方法，因为主观判断有时候会出现判断失误的可能性。

综上所述，通过阅读本章的内容，投资者学会了如何使用目标收益率分批止盈法、估值止盈法、倒金字塔卖出法、最大回撤止盈法，以及市场情绪感知止盈法来对持有的基金产品进行止盈卖出操作。每种止盈方法都有它独特的优点与局限性，投资者可以根据自己的交易习惯、实际风险偏好与承受能力来进行合理筛选。

第 7 章

基金定投与风险控制

对投资小白来说，基金是性价比较高的投资品种，基金定投是性价比较高的投资方法。但是，这并不意味着基金定投是没有风险的。在本章中，我们一起来正确认识基金定投与系统性风险、基金定投与非系统性风险。

7.1 基金定投与系统性风险

在进行投资理财时，很多投资者都喜欢购买预期收益率或者到期收益率相对较高的理财产品，但是他们有时候会忽视投资的潜在风险。很多投资者甚至对证券市场存在哪些风险还不太了解。

在通常情况下，证券市场存在的风险大致可以分为两类：一类是系统性风险，另一类是非系统性风险。关于每类证券市场风险的具体情况，笔者会在接下来的内容中为投资者进行详细的介绍。

1. 初识系统性风险

对于系统性风险，投资者可以从系统性风险的定义、影响因素、特点等方面进行了解。

1) 系统性风险的定义

系统性风险又被称为不可分散风险，是指由公司外部因素引起的全局性证券市场风险。同时，系统性风险会给市场中现存的绝大部分证券投资标的的收益情况带来消极的影响。换句话说，绝大部分证券投资标的都会受到系统性风险的冲击，绝大多数证券投资标的的持有者都会承受一定程度的投资损失。

在通常情况下，系统性风险是不可避免的、不可控制的、不可分散的。因此，投资者在进行投资之前，要充分理解系统性风险的影响因素、特点，以及常见的系统性风险防范措施等。

2）系统性风险的影响因素

对系统性风险进行充分的理解有利于投资者及时对当前及未来的宏观经济情况做出判断。在通常情况下，常见的系统性风险的影响因素主要包括政治层面因素、经济层面因素、社会层面因素，以及不可抗力因素等，如表7-1所示。

表7-1　系统性风险的影响因素

影响因素	情况说明
政治层面因素	国家发生战争、国家发生政权更迭等
经济层面因素	经济危机、经济周期循环、宏观经济政策与货币政策调整、持续的通货膨胀、能源危机等
社会层面因素	社会体制改革
不可抗力因素	特大自然灾害等

3）系统性风险的特点

系统性风险的特点主要有两个。第一，系统性风险会普遍地影响市场中的证券投资标的。具体来说，绝大多数甚至是全部证券投资标的都会受到系统性风险的冲击，只不过每家公司对系统性风险的敏感程度不同。当系统性风险发生时，有些公司对系统性风险的敏感程度较高，而有些公司对系统性风险的敏感程度较低。当一家公司对系统性风险高度敏感时，该公司的股票会更加容易地受到系统性风险的影响。换句话说，当一家公司对系统性风险高度敏感时，该公司股票价格下跌的幅度可能会相对较大。与此同时，持有该公司股票的投资者也会承受较大的投资损失。

佳话小贴士：

> 当系统性风险发生时，市场中绝大多数甚至是全部证券投资标的都会受到系统性风险的冲击，只不过每家公司对系统性风险的敏感程度不同。

第二，系统性风险是不能通过分散投资来进行规避或者消除的。系统性风险是由政治、经济、社会或者不可抗力等因素造成的，所以这种风险是不可避免的、不可控制的、不可分散的。当系统性风险发生时，无论投资者持有哪些证券投资标的，或多或少都需要承受一定程度的经济损失。

佳话小贴士：

> 系统性风险是不能规避或者消除的。

2. 谨防系统性风险：当市场行情严重背离证券投资标的的基本面逻辑时

系统性风险是不能规避或者消除的，这就要求投资者不仅要充分了解系统性风险的基础知识，还要谨慎对待系统性风险发生的前兆现象。系统性风险发生的前兆现象包括当市场行情严重背离证券投资标的的基本面逻辑时，以及当市场行情长期处于历史估值高位区间时等。

当市场行情严重背离证券投资标的的基本面逻辑时，投资者需要谨慎决策。我们以 2007—2009 年的全球经济危机为例。自 2005 年 11 月 18 日至 2007 年 10 月 19 日，上证指数累计上涨 433.67%，如图 7-1 所示。同期，深证成指累计上涨 607.00%，如图 7-2 所示。

期间，无论是上证指数还是深证成指，它们的单边上涨幅度都是相对较大的，与之相对应的成交量也处于历史相对高位。在这段时间内，大部分的股票投资者都获得了较为可观的投资收益。同时，由于股票市场呈现出显著的赚钱效应，那些长期在场外观望的投资者也决定积极地参与到股票市场中。在某种程度上，这种市场行情正在逐渐背离证券投资标的的基本面逻辑。但是，绝大多数投资者都还沉浸在获取丰厚股票收益的喜悦中，而忽视了潜在的投资风险。

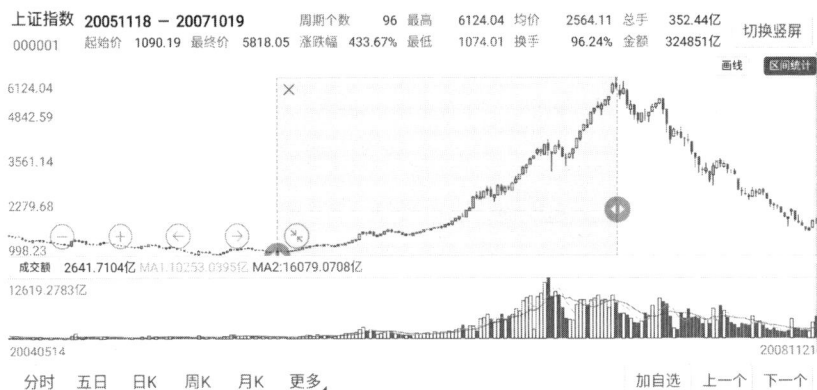

图 7-1　2005 年 11 月 18 日至 2007 年 10 月 19 日上证指数累计上涨 433.67%

数据来源：东方财富 Choice 数据。

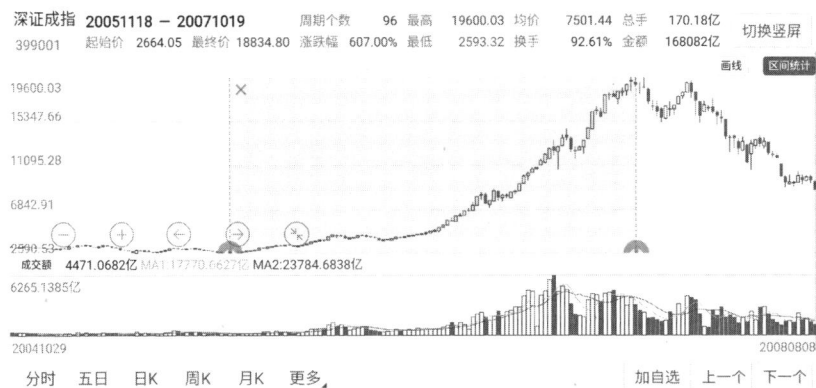

图 7-2　2005 年 11 月 18 日至 2007 年 10 月 19 日深证成指累计上涨 607.00%

数据来源：东方财富 Choice 数据。

2006 年，美国爆发次级房屋信贷危机。2007 年 8 月，美国金融市场开始出现恐慌情绪，流动性危机若隐若现。2008 年，美国多家大型金融机构陷入财务与经营困境，美国金融危机开始呈现失控态势，并向全球蔓延开来。与此同时，全球的股票市场也在经受着严重的系统性风险的冲击。

在 2008 年全球金融危机中，中国的股票市场也曾经受系统性风险的考验。自 2007 年 10 月 19 日至 2008 年 11 月 7 日，上证指数累计下跌 70.39%，如图 7-3 所示。同期，深证成指累计下跌 69.93%，如图 7-4 所示。无论是上证指数还是深证成指，它们的单边下跌幅度都是相对较大的。当全球性经济危机来临时，绝大部分投资者都不得不忍受系统性风险所带来的投资损失与精神折磨。

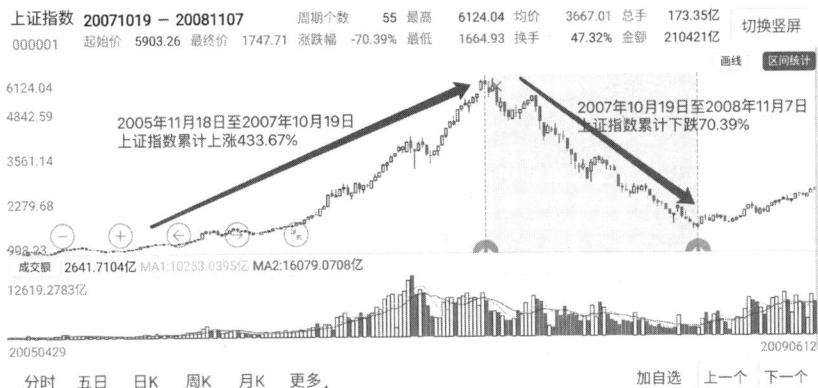

图 7-3　2007 年 10 月 19 日至 2008 年 11 月 7 日上证指数累计下跌 70.39%

数据来源：东方财富 Choice 数据。

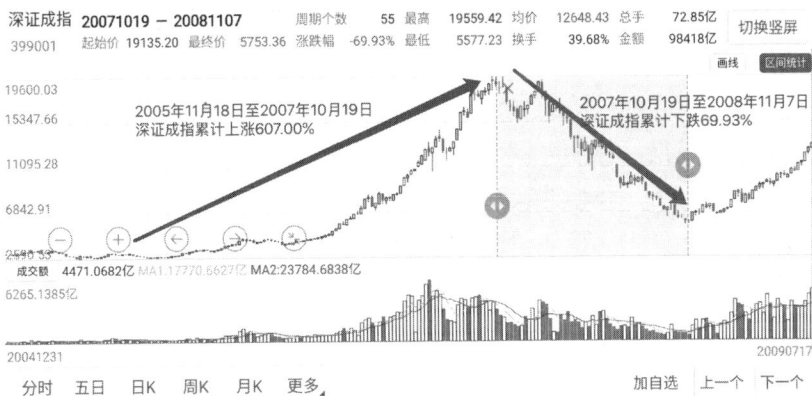

图 7-4　2007 年 10 月 19 日至 2008 年 11 月 7 日深证成指累计下跌 69.93%

数据来源：东方财富 Choice 数据。

综上所述，通过复盘 2007—2009 年全球经济危机，我们可以发现：2005 年 11 月 18 日至 2007 年 10 月 19 日，上证指数与深证成指的涨幅相对较为惊人，当时的市场行情已经严重背离标的的基本面逻辑。但是，在当时的股票市场中，显著的赚钱效应使得绝大多数投资者都忽略了潜在的投资风险。

如今，当我们回顾并总结 2007—2009 年全球经济危机的经验和教训时，可以梳理出一个规律，即当投资者发现市场行情已经严重背离证券投资标的的基本面逻辑时，他可以选择适当性地降低仓位或者提前止盈离场，谨防后面出现不可控的系统性风险。

3. 谨防系统性风险：当市场估值水平长期较高时

当市场行情长期处于历史估值高位区间时，投资者需要谨慎地做决策。投资者主要可以采用市盈率估值法、市净率估值法，以及其他常见的估值方法来对股票市场的核心指数进行估值和统计，进而判断当前指数是否处于历史估值的高位区间。

为了实现这个目标，投资者可以先对历史行情数据的时间区间进行选取，然后再对上海证券交易所（简称上交所）和深圳证券交易所（简称深交所）的核心指数进行估值分析。关于市场行情历史估值的具体分析与数据测算，我们会在接下来的内容中为投资者进行详细的介绍。

1）选取历史行情数据的时间区间

在股票市场中，不同的时间区间对应着不同的行情数据。如果投资者想要对市场行情的历史估值进行统计分析，那么他可以选取过去 3 年、5 年、10 年或者更长时间区间内的历史行情数据。无论投资者决定选取哪个时间区间内的历史行情数据，他都可以得到一些有价值的分析结果。但是，从坚持长期主义的角度出发，我们建议投资者尽可能地选取较长时间区间内的历史行情数据进行统计分析。换句话说，长期稳定的盈利往往比短暂的盈利更加能够吸引投资者的注意力。

在接下来的分析中，我们选取过去 11 年的市场行情数据作为统计分析的样本数据。也就是说，我们选取自 2010 年 1 月 1 日至 2020 年 12 月 31 日的市场行情数据来进行历史估值的分析与测算。在这段时间内，股票市场累计共有 2674 个交易日。根据不同的估值方法，我们会对上交所和深交所的核心指数进行统计，找出每个核心指数在历史估值区间内的最大值与最小值。然后，我们可以计算出当前市场的估值水平在历史估值区间内的具体位置，进而判断当前市场的估值水平是否处于历史估值区间的相对高位。

2）运用估值方法对核心指数进行估值分析

投资者主要可以运用市盈率估值法、市净率估值法，以及其他常见的估值方法对股票市场的核心指数进行估值和统计。具体分析如下所示。

第一，运用市盈率估值法对核心指数进行估值。通过对自 2010 年 1 月 1 日至 2020 年 12 月 31 日的市场行情数据进行市盈率估值分析，我们可以看到：上证指数的市盈率走势图如图 7-5 所示；深证成指的市盈率走势图如图 7-6 所示。

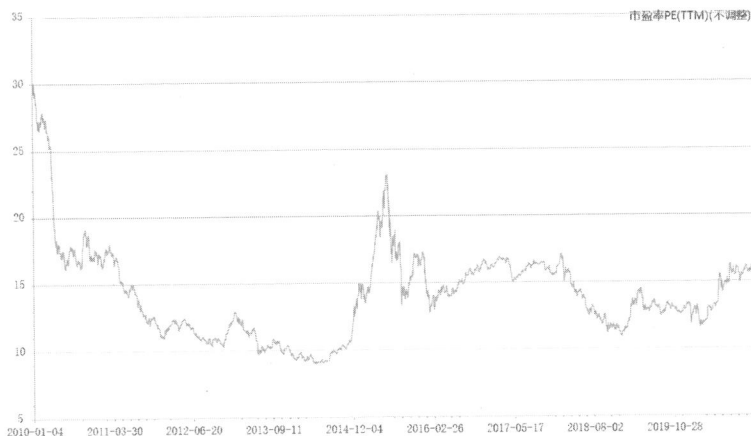

图 7-5　2010 年 1 月 1 日至 2020 年 12 月 31 日上证指数的市盈率走势图

数据来源：东方财富 Choice 数据。

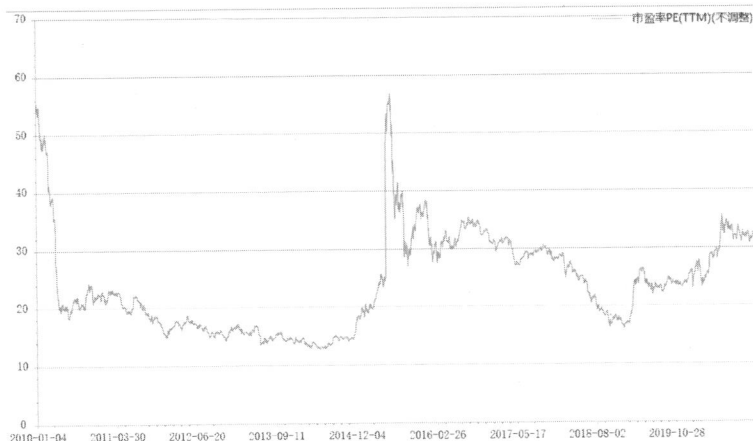

图 7-6　2010 年 1 月 1 日至 2020 年 12 月 31 日深证成指的市盈率走势图

数据来源：东方财富 Choice 数据。

根据 2010 年 1 月 1 日至 2020 年 12 月 31 日指数的市盈率数据，我们还可以发现上证指数与深证成指在这段时间内的市盈率估值，如表 7-2 所示。

表7-2　上证指数与深证成指的市盈率估值

核心指数	最大市盈率值	最小市盈率值	当前市盈率值	当前市盈率百分位
上证指数	30.21	8.96	16.64	36.14%
深证成指	56.91	12.80	33.78	47.57%

注：市盈率的数据是基于过去11年的数据（即2010年1月1日至2020年12月31日的数据）计算的。数据来源：东方财富Choice数据，笔者测算。

具体来说，上证指数的最大市盈率值为30.21，最小市盈率值为8.96，市盈率值的取值范围为8.96～30.21。假设现在是2021年1月19日，上证指数的当前市盈率值为16.64。经测算，该市盈率值距离市盈率值取值范围中最小值的百分位为36.14%。也就是说，上证指数当前的市盈率值位于历史市盈率估值区间的百分位为36.14%。该百分位数值说明：当前上证指数的市盈率估值位于历史市盈率估值区间的相对低位。

同期，深证成指的最大市盈率值为56.91，最小市盈率值为12.80，市盈率值的取值范围为12.80～56.91。假设现在是2021年1月19日，深证成指的当前市盈率值为33.78。经测算，该市盈率值距离市盈率值取值范围中最小值的百分位为47.57%。也就是说，深证成指当前的市盈率值位于历史市盈率估值区间的百分位为47.57%。该百分位数值说明：当前深证成指的市盈率估值位于历史市盈率估值区间的相对中等且稍微偏下位置。

此外，根据同样的分析思路，我们可以对上交所和深交所自2010年1月1日至2020年12月31日核心指数的市盈率估值情况进行统计与测算，如表7-3所示。

表7-3　上交所和深交所核心指数的市盈率估值

序号	核心指数	最大市盈率值	最小市盈率值	当前市盈率值	当前市盈率百分位
1	上证指数	30.21	8.96	16.64	36.14%
2	上证50	23.94	6.94	14.70	45.65%
3	深证成指	56.91	12.80	33.78	47.57%
4	创业板指	137.89	27.11	67.40	36.37%
5	创业板综	275.36	28.12	103.99	30.69%
6	中小板指	64.63	18.72	37.00	39.82%
7	中小板综	97.94	23.27	53.46	40.43%

续表

序号	核心指数	最大市盈率值	最小市盈率值	当前市盈率值	当前市盈率百分位
8	中小 300	80.94	19.71	36.62	27.62%
9	沪深 300	28.60	8.02	16.73	42.37%
10	科创 50	92.90	73.19	97.21	121.87%
11	中证 100	26.23	6.86	15.00	42.05%
12	中证 500	97.33	16.23	29.02	15.78%
13	中证 800	31.25	9.18	18.13	40.52%
14	中证 1000	146.92	19.18	43.65	19.16%
15	A 股指数	31.08	8.91	16.59	34.61%
16	B 股指数	41.05	10.45	36.35	84.64%

注：市盈率的数据是基于过去 11 年（即 2010 年 1 月 1 日至 2020 年 12 月 31 日）的数据计算的。数据来源：东方财富 Choice 数据，笔者测算。

　　具体来说，通过观察表 7-3，我们可以发现上交所和深交所的核心指数有哪些，以及这些核心指数在 2010 年 1 月 1 日至 2020 年 12 月 31 日期间各自对应的最大市盈率值与最小市盈率值。假设现在是 2021 年 1 月 19 日，每个核心指数的市盈率值是表 7-3 中该核心指数的当前市盈率值。经测算，我们可以得到每个核心指数的当前市盈率值距离其市盈率值取值范围中最小值的百分位数值。现在，我们将表 7-3 中的核心指数按照"当前市盈率百分位"一列的数据进行降序排列，如表 7-4 所示。

表 7-4　上交所和深交所核心指数按当前市盈率百分位排序

序号	核心指数	当前市盈率值	当前市盈率百分位
1	科创 50	97.21	121.87%
2	B 股指数	36.35	84.64%
3	深证成指	33.78	47.57%
4	上证 50	14.70	45.65%
5	沪深 300	16.74	42.37%
6	中证 100	15.00	42.05%
7	中证 800	18.13	40.52%
8	中小板综	53.46	40.43%
9	中小板指	37.00	39.82%
10	创业板指	67.40	36.37%

续表

序号	核心指数	当前市盈率值	当前市盈率百分位
11	上证指数	16.64	36.14%
12	A股指数	16.59	34.61%
13	创业板综	104.00	30.69%
14	中小300	36.62	27.62%
15	中证1000	43.65	19.16%
16	中证500	29.02	15.78%

注：市盈率的数据是基于过去11年（即2010年1月1日至2020年12月31日）的数据计算的。数据来源：东方财富Choice数据，笔者测算。

在表7-4中，我们可以观察到，"科创50"指数的当前市盈率百分位为121.87%，说明当前该指数的位置处于历史市盈率估值的相对高位区间；"中证500"指数的当前市盈率百分位为15.78%，说明当前该指数的位置处于历史市盈率估值的相对低位区间。换句话说，如果当前市盈率百分位大于80%，那么当前该核心指数的位置处于历史市盈率估值的相对高位区间；如果当前市盈率百分位小于30%，那么当前该核心指数的位置处于历史市盈率估值的相对低位区间。

第二，运用市净率估值法对核心指数进行估值。通过对2010年1月1日至2020年12月31日的市场行情数据进行市净率估值分析，我们可以看到：上证指数的市净率走势图如图7-7所示，深证成指的市净率走势图如图7-8所示。

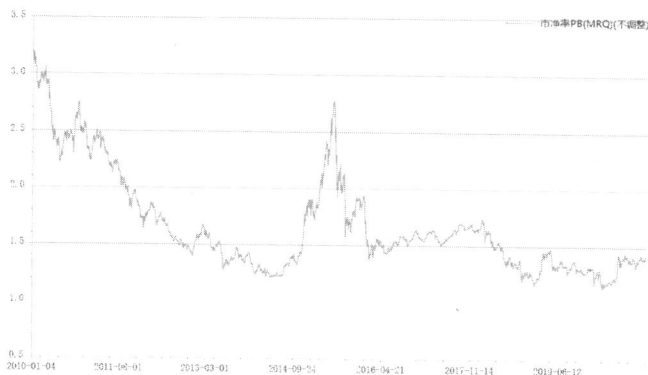

图7-7　2010年1月1日至2020年12月31日上证指数的市净率走势图

数据来源：东方财富Choice数据。

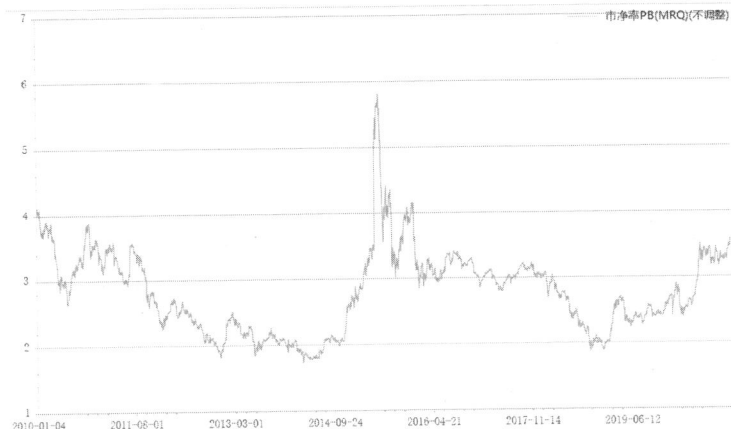

市净率PB(MRQ)(不调整)

图 7-8 2010 年 1 月 1 日至 2020 年 12 月 31 日深证成指的市净率走势图

数据来源：东方财富 Choice 数据。

根据 2010 年 1 月 1 日至 2020 年 12 月 31 日核心指数的市净率数据，我们还可以发现上证指数与深证成指的市净率估值，如表 7-5 所示。

表 7-5 上证指数与深证成指的市净率估值

核心指数	最大市净率值	最小市净率值	当前市净率值	当前市净率百分位
上证指数	3.20	1.13	1.47	16.53%
深证成指	5.81	1.74	3.73	48.95%

注：市净率的数据是基于过去 11 年（即 2010 年 1 月 1 日至 2020 年 12 月 31 日）的数据计算的。数据来源：东方财富 Choice 数据，笔者测算。

具体来说，上证指数的最大市净率值为 3.20，最小市净率值为 1.13，市净率值的取值范围为 1.13～3.20。假设现在是 2021 年 1 月 19 日，上证指数的当前市净率值为 1.47。经测算，该市净率值距离市净率值取值范围中最小值的百分位为 16.53%。也就是说，上证指数当前的市净率值位于历史市净率估值区间的百分位为 16.53%，该百分位数值说明：当前上证指数的市净率估值处于历史市净率估值区间的相对低位。

同期，深证成指的最大市净率值为 5.81，最小市净率值为 1.74，市净率值取值范围为 1.74～5.81。假设现在是 2021 年 1 月 19 日，深证成指的当前市净率值为 3.73。经测算，该市净率值距离市净率值取值范围中最小值的百分位为 48.95%。也就是说，深证成指当前的市净率值位于历史市净率估值区间的百分位为 48.95%，该百分位数值说明：当前深证成指的市净率估值处于历史市净率估值区间的相对中等位置。

此外，根据同样的分析思路，我们可以对上交所和深交所 2010 年 1 月 1 日至 2020 年 12 月 31 日核心指数的市净率估值情况进行统计与测算，如表 7-6 所示。

表 7-6　上交所和深交所核心指数的市净率估值

序号	核心指数	最大市净率值	最小市净率值	当前市净率值	当前市净率百分位
1	上证指数	3.20	1.13	1.47	16.53%
2	上证 50	3.01	0.94	1.49	26.35%
3	深证成指	5.81	1.74	3.73	48.95%
4	创业板指	14.89	2.52	9.00	52.40%
5	创业板综	13.12	2.20	5.84	33.32%
6	中小板指	7.67	2.47	4.91	47.04%
7	中小板综	8.19	2.07	3.43	22.34%
8	中小 300	7.92	2.26	3.99	30.58%
9	沪深 300	3.19	1.16	1.69	26.19%
10	科创 50	8.43	6.45	7.11	33.29%
11	中证 100	3.08	1.06	1.54	23.80%
12	中证 500	5.92	1.48	2.04	12.63%
13	中证 800	3.27	1.21	1.75	26.04%
14	中证 1000	8.27	1.68	2.71	15.70%
15	A 股指数	3.23	1.14	1.48	16.44%
16	B 股指数	2.51	0.72	0.82	5.73%

注：市净率的数据是基于过去 11 年的数据（即 2010 年 1 月 1 日至 2020 年 12 月 31 日的数据）计算的。数据来源：东方财富 Choice 数据，笔者测算。

具体来说，通过观察表 7-6，我们可以发现上交所和深交所的核心指数在过去 11 年期间各自对应的最大市净率值与最小市净率值。假设现在是 2021 年 1 月 19 日，每个核心指数的市净率值是表 7-6 中该指数的当前市净率值。经测算，我们可以得到每个核心指数的当前市净率值距离其市净率值取值范围中最小值的百分位。现在，我们将表 7-6 中的核心指数按照"当前市净率百分位"一列的数据进行降序排列，如表 7-7 所示。

表 7-7　上交所和深交所的核心指数按当前市净率百分位排序

序号	核心指数	当前市净率值	当前市净率百分位
1	创业板指	9.00	52.40%
2	深证成指	3.73	48.95%
3	中小板指	4.91	47.04%
4	创业板综	5.84	33.32%
5	科创 50	7.11	33.29%
6	中小 300	3.99	30.58%
7	上证 50	1.49	26.35%
8	沪深 300	1.69	26.19%
9	中证 800	1.75	26.04%
10	中证 100	1.54	23.80%
11	中小板综	3.43	22.34%
12	上证指数	1.47	16.53%
13	A 股指数	1.48	16.44%
14	中证 1000	2.71	15.70%
15	中证 500	2.04	12.63%
16	B 股指数	0.82	5.73%

注：市净率的数据是基于过去 11 年的数据（即 2010 年 1 月 1 日至 2020 年 12 月 31 日的数据）计算的。数据来源：东方财富 Choice 数据，笔者测算。

在表 7-7 中，我们可以观察到，"创业板指"指数的当前市净率百分位为 52.40%，说明当前该指数的位置处于历史市净率估值的相对高位区间；"B 股指数"的当前市净率百分位为 5.73%，说明当前该指数的位置处于历史市净率估值的相对低位区间。此外，如果当前市净率百分位大于 50%，那么当前该核心指数的位置处于历史市净率估值的相对高位区间；如果当前市净率百分位小于 20%，那么当前该核心指数的位置处于历史市净率估值的相对低位区间。

第三，运用市盈率估值法与市净率估值法对核心指数进行估值。 当我们对市场行情数据（2010 年 1 月 1 日至 2020 年 12 月 31 日的数据）同时进行市盈率与市净率的估值分析时，我们可以看到上证指数的当前市盈率百分位为 36.14%，当前市净率百分位为 16.53%，如表 7-8 所示。与此同时，深证成指的当前市盈率百分位为 47.57%，当前市净率百分位为 48.95%，如表 7-9

所示。通过观察表 7-8 与表 7-9，我们可以发现：根据 2010 年 1 月 1 日至 2020 年 12 月 31 日的行情数据，当前上证指数的估值水平要低于深证成指的估值水平。

表 7-8　上证指数的市盈率与市净率估值

上证指数估值指标	最大估值	最小估值	当前估值	当前估值百分位
市盈率	30.21	8.96	16.64	36.14%
市净率	3.20	1.13	1.47	16.53%

注：市盈率与市净率的数据是基于过去 11 年的数据（即 2010 年 1 月 1 日至 2020 年 12 月 31 日的数据）计算的。数据来源：东方财富 Choice 数据，笔者测算。

表 7-9　深证成指的市盈率与市净率估值

深证成指估值指标	最大估值	最小估值	当前估值	当前估值百分位
市盈率	56.91	12.80	33.78	47.57%
市净率	5.81	1.74	3.73	48.95%

注：市盈率与市净率的数据是基于过去 11 年的数据（即 2010 年 1 月 1 日至 2020 年 12 月 31 日的数据）计算的。数据来源：东方财富 Choice 数据，笔者测算。

根据同样的分析思路，我们可以对上交所和深交所自 2010 年 1 月 1 日至 2020 年 12 月 31 日核心指数的市盈率与市净率的估值情况进行统计与测算，如表 7-10 所示。在表 7-10 中，投资者可以看到上交所和深交所核心指数的市盈率与市净率的最大估值、最小估值、当前估值、当前估值百分位，以及当前估值百分位的求和。

我们以"上证指数"为例。从 2010 年 1 月 1 日至 2020 年 12 月 31 日，上证指数市盈率的取值范围为 8.96～30.21，市净率的取值范围为 1.13～3.20。假设现在是 2021 年 1 月 19 日，上证指数当前的市盈率估值为 16.64，当前市盈率估值百分位为 36.14%；上证指数当前的市净率估值为 1.47，当前市净率估值百分位为 16.53%。上证指数的市盈率与市净率的当前估值百分位的求和为 52.67%。以此类推，投资者可以在表 7-10 中查看上交所和深交所其他核心指数的市盈率与市净率的估值情况。

表 7-10 上交所和深交所核心指数的市盈率与市净率估值

序号	核心指数	估值指标	最大估值	最小估值	当前估值	当前估值百分位	当前估值百分位的求和
1	上证指数	市盈率	30.21	8.96	16.64	36.14%	52.67%
		市净率	3.20	1.13	1.47	16.53%	
2	上证 50	市盈率	23.94	6.94	14.70	45.65%	72.00%
		市净率	3.01	0.94	1.49	26.35%	
3	深证成指	市盈率	56.91	12.80	33.78	47.57%	96.52%
		市净率	5.81	1.74	3.73	48.95%	
4	创业板指	市盈率	137.90	27.11	67.40	36.37%	88.77%
		市净率	14.89	2.52	9.00	52.40%	
5	创业板综	市盈率	275.36	28.12	103.99	30.69%	64.01%
		市净率	13.12	2.20	5.84	33.32%	
6	中小板指	市盈率	64.63	18.72	37.00	39.82%	86.86%
		市净率	7.67	2.47	4.91	47.04%	
7	中小板综	市盈率	97.94	23.27	53.46	40.43%	62.77%
		市净率	8.19	2.07	3.43	22.34%	
8	中小 300	市盈率	80.94	19.71	36.62	27.62%	58.20%
		市净率	7.92	2.26	3.99	30.58%	
9	沪深 300	市盈率	28.60	8.02	16.73	42.37%	68.56%
		市净率	3.19	1.16	1.69	26.19%	
10	科创 50	市盈率	92.90	73.19	97.21	121.87%	155.16%
		市净率	8.43	6.45	7.11	33.29%	
11	中证 100	市盈率	26.23	6.86	15.00	42.05%	65.85%
		市净率	3.08	1.06	1.54	23.80%	
12	中证 500	市盈率	97.33	16.23	29.02	15.78%	28.41%
		市净率	5.92	1.48	2.04	12.63%	
13	中证 800	市盈率	31.25	9.18	18.13	40.52%	66.56%
		市净率	3.27	1.21	1.75	26.04%	
14	中证 1000	市盈率	146.92	19.18	43.65	19.16%	34.86%
		市净率	8.27	1.68	2.71	15.70%	
15	A 股指数	市盈率	31.08	8.91	16.59	34.61%	51.05%
		市净率	3.23	1.14	1.48	16.44%	

续表

序号	核心指数	估值指标	最大估值	最小估值	当前估值	当前估值百分位	当前估值百分位的求和
16	B 股指数	市盈率	41.05	10.45	36.35	84.64%	90.37%
		市净率	2.51	0.72	0.82	5.73%	

注：市盈率与市净率的数据是基于过去 11 年的数据（即 2010 年 1 月 1 日至 2020 年 12 月 31 日的数据）计算的。数据来源：东方财富 Choice 数据，笔者测算。

现在，让我们对表 7-10 中"当前估值百分位的求和"一列的数据进行降序排列，新的排序结果如表 7-11 所示。通过观察表 7-11，我们可以知道"科创 50"指数的当前估值相对较高，"中证 500"指数的当前估值相对较低。此外，投资者需要注意两点：一是这些数据是基于 2010 年 1 月 1 日至 2020 年 12 月 31 日的行情数据计算的，并不能代表历史全部的行情数据；二是这些数据是基于市盈率估值与市净率估值进行的统计分析，并不能代表全部的估值指标。

投资者可以运用常见的估值方法对股票市场的核心指数进行估值统计，进而判断当前指数的位置是否处于历史估值的高位区间。但是，在实际交易中，投资者不能只参考估值数据，还需要适当性地参考其他的基本面信息。当市场整体估值较高时，投资者要时刻警惕发生系统性风险的可能性。

表 7-11　上交所和深交所核心指数按当前估值百分位的求和排序

序号	核心指数	估值指标	当前估值百分位	当前估值百分位的求和
1	科创 50	市盈率	121.87%	155.16%
		市净率	33.29%	
2	深证成指	市盈率	47.57%	96.52%
		市净率	48.95%	
3	B 股指数	市盈率	84.64%	90.37%
		市净率	5.73%	
4	创业板指	市盈率	36.37%	88.77%
		市净率	52.40%	
5	中小板指	市盈率	39.82%	86.86%
		市净率	47.04%	

续表

序号	核心指数	估值指标	当前估值百分位	当前估值百分位的求和
6	上证 50	市盈率	45.65%	72.00%
		市净率	26.35%	
7	沪深 300	市盈率	42.37%	68.56%
		市净率	26.19%	
8	中证 800	市盈率	40.52%	34.86%
		市净率	26.04%	
9	中证 100	市盈率	42.05%	65.85%
		市净率	23.80%	
10	创业板综	市盈率	30.69%	64.01%
		市净率	33.32%	
11	中小板综	市盈率	40.43%	62.77%
		市净率	22.34%	
12	中小 300	市盈率	27.62%	58.20%
		市净率	30.58%	
13	上证指数	市盈率	36.14%	52.67%
		市净率	16.53%	
14	A 股指数	市盈率	34.61%	51.05%
		市净率	16.44%	
15	中证 1000	市盈率	19.16%	34.86%
		市净率	15.70%	
16	中证 500	市盈率	15.78%	28.41%
		市净率	12.63%	

注：市盈率与市净率的数据是基于过去 11 年的数据（即 2010 年 1 月 1 日至 2020 年 12 月 31 日的数据）计算的。数据来源：东方财富 Choice 数据，笔者测算。

4．灵活应对系统性风险：严格控制仓位

无论何时，投资者都要严格控制仓位。我们将从两个方面对仓位管理进行讨论，具体如下。

1）不同的市场行情对应着不同的仓位管理方法

当市场行情呈现单边上涨趋势时，投资者可以选择对部分投资标的进行

分批止盈处理。当市场呈现宽幅震荡行情时，投资经验较为丰富的投资者可以选择对部分投资标的进行波段式买卖操作。当市场呈现窄幅震荡行情时，投资者可以选择持仓观望或者对仓位进行灵活调整。当市场行情呈现单边下跌趋势时，投资者可以选择不断降低仓位，进而避免更大程度的损失。换句话说，如果这种单边下跌趋势比较严重，甚至逐渐呈现出系统性风险的特征，那么投资者更要严格地控制仓位，甚至将仓位不断降低以保全现有资金账户的资产。

2）无论市场处于何种行情，投资者都不宜持仓过高甚至满仓操作

当市场处于相对低位时，投资者可以获得相对便宜的标的筹码。此时，如果投资者的仓位较重，当市场行情持续上涨时，投资者可能会获得相对不错的投资收益。但是，当市场处于相对高位时，投资者只能买到相对昂贵的标的筹码。此时，如果投资者的仓位较重，当市场行情急转直下时，投资者可能会面临较大幅度的投资亏损。

在实际交易中，在市场相对低位买入大量相对便宜的标的筹码是非常理想且十分难以执行到位的一件事，绝大多数投资者都很难做到这一点。因此，无论当前市场处于何种行情之下，投资者都不宜持仓过高或者进行满仓操作。当投资者的持仓比例在50%左右时，无论后市市场行情如何变化，他都可以对现有仓位进行灵活调整，进而实现进可攻、退可守。当投资者不幸遇到系统性风险时，要严格地控制仓位，万万不可存在侥幸心理而盲目进行满仓操作。

5. 系统性风险的历次表现

系统性风险对股票市场的影响是显而易见的，我们可以对历次系统性风险的影响进行梳理、总结，进而做到以史为鉴。历次系统性风险事件或者类似系统性风险的事件所带来的影响与结果如下所示。

1）1993年2月19日至1994年7月29日的股市

1993年2月19日，上证指数盘中最高点为1558.95点。随后，上证指数一路下跌。1994年7月29日，上证指数盘中最低点为325.89点。期间，上证指数累计下跌78.27%。如果以"周"为周期对这段时间的数据进行统计，我们可以看到上证指数累计下跌77.11%，如图7-9所示。

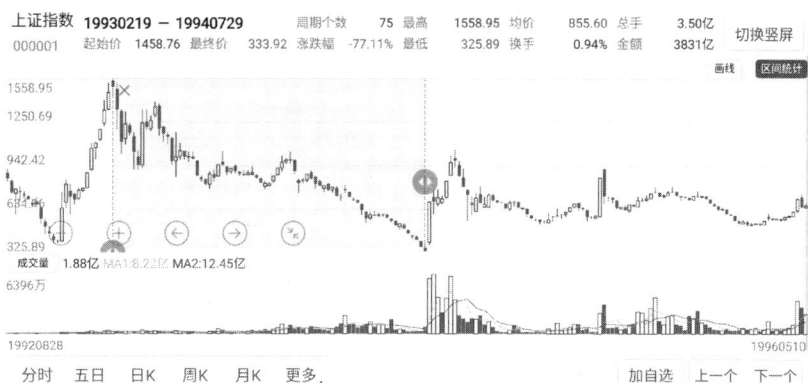

图 7-9　1993 年 2 月 19 日至 1994 年 7 月 29 日上证指数累计下跌 77.11%

数据来源：东方财富 Choice 数据。

1993 年 2 月 22 日，深证成指盘中最高点为 3422.22 点。随后，深证成指一路下跌。1994 年 7 月 29 日，深证成指盘中最低点为 944.02 点。期间，深证成指累计下跌 70.40%。如果以"周"为周期对这段时间的数据进行统计，我们可以看到深证成指累计下跌 67.39%，如图 7-10 所示。在通常情况下，系统性风险事件常常会引发较大幅度的股市下跌，投资者会面临较大程度的投资亏损。

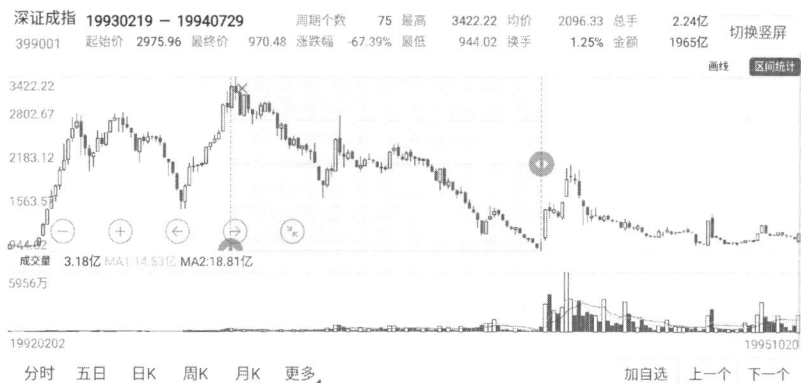

图 7-10　1993 年 2 月 19 日至 1994 年 7 月 29 日深证成指累计下跌 67.39%

数据来源：东方财富 Choice 数据。

2）2008 年世界金融危机

随着银行利率不断上涨及房价不断下跌，美国次级房屋信贷危机在 2007 年逐渐爆发。随后，那些过度依赖次贷金融衍生品的公司开始不断出现经营危机，甚至面临破产。起初的次贷危机不断向实体经济蔓延，并引发后续严重的多米诺骨牌效应与系统性风险事件。

2008 年 9 月，金融危机全面爆发。与此同时，此次金融危机对中国经济的影响也是显著的，特别是对股票市场的冲击。具体来说，从 2007 年 10 月 19 日至 2008 年 11 月 7 日，上证指数累计下跌 70.39%（见图 7-11），深证成指累计下跌 69.93%（见图 7-12），股票市场面临较大幅度的下跌，投资者的亏损普遍较为严重。

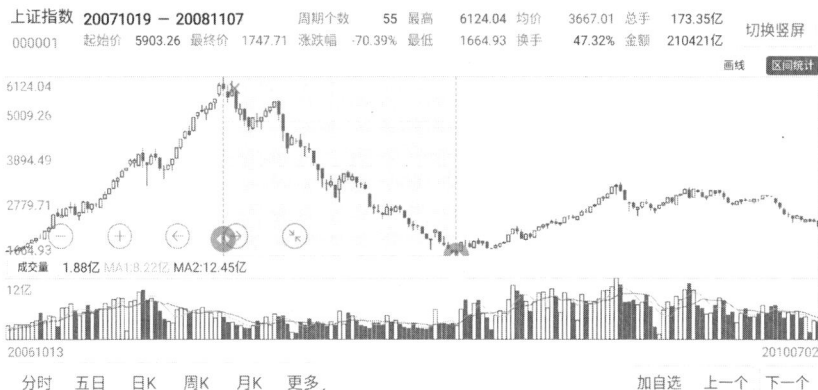

图 7-11　2007 年 10 月 19 日至 2008 年 11 月 7 日上证指数累计下跌 70.39%

数据来源：东方财富 Choice 数据。

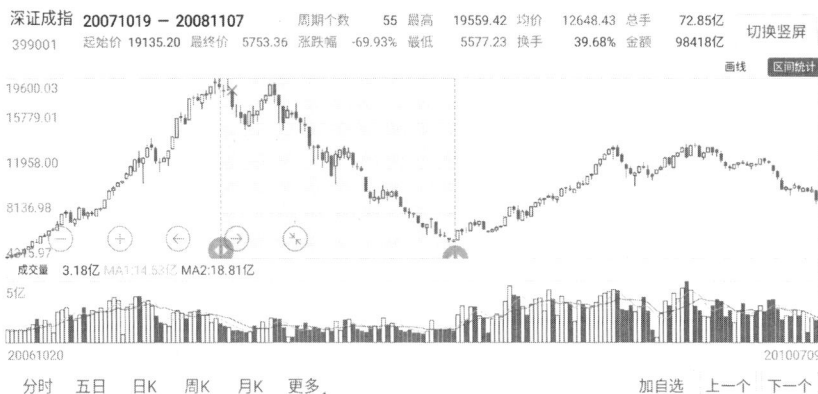

图 7-12　2007 年 10 月 19 日至 2008 年 11 月 7 日深证成指累计下跌 69.93%

数据来源：东方财富 Choice 数据。

3）2016 年的股市

2016 年，股票市场出现类似系统性风险的事件，但是并不是传统定义下的系统性风险。具体来说，从 2015 年 6 月 19 日至 2016 年 3 月 11 日，上证指数累计下跌 45.60%（见图 7-13），深证成指累计下跌 48.26%（见图 7-14）。股票市场跌幅相对较大，投资者亏损也相对较大。

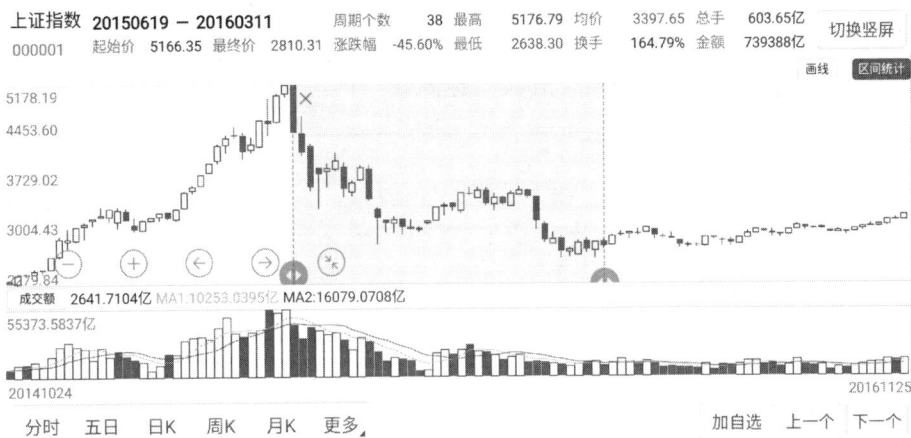

图 7-13　2015 年 6 月 19 日至 2016 年 3 月 11 日上证指数累计下跌 45.60%

数据来源：东方财富 Choice 数据。

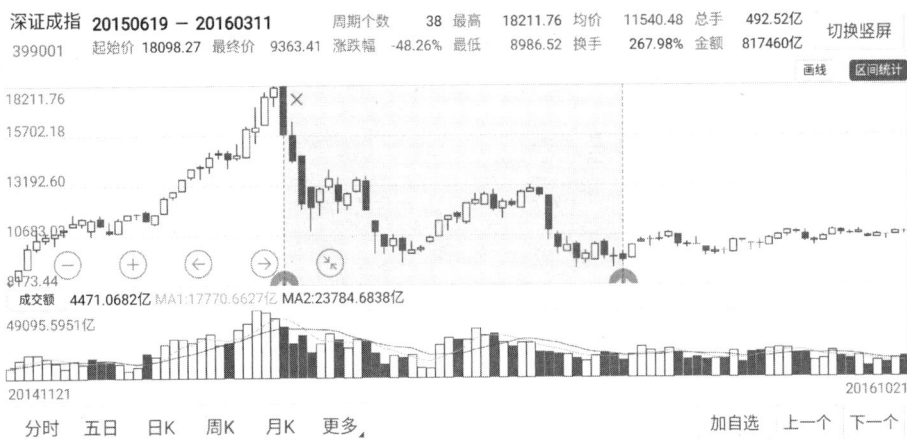

图 7-14　2015 年 6 月 19 日至 2016 年 3 月 11 日深证成指累计下跌 48.26%

数据来源：东方财富 Choice 数据。

6．系统性风险与贝塔系数

系统性风险通常被称为不可分散风险，系统性风险的大小通常用贝塔系数来表示。投资者可以从贝塔系数的定义、计算公式、数值解读，以及实际应用等方面来理解贝塔系数。

1）贝塔系数的定义与计算公式

贝塔系数（β 系数）用来衡量单一证券投资标的相对于整个证券市场行情的波动变化情况。我们以证券投资标的 a 为例，其贝塔系数的计算公式如下所示。

$$\beta_a = \frac{\text{Cov}(r_a, r_m)}{\sigma_m^2}$$

其中，

■ r_a：是指证券投资标的 a 的收益率。

■ r_m：是指市场收益率。

■ σ_m^2：是指市场收益的方差。

■ $\text{Cov}(r_a, r_m)$：是指证券投资标的 a 的收益与市场收益之间的协方差。根据上述公式，我们可以直接将它表示为：

$$\text{Cov}(r_a, r_m) = \beta_a \times \sigma_m^2$$

此外，协方差也可以表示为：

$$\text{Cov}(r_a, r_m) = \rho_{am} \times \sigma_a \times \sigma_m$$

其中，

■ ρ_{am}：是指证券投资标的 a 与市场 m 的相关系数。

■ σ_a：是指证券投资标的 a 的标准差。

■ σ_m：是指市场 m 的标准差。

通过观察上述两个关于协方差的计算公式，我们可以推导出：

$$\text{Cov}(r_a, r_m) = \beta_a \times \sigma_m^2 = \rho_{am} \times \sigma_a \times \sigma_m$$

$$\beta_a \times \sigma_m^2 = \rho_{am} \times \sigma_a \times \sigma_m$$

$$\beta_a \times \sigma_m = \rho_{am} \times \sigma_a$$

$$\beta_a = \frac{\rho_{am} \times \sigma_a}{\sigma_m}$$

$$\beta_a = \rho_{am} \times \frac{\sigma_a}{\sigma_m}$$

综上所述，当投资者已知证券投资标的 a 的收益率、市场收益率、市场收益的方差时，他可以求出标的 a 相对于整个证券市场的贝塔系数。具体公式如下所示：

$$\beta_a = \frac{\mathrm{Cov}(r_a, r_m)}{\sigma_m^2}$$

当投资者已知证券投资标的 a 与市场的相关系数、证券投资标的 a 的标准差、市场的标准差时，也可以求出标的 a 相对于整个证券市场的贝塔系数。具体公式如下所示：

$$\beta_a = \rho_{am} \times \frac{\sigma_a}{\sigma_m}$$

投资者可以根据公式求出证券投资标的的贝塔系数，进而根据贝塔系数判断证券投资标的的相对于市场基准的波动幅度。证券投资标的的贝塔系数越大，说明它相对于市场大盘的波动幅度越大。此外，我们也需要提醒投资者：因为贝塔系数会受到证券投资标的与市场之间相关系数的影响，所以贝塔系数并不能直接用来表示证券投资标的的价格波动与市场整体波动之间的关系。

佳话小贴士：

贝塔系数用来衡量单一证券投资标的的相对于整个证券市场行情的波动变化情况。证券投资标的的贝塔系数越大，说明它的波动幅度越大。

2）贝塔系数的数值解读

在上面的内容中，我们知道了应该如何计算贝塔系数。现在，我们可以对贝塔系数进行解读，大致可以分为五种情形。关于贝塔系数的五种情形分析，我们已在第 3 章提及，详见表 3-71。

现在，让我们用具体的例子来解释说明一下。

情形 1：如果股票或者基金产品的贝塔系数为 1.2，说明当市场整体上涨 1%时，该股票或者基金产品可能会随之上涨 1.2%。

情形 2：如果股票或者基金产品的贝塔系数为 1，说明当市场整体上涨 1%时，该股票或者基金产品可能会随之上涨 1%。

情形 3：如果股票或者基金产品的贝塔系数为 0.8，说明当市场整体上涨 1%时，该股票或者基金产品可能会随之上涨 0.8%。

情形 4：如果股票或者基金产品的贝塔系数为 0，说明该股票或基金产品的波动情况与市场整体的波动情况几乎没有关系。

情形 5：如果股票或者基金产品的贝塔系数为-0.5，说明当市场整体上涨 1%时，该股票或者基金产品可能会随之下跌 0.5%。

3）贝塔系数的实际应用

以股票型基金产品为例。首先，我们可以将基金产品的成立年限、贝塔系数作为参数来进行筛选。其次，根据东方财富投资范畴分类，我们选取市场上现存成立年限在 3 年以上的股票型基金产品，并将它们按照"贝塔系数（以上证指数为标准）"进行降序排列，排序后得到的结果如表 7-12 所示。

在表 7-12 中，我们可以发现：基金产品"南方中证全指证券公司 ETF"的贝塔系数（以上证指数为标准）为 1.50，贝塔系数（以深证成指为标准）为 1.07；基金产品"国泰中证全指证券公司 ETF"的贝塔系数（以上证指数为标准）为 1.49，贝塔系数（以深证成指为标准）为 1.05。以此类推，投资者可以解读表 7-12 中其他成立年限在 3 年以上的股票型基金产品的贝塔系数。

表 7-12　股票型基金产品按贝塔系数排名（基金产品成立 3 年以上）

基金代码	基金名称	成立年限（年）	贝塔系数（以上证指数为标准）	贝塔系数（以深证成指为标准）
512900.OF	南方中证全指证券公司 ETF	3.87	1.50	1.07
512880.OF	国泰中证全指证券公司 ETF	4.50	1.49	1.05
512000.OF	华宝中证全指证券公司 ETF	4.40	1.48	1.05
512570.OF	易方达中证全指证券公司 ETF	3.49	1.48	1.07
004070.OF	南方中证全指证券 ETF 联接 C	3.88	1.41	1.00
004069.OF	南方中证全指证券 ETF 联接 A	3.88	1.41	1.00
501048.OF	汇添富中证全指证券公司指数(LOF)C	3.14	1.40	1.03
501047.OF	汇添富中证全指证券公司指数(LOF)A	3.14	1.40	1.03
501016.OF	国泰中证申万证券行业指数(LOF)	3.74	1.38	0.98
159949.OF	华安创业板 50ETF	4.57	1.29	1.16
502010.OF	易方达证券公司(LOF)	5.55	1.28	0.98
004409.OF	招商深证 TMT50ETF 联接 C	3.92	1.28	1.14
163113.OF	申万菱信中证申万证券行业指数(LOF)	6.87	1.28	1.00
161720.OF	招商中证全指证券公司指数(LOF)	6.20	1.27	1.00
161027.OF	富国中证全指证券公司指数(LOF)	5.83	1.26	0.98
001630.OF	天弘中证计算机主题 ETF 联接 C	5.49	1.26	1.14
001629.OF	天弘中证计算机主题 ETF 联接 A	5.49	1.26	1.14
003834.OF	华夏能源革新股票	3.63	1.26	1.07
004347.OF	南方中证 500 信息技术 ETF 联接 C	3.92	1.25	1.12
002900.OF	南方中证 500 信息技术 ETF 联接 A	4.44	1.25	1.12

注：无论是将上证指数还是将深证成指选为标的指数来计算贝塔系数，取值数据的时间范围均为 2010 年 1 月 1 日至 2021 年 1 月 19 日。数据来源：东方财富 Choice 数据。

同理，我们选取的成立年限在 5 年以上的部分股票型基金产品如表 7-13 所示。在表 7-13 中，我们可以发现：基金产品"易方达证券公司(LOF)"的贝塔系数（以上证指数为标准）为 1.28，贝塔系数（以深证成指为标准）为 0.98；基金产品"申万菱信中证申万证券行业指数(LOF)"的贝塔系数（以上证指数为标准）为 1.28，贝塔系数（以深证成指为标准）为 1.00。以此类推，投资者可以解读表7-13中其他成立年限在 5 年以上的股票型基金产品的贝塔系数。

表 7-13　股票型基金产品按贝塔系数排名（基金产品成立 5 年以上）

基金代码	基金名称	成立年限（年）	贝塔系数（以上证指数为标准）	贝塔系数（以深证成指为标准）
502010.OF	易方达证券公司(LOF)	5.55	1.28	0.98
163113.OF	申万菱信中证申万证券行业指数(LOF)	6.87	1.28	1.00
161720.OF	招商中证全指证券公司指数(LOF)	6.20	1.27	1.00
161027.OF	富国中证全指证券公司指数(LOF)	5.83	1.26	0.98
001630.OF	天弘中证计算机主题 ETF 联接 C	5.49	1.26	1.14
001629.OF	天弘中证计算机主题 ETF 联接 A	5.49	1.26	1.14
161629.OF	融通中证精准医疗主题指数(LOF)	5.52	1.23	0.93
512070.OF	易方达沪深 300 非银行金融 ETF	6.58	1.22	0.92
160625.OF	鹏华证券保险指数(LOF)	6.72	1.21	0.92
160419.OF	华安中证全指证券公司指数	5.63	1.21	0.93
160224.OF	国泰中证计算机主题 ETF 联接 A	5.83	1.21	1.14
001552.OF	天弘中证证券保险 A	5.57	1.21	0.88
001553.OF	天弘中证证券保险 C	5.57	1.21	0.88
164905.OF	交银新能源指数(LOF)	5.83	1.20	1.07
502053.OF	长盛中证全指证券指数(LOF)	5.45	1.19	0.89
000826.OF	广发百发 100 指数 A	6.24	1.18	1.09
000827.OF	广发百发 100 指数 E	6.24	1.18	1.09
161724.OF	招商中证煤炭等权指数(LOF)	5.68	1.17	0.92
161031.OF	富国中证工业 4.0 指数(LOF)	5.61	1.17	1.10
000978.OF	景顺长城量化精选股票	5.97	1.17	1.03

注：无论是将上证指数还是将深证成指选为标的指数来计算贝塔系数，取值数据的时间范围均为 2010 年 1 月 1 日至 2021 年 1 月 19 日。数据来源：东方财富 Choice 数据。

7.2　基金定投与非系统性风险

投资者在充分理解了证券市场风险中的系统性风险后，还需要重点理解证券市场风险中的非系统性风险。具体内容如下所示。

1．初识非系统性风险

对于非系统性风险，投资者可以先从其定义、影响因素、特点等方面进行了解。

1）非系统性风险的定义

非系统性风险又被称为可分散风险，是指由公司所在的行业或者公司自身因素引起的局部性证券市场风险。同时，非系统性风险只会给个别行业或者公司的证券投资标的的收益情况带来消极的影响。换句话说，绝大部分证券投资标的都不会受到非系统性风险的冲击，只有个别证券投资标的的持有者会承受一定的投资损失。

在通常情况下，非系统性风险是可以通过构建有效的投资组合来进行分散的。因此，我们建议投资者在进行投资或者在构建有效的投资组合之前，要充分理解非系统性风险的影响因素与特点。

2）非系统性风险的影响因素

非系统性风险是由公司所在的行业或者公司自身因素引起的局部性证券市场风险。对非系统性风险进行充分的理解有利于投资者及时对公司可能出现的风险事件做出快速的反应与评估。在通常情况下，非系统性风险常见的影响因素主要包括经营管理风险、金融风险、股票流动性风险等。具体分析如下所示。

第一，经营管理风险。不同的行业具有不同的行业属性、经营管理模式，以及与之相对应的潜在的经营管理风险。与此同时，不同的公司也具有不同的经营管理模式，以及与之相对应的潜在的经营管理风险。在通常情况下，常见的经营管理风险主要包括管理层可能存在领导与决策短板、产品设计工艺与流程不符合当前市场需求、产品质量不及历史同期水平、市场份额持续减少、员工数量不断减少、硬件设备折旧与老化等。

如果一家公司出现经营管理风险，那么它的股票价格在大概率上会出现下跌趋势。同时，经营管理风险也会直接影响公司未来的可持续发展。因此，我们建议投资者在进行投资之前，要充分调研标的公司的经营管理模式及与之相对应的可能会出现的经营管理风险，提前做到心中有数。

第二，金融风险。当投资者试图评估一家公司是否存在金融风险时，需要密切关注该公司过往的融资方式。在通常情况下，公司主要的融资方式可以分为直接融资与间接融资。具体来说，直接融资是指没有金融中介机构参与的融资方式，如公司在证券市场进行首次上市募集资金（简称为上市融资）、增发、配股等融资活动。间接融资是指有金融中介机构参与的融资方式，如公司向银行或者其他金融机构进行贷款等融资活动。

当公司采用上市、发行股票等直接融资的方式进行融资时，对这部分融资资金来说，公司是不需要支付利息的。当公司采用向银行贷款或者发行债券等间接融资的方式进行融资时，对这部分融资资金来说，公司是需要支付利息的。如果一家公司的贷款与债券规模在资本结构中占比相对较小，那么该公司需要支付的利息也相对较少，其股票的金融风险也相对较小。反之，如果一家公司的贷款与债券规模在资本结构中占比相对较大，那么该公司需要支付的利息也相对较多，其股票的金融风险也相对较大。也就是说，当一家公司的贷款与债券规模在资本结构中占比相对较小时，其股票的金融风险也随之较小。如果投资者选择投资这样的证券标的公司，那么他所面临的潜在的金融风险也会相对较小。

但是，这样的证券标的公司也有它的缺点。当公司处于快速扩张与发展阶段时，如果没有足够的融资资金作为发展必备的经济支撑，那么公司的发展可能会受限。因此，投资者需要在未来潜在的投资收益与金融风险之间做出适当性的取舍与权衡。

第三，股票流动性风险。当股票以市场价格进行买卖交易时存在困难，说明该股票的流动性较弱，甚至可能存在流动性风险。如果股票的股价长期处于下跌状态，那么该股票的流动性风险会随之增大。

3）非系统性风险的特点

非系统性风险的特点主要有两个。第一，非系统性风险只会局部性地影响市场中单一证券投资标的的收益或者某一行业中证券投资标的的收益。以房地产行业为例。2013年3月4日，国务院办公厅发布《国务院办公厅关于继续做好房地产市场调控工作的通知》。为了促进房地产市场平稳健康发展，第二条实施细则明确提出三点要求：一是"继续严格执行商品住房限购措施"，二是"继续严格实施差别化住房信贷政策"，三是"充分发挥税收政策的调节作用"。此次房地产调控不断引发市场参与者的热议。2013 年 3 月 4 日开盘后，房地产板块受楼市调控政策影响而大幅下跌，地产股也出现大面积大幅下跌现象。换句话说，此次房地产板块与地产股的下跌是由非系统性风险引起的，对其他行业的影响只是暂时的。

佳话小贴士：

　　非系统性风险只会局部性地影响市场中单一证券投资标的的收益或者某一行业中证券投资标的的收益。

　　第二，非系统性风险是可以通过分散投资来进行合理规避或者转移的。由于非系统性风险是由公司所在的行业或者公司的自身因素引起的，所以投资者可以通过构建有效的证券投资组合来合理规避非系统性风险。在基金定投方面，关于如何构建有效的组合基金定投，我们会在第 8 章中为投资者进行详细的介绍。

佳话小贴士：

　　非系统性风险是可以通过分散投资来进行合理规避或者转移的。

2. 非系统性风险与阿尔法系数

非系统性风险通常被称为可分散风险。在通常情况下，阿尔法系数可以用来表示投资者获得的与市场波动无关的投资回报，即某只股票或者基金的绝对回报与预期回报之间的差额。投资者可以从阿尔法系数的定义、计算公式、数值解读、实际应用等方面来理解阿尔法系数。

1）阿尔法系数的定义与计算公式

阿尔法系数是指证券投资标的的绝对收益与预期收益之间的差额。接下来，我们将为投资者分别介绍绝对收益率、预期收益率，以及阿尔法系数的计算公式。

第一，关于绝对收益率。绝对收益率（Absolute return, r_a），又被称为额外收益率（Excess return, r_e），是指证券投资标的的实际收益率（Real rate of return, r_r）与无风险收益率（Risk-free rate of return，r_f）之间的差额。具体的计算公式如下所示。

$$绝对收益率 = 实际收益率 - 无风险收益率$$

$$r_a = r_r - r_f$$

其中，

■ r_r：是指实际收益率。

■ r_f：是指无风险收益率，可以参考银行一年期定期存款利率或者短期国债收益率。

第二，关于预期收益率。预期收益率（Expected Return, E_r），是指在不确定的条件下根据现有条件对证券投资标的未来可能会实现的收益情况进行的预测。在通常情况下，当投资者将资金分散投资在各大类资产中时，可以参考资本资产定价模型（Capital Asset Pricing Model，CAPM）来预测证券投资标的的预期收益率。具体的计算公式如下所示。

$$E_r = \beta \times \left[E(r_m) - r_f \right]$$

其中，

■ β：是指证券投资标的的系统性风险。

■ r_m：是指市场的收益率。

■ $E(r_m)$：是指市场的预期收益率。

■ r_f：是指无风险收益率，可以参考银行一年期定期存款利率或者短期国债收益率。

■ $E(r_m) - r_f$：是指市场风险溢价，也指市场的预期收益率与无风险收益率之间的差额。

■ $\beta \times \left[E(r_m) - r_f \right]$：是指贝塔系数与市场回报之间的乘积，这个乘积可以用来反映证券投资标的在市场整体回报基准的基础上额外获得的投资回报。

需要提醒投资者的是，预期收益率与实际收益率之间可能存在不同程度的差异，投资者不能只关注预期收益率。

第三，关于阿尔法系数。 当投资者已知证券投资标的的绝对收益率与预期收益率时，他可以求出该证券投资标的的阿尔法系数。具体公式如下所示。

$$阿尔法系数 = 绝对收益率 - 预期收益率$$

$$\alpha = r_a - E_r$$

$$\alpha = (r_r - r_f) - \beta \times \left[E(r_m) - r_f \right]$$

其中：

- r_r：是指实际收益率。

- r_f：是指无风险收益率，可以参考银行一年期定期存款利率或者短期国债收益率。

- $r_r - r_f$：是指证券投资标的的绝对收益率。

- β：　是指证券投资标的的系统性风险。

- r_m：　是指市场的收益率。

- $E(r_m)$：　是指市场的预期收益率。

- $E(r_m) - r_f$：是指市场风险溢价，也指市场的预期收益率与无风险收益率之间的差值。

- $\beta \times \left[E(r_m) - r_f \right]$：是指贝塔系数与市场回报之间的乘积，这个乘积可以用来反映证券投资标的在市场整体回报基准的基础上额外获得的投资回报。

综上所述，当投资者已知证券投资标的的绝对收益率与预期收益率时，可以参考上述公式求出证券投资标的的阿尔法系数，进而根据阿尔法系数判断证券投资标的获取超额投资回报的能力。证券投资标的的阿尔法系数越大，说明它获取超额投资回报的能力越强。

2）阿尔法系数的数值解读

在第 3 章的内容中，我们已经解读了阿尔法系数的三种情形，如表 3-70 所示。

3）阿尔法系数的实际应用

我们以股票型基金产品为例。首先，我们可以将基金产品的成立年限、年化阿尔法系数（以上证指数为标准）、年化阿尔法系数（以深证成指为标准）作为参数来筛选股票型基金产品。其次，根据东方财富投资范畴分类，我们选取市场上现存成立年限在 3 年以上的股票型基金产品，并将它们根据"年化阿尔法系数（以上证指数为标准）"进行降序排列，排序后得到的结果如表 7-14 所示。

在表 7-14 中，我们可以发现：基金产品"招商中证白酒指数(LOF)"的年化阿尔法系数（以上证指数为标准）为 0.38，年化阿尔法系数（以深证成指为标准）为 0.34；基金产品"广发医疗保健股票 A"的年化阿尔法系数（以上证指数为标准）为 0.37，年化阿尔法系数（以深证成指为标准）为 0.30。以此类推，投资者可以解读表 7-14 中其他成立年限在 3 年以上的股票型基金产品的年化阿尔法系数。

表 7-14　部分股票型基金产品按年化阿尔法系数排名（基金产品成立 3 年以上）

基金代码	基金名称	成立年限（年）	年化阿尔法系数（以上证指数为标准）	年化阿尔法系数（以深证成指为标准）
161725.OF	招商中证白酒指数(LOF)	5.66	0.38	0.34
004851.OF	广发医疗保健股票 A	3.45	0.37	0.30
004812.OF	中欧先进制造股票 A	3.01	0.35	0.27
004813.OF	中欧先进制造股票 C	3.01	0.35	0.26
004075.OF	交银医药创新股票	3.84	0.32	0.27
003853.OF	金鹰信息产业股票 A	3.87	0.32	0.26
004997.OF	广发高端制造股票 A	3.39	0.32	0.24
160632.OF	鹏华中证酒指数(LOF)	5.74	0.32	0.27
005235.OF	银华食品饮料量化股票发起式 A	3.21	0.29	0.23
005236.OF	银华食品饮料量化股票发起式 C	3.21	0.29	0.23
001410.OF	信达澳银新能源产业股票	5.48	0.29	0.24
001938.OF	中欧时代先锋股票 A	5.22	0.29	0.24

续表

基金代码	基金名称	成立年限（年）	年化阿尔法系数（以上证指数为标准）	年化阿尔法系数（以深证成指为标准）
001714.OF	工银文体产业股票 A	5.07	0.28	0.25
003834.OF	华夏能源革新股票	3.63	0.27	0.19
003984.OF	嘉实新能源新材料股票 A	3.86	0.27	0.20
004241.OF	中欧时代先锋股票 C	4.01	0.27	0.20
003985.OF	嘉实新能源新材料股票 C	3.86	0.27	0.20
005268.OF	鹏华优势企业	3.15	0.27	0.19
001616.OF	嘉实环保低碳股票	5.07	0.26	0.23
001631.OF	天弘中证食品饮料指数 A	5.49	0.26	0.22

注：无论是将上证指数还是将深证成指选为标的指数来计算年化阿尔法系数，取值数据的时间范围均为 2010 年 1 月 1 日至 2021 年 1 月 19 日。数据来源：东方财富 Choice 数据。

同理，我们选取的成立年限在 5 年以上的部分股票型基金产品如表 7-15 所示。在表 7-15 中，我们可以发现：基金产品"招商中证白酒指数(LOF)"的年化阿尔法系数（以上证指数为标准）为 0.38，年化阿尔法系数（以深证成指为标准）为 0.34；基金产品"鹏华中证酒指数(LOF)"的年化阿尔法系数（以上证指数为标准）为 0.32，年化阿尔法系数（以深证成指为标准）为 0.27。以此类推，投资者可以解读表 7-15 中其他成立年限在 5 年以上的股票型基金产品的年化阿尔法系数。

表 7-15　部分股票型基金产品按年化阿尔法系数排名（基金产品成立 5 年以上）

基金代码	基金名称	成立年限（年）	年化阿尔法系数（以上证指数为标准）	年化阿尔法系数（以深证成指为标准）
161725.OF	招商中证白酒指数(LOF)	5.66	0.38	0.34
160632.OF	鹏华中证酒指数(LOF)	5.74	0.32	0.27
001410.OF	信达澳银新能源产业股票	5.48	0.29	0.24
001938.OF	中欧时代先锋股票 A	5.22	0.29	0.24
001714.OF	工银文体产业股票 A	5.07	0.28	0.25
001616.OF	嘉实环保低碳股票	5.07	0.26	0.23
001631.OF	天弘中证食品饮料指数 A	5.49	0.26	0.22
001632.OF	天弘中证食品饮料指数 C	5.49	0.26	0.22

续表

基金代码	基金名称	成立年限（年）	年化阿尔法系数（以上证指数为标准）	年化阿尔法系数（以深证成指为标准）
001542.OF	国泰互联网+股票	5.47	0.26	0.21
160222.OF	国泰国证食品饮料行业(LOF)	6.25	0.23	0.21
000248.OF	汇添富中证主要消费 ETF 联接	5.84	0.23	0.20
001736.OF	圆信永丰优加生活	5.24	0.23	0.20
000751.OF	嘉实新兴产业股票	6.35	0.22	0.20
001473.OF	建信大安全战略精选股票	5.49	0.22	0.19
001705.OF	泓德战略转型股票	5.21	0.22	0.18
000960.OF	招商医药健康产业股票	5.98	0.21	0.17
000854.OF	鹏华养老产业股票	6.15	0.21	0.17
001677.OF	中银战略新兴产业股票 A	5.16	0.21	0.18
001163.OF	银华中国梦 30 股票	5.74	0.20	0.16
001643.OF	汇丰晋信智造先锋股票 A	5.32	0.20	0.15

注：无论是将上证指数还是将深证成指选为标的指数来计算年化阿尔法系数，取值数据的时间范围均为 2010 年 1 月 1 日至 2021 年 1 月 19 日。数据来源：东方财富 Choice 数据。

通过阅读本章的内容，投资者可以正确理解基金定投与系统性风险、基金定投与非系统性风险之间的关系。在下一章的内容中，笔者会为投资者详细介绍如何通过构建有效的组合来进行基金定投。

第 8 章

8

如何构建组合基金定投

在前面的内容中，投资者学习了系统性风险与贝塔系数、非系统性风险与阿尔法系数。同时，投资者也明白了系统性风险是不可分散风险，而非系统性风险是可分散风险。投资者可以通过构建有效的证券投资组合来合理分散或转移非系统性风险，该方法在基金定投领域中是非常有效的。

在本章中，我们将从初识组合基金定投、组合基金定投的实操指南，以及单一基金定投与组合基金定投的比较三个方面来为投资者详细介绍如何构建组合基金定投，进而帮助大家使用科学的方法来降低投资的非系统性风险。

8.1 初识组合基金定投

为了在使用组合基金定投的过程中博取更好的投资回报，投资者可以先从投资组合理论的定义、前提假设条件、投资组合有效边界模型、资本资产定价模型，以及投资组合与相关系数等方面详细了解一下与投资组合有关的内容。

1. 投资组合理论的定义

投资组合理论是投资者需要掌握的一个重要知识点。1952 年，美国经济学家马柯维茨首次提出了投资组合理论，并对其进行了系统且深入的研究，他也因为提出该理论而获得了诺贝尔经济学奖。

在投资领域中，"马柯维茨投资组合理论"是众多投资组合理论中最经典的理论之一，同时该理论也被广泛应用于组合筛选与资产配置。那么，投资组合理论到底是什么呢？简单地说，投资组合理论是指投资者可以将若干证券投资标的的搭配组成一个证券投资组合，该证券投资组合的投资收益是若干证券投资标的的收益的加权平均值，但是与之相对应的投资风险不是若干证券投资标的的风险的加权平均值。换句话说，当投资者科学且有效地使用投资组合理论时，可以利用均值—方差分析模型在一定程度上降低投资过程中的非系统性风险。

2. 投资组合理论的前提假设条件

当投资者使用投资组合理论的时候，需要了解一下使用该理论的前提假设条件。在通常情况下，投资组合理论的前提假设条件有三个。

前提假设条件一：假设证券投资市场是有效的。当市场信息被充分披露的时候，同时当投资者的投资行为相对理性的时候，投资者可以获得相对较好的投资回报。但是，值得投资者注意的是，这个前提假设条件在现实的交易过程中是相对难以实现的。

前提假设条件二：假设投资者都是厌恶风险的。当投资者选择使用马柯维茨投资组合理论时，其风险偏好是被默认为风险规避型的。

前提假设条件三：假设投资者是在结合期望收益率和风险的基础上来选择投资组合的。投资的期望收益率与风险是一对天生的"好朋友"。如果投资者只关注投资的期望收益率而忽视投资的风险，那么他很容易陷入投资的误区当中。

投资者只有在充分了解了投资组合理论的前提假设条件之后，才能够更好地在实践中辩证地进行组合筛选与资产配置，进而在博弈相对较高预期收益的前提下尽可能最小化预期风险，或者在风险一定的前提下尽可能最大化预期收益。

3. 投资组合有效边界模型

投资者在使用投资组合理论时，需要在充满不确定性的收益与风险中不断寻找最适合自己实际情况的资产配置方案。在这个探索的过程中，投资者可以参考投资组合有效边界模型，这个模型就是我们常说的"均值—方差分析模型"。

具体来说，投资者可以将"均值"理解为投资组合的预期收益率，将"方差"理解为投资组合预期收益率的波动率。换句话说，均值可以为投资者展示投资组合收益性方面的数据，方差可以为投资者展示投资组合风险性方面的数据。

在金融领域里，经济学家为了帮助投资者更好地理解收益率与波动率之间的关系，选择用平面直角坐标系来表示均值与方差之间的关系。其中，横轴为均值（表示收益率），纵轴为方差（表示收益率的波动率）。经过非常复杂的计算，均值与方差之间的关系会在直角坐标系上形成一条曲线。在这条曲线上有一个点，它对应的波动率最低，该点被称为"最小方差点"。沿着这条曲线，投资者可以找到最小方差点以上的部分曲线，这部分曲线就是金融领域里著名的"投资组合有效边界曲线"。值得投资者注意的是，投资者可以多关注落在投资组合有效边界曲线上的投资组合。

4. 投资组合与相关系数

在第 3 章的内容中，投资者了解到不同种类的基金产品都有与之相对应的收益率与波动率的变化区间。在通常情况下，股权类、债权类、商品类及其他类资产之间并不会出现同涨同跌的现象。这些资产之间为什么不会出现同涨同跌的现象呢？

为了更好地回答这个问题，我们需要引入"相关性""相关系数"这些概念。接下来，投资者可以从相关性的定义与相关系数的定义、计算公式、数值解读、实际应用等方面来理解这些概念。

1）相关系数的定义与计算公式

在证券投资领域里，相关性可以用来反映两个证券投资标的之间相互关联的程度。如果一个证券投资标的引发另一个证券投资标的朝着相同的方向波动，说明这两个证券投资标的之间存在着正相关性；如果一个证券投资标的引发另一个证券投资标的朝着相反的方向波动，说明这两个证券投资标的之间存在着负相关性。

投资者可以用"相关系数（Correlation Coefficient，简称为r）"来衡量两个证券投资标的之间的"相关性"。换句话说，投资者在使用投资组合理论的过程中，常常需要参考一个非常重要的统计指标，即相关系数。对组合基金定投来说，相关系数可以用来反映某基金产品与标的指数之间的线性关系。相关系数的计算公式如下所示。

$$r(相关系数) = \frac{\text{Cov}(X,Y)}{\sigma_x \times \sigma_y}$$

其中，

X：是指标的指数收益率的序列数据。

Y：是指基金复权单位净值收益率的序列数据。

Cov：是指协方差的运算符号。

σ_x：是指标的指数的标准差（波动率）。

σ_y：是指基金复权单位净值收益率的标准差（波动率）。

佳话小贴士：

> 相关系数是用来衡量两个证券投资标的之间的"相关性"的指标。当两个证券投资标的之间的相关系数的绝对值越接近 1 时，说明这两个证券投资标的之间的相关性越强；当两个证券投资标的之间的相关系数的绝对值越接近 0 时，说明这两个证券投资标的之间的相关性越弱。

2）相关系数的数值解读

在上面的内容中，我们知道了应该如何计算相关系数。现在，我们可以用相关系数对证券投资标的之间的关系进行分析，大致可以分为 5 种情形，如表 8-1 所示。

表 8-1　相关系数的 5 种情形分析

序 号	情 形	证券投资标的之间的关系
1	当 $r = 1$ 时	说明两个证券投资标的的走势之间呈现完全正相关的关系
2	当 $0 < r < 1$ 时	说明两个证券投资标的走势之间具有一定的同向相关性
3	当 $r = 0$ 时	说明两个证券投资标的的走势之间完全不相关
4	当 $-1 < r < 0$ 时	说明两个证券投资标的走势之间具有一定的反向相关性
5	当 $r = -1$ 时	说明两个证券投资标的的走势之间呈现完全负相关的关系

值得投资者注意的是，当 $0 < |r| < 0.3$ 时，两个证券投资标的之间是低度相关的；当 $0.3 < |r| < 0.8$ 时，两个证券投资标的之间是中度相关的；当 $0.8 < |r| < 1$ 时，两个证券投资标的之间是高度相关的。

3）相关系数对投资组合的影响

美国经济学家马柯维茨在研究投资组合理论时，发现单只股票的价格波动容易受到证券投资市场整体行情的影响。同时，股票类资产价格波动的相关性很大，即当股市行情较好的时候，各只股票容易出现同涨的现象，只是涨幅不同而已；当股市行情较差的时候，各只股票容易出现同跌的现象，只是跌幅不同而已。换句话说，当投资者将大部分资金投资于股权类资产时，如果股票市场出现较大幅度的单边下跌，那么投资者可能会承受资金亏损的压力。

在深入研究投资组合理论的过程中，经济学家马柯维茨还发现股票、债券、衍生品等各类资产之间的相关性不高。也就是说，如果投资者将这些资产按照一定的投资比例搭配成一个投资组合进行投资，那么其可以在不损失投资回报的前提下，有效地降低整个投资组合的风险。

综上所述，在本节中，投资者分别从投资组合理论的定义、前提假设条件、投资组合有效边界模型、资本资产定价模型，以及投资组合与相关系数等方面详细了解了投资组合理论的相关内容。接下来，我们将一起学习如何将投资组合理论应用在组合基金定投中。

8.2　组合基金定投的实操指南

在通常情况下，证券市场风险中的系统性风险是不能被分散的，但是非系统性风险是可以通过分散投资来进行合理规避或者转移的。换句话说，投资者可以通过构建组合基金定投来降低非系统性风险。具体来说，投资者可以参考以下 7 个步骤来进行组合基金定投，进而在不损失投资回报的前提下，有效降低整个基金组合的风险。

第 1 步：投资者综合评估自己的基本情况、投资经验、风险承受能力，以及可投资金的额度。

第一，投资者需要对自己的基本情况进行了解。

第二，投资者需要具备一定的投资经验，如果投资者对基础性的金融知识不了解，那么他需要先认真学习并积累一定的金融知识。

第三，投资者需要认真评估自己的风险承受能力，即投资者需要根据自己的实际情况来判断自己是属于保守型投资者、稳健型投资者、平衡型投资者、积极型投资者，还是属于激进型投资者。具体来说，保守型投资者是指那些不愿意承受投资损失的投资者；稳健型投资者是指那些风险偏好相对较低且愿意用相对较小的风险来博弈相对较为确定的投资收益的投资者；平衡型投资者是指那些风险偏好相对中等且愿意承担一定程度的风险，进而用风险来博弈一定程度的投资回报的投资者；积极型投资者是指那些风险偏好相对中等偏上且愿意承担相当程度的风险，进而用风险来博弈相对较大的投资回报的投资者；激进型投资者是指那些风险偏好相对较高且愿意用相对较大的风险来博取未来的投资回报的投资者。换句话说，投资者在充分了解并评估自己的风险承受能力之后，可以更好地为自己选择真正适合自己的组合基金产品及配置方案。

第四，投资者需要综合评估自己可投资金的额度，即未来三到五年内不需要使用的资金的额度。科学的投资是需要坚持长期主义的，任何想要短期致富的投机想法相对来说都是较为危险的。因此，当投资者决定参与投资的时候，应尽量使用自己未来三到五年内不会使用的资金，这样他的投资心态也会相对从容一些。

　　第 2 步：投资者对各大类资产进行分类。投资者在准备开始做组合基金定投之前，需要对各大类资产进行详细的分类。换句话说，投资者需要判断哪些资产属于现金类资产，哪些资产属于债权类资产，哪些资产属于股权类资产，以及哪些资产属于其他类资产等。然后，投资者可以将这些大类资产按照一定的投资比例进行分散投资。不同类资产之间的相关系数可能为负数，使得这些资产之间不会出现同涨同跌的现象，这在一定程度上可以为投资者降低投资组合的非系统性风险。

　　换句话说，当投资者将资金分散投资在相关系数较低甚至具有负相关性的资产上时，其可以在博取较大投资回报的前提下更加有效地降低整个投资组合的风险。

佳话小贴士：

> 　　当投资者对各大类资产进行详细的分类时，需要判断哪些资产属于现金类资产，哪些资产属于债权类资产，哪些资产属于股权类资产，以及哪些资产属于其他类资产等。

　　第 3 步：投资者确定各大类资产的投资比例。投资者在对自己可投资金的额度进行综合评估后，还需要根据自己实际的风险承受能力来确定各大类资产的投资比例，各大类资产的投资比例总计为 100%。由于每个投资者的实际情况不尽相同，所以投资者需要选择最适合自己的投资比例，可在日后投资的过程中定期调整各大类资产的投资比例。

　　在通常情况下，不同的资产配置比例往往可以给投资者带来不同的资产配置结果，也能在一定程度上有效地分散风险。如果一个投资者的风险偏好相对较低，如保守型投资者或者稳健型投资者，那么他可以考虑将现金类资产与债权类资产的投资比例提高，同时将股权类资产与其他类资产的投资比例降低；如果一个投资者的风险偏好较为适中，如平衡型投资者，那么他可以考虑将现金类资产、债权类资产、股权类资产及其他类资产的投资比例平均分配，或者更加偏重于风险相对较低的现金类资产与债权类资产；如果一个投资者的风险偏好相对较高，如积极型投资者或者激进型投资者，那么他可以考虑将股权类资产与其他类资产的投资比例提高，同时将现金类资产与债权类资产的投资比例降低。

综上所述，无论投资者如何选择各大类资产的投资比例，都应该从自己的实际情况出发并做好长期投资的准备。值得投资者注意的是，从大类资产配置的角度出发，投资者也许无法找到一个最佳的投资配置比例，但是他可以试图寻找到最适合自己实际情况与风险承受能力的配置比例。毕竟，有时候适合自己的才是最好的。

佳话小贴士：

当投资者根据自己实际的风险承受能力来确定各大类资产的投资比例时，他需要从自己的实际情况出发来寻找最适合自己的投资比例。

第 4 步：投资者对各大类资产进行数据收集与整理。投资者在了解了各大类资产分别有哪些后，需要对成立年限至少在五年以上的各大类资产进行产品数据的收集。

比如，截至 2021 年 2 月 22 日收盘，市场上现存的股票型基金共有 1858 只，其中成立年限在五年以上的股票型基金共有 538 只；市场上现存的混合型基金共有 2657 只，其中成立年限在五年以上的混合型基金共有 602 只；市场上现存的债券型基金共有 3754 只，其中成立年限在五年以上的债券型基金共有 787 只；市场上现存的货币型基金共有 691 只，其中成立年限在五年以上的货币型基金共有 396 只；市场上现存的 QDII 基金共有 312 只，其中成立年限在五年以上的 QDII 基金共有 115 只；市场上现存的商品型基金共有 42 只，其中成立年限在五年以上的商品型基金共有 9 只。此外，投资者还可以收集各大类资产的各项重要指标的数据，如年化收益率、阿尔法系数、贝塔系数、夏普比率、年化波动率、最大回撤等。

当投资者拥有足够多的样本数据时，才能得出比较具有统计价值的分析结论，进而筛选出相对较为优秀的基金产品。

第 5 步：投资者对各大类资产进行数据回测与分析。投资者在完成对各大类资产的分类、投资比例的确定、数据收集与整理后，还需要对各大类资产进行数据回测与分析。具体来说，投资者可以统计各大类资产在过去五年里的年化收益率、年化波动率、最大回撤及其他重要的指标，然后投资者可以根据自己的实际情况进行收益与风险的测算，进而找到最适合自己的组合基金定投方案。在这里，投资者需要回答两个重要的问题。

（1）为什么我们要对历史数据进行回测？通过对投资组合中的标的进行历史数据的回测，我们可以知道：基于过去已经存在的真实行情数据，我们使用某一种或多种交易策略可以得到什么样的投资回报或者我们需要忍受什么样的投资回撤。换句话说，基于对历史数据进行回测得出的分析结论可以在一定程度上指导投资者对现在或者未来的行情进行判断。

（2）为什么我们要选择过去三年、五年或者更长时间区间内的数据进行统计分析？通过对过去三年、五年或者更长时间区间内的数据进行历史回测，投资者可以发现每类资产的投资收益率与波动率会存在一个相对固定的波动区间。我们可以将这个相对固定的波动区间理解为证券投资标的投资收益与风险之间的相对阈值。如果一款基金产品的预期收益率远远超过同类基金产品的历史收益率，那么投资者需要保持特别谨慎的投资态度，谨防遇到虚假宣传的基金产品。

第 6 步：投资者筛选最优的测试结果。投资者在完成对各大类资产历史数据的回测与分析后，还需要尽量筛选出最优的测试结果。在实际交易中，由于每个投资者的基本情况（如年龄、投资经验、资金体量、预期投资收益率、风险承受能力等）不同，所以他们会有不同的"最优"大类资产配置测试结果。换句话说，每个投资者会有适合自己实际情况的资产配置方案。值得投资者注意的是，最优的大类资产配置测试结果不一定是最适合投资者的资产配置方案，但是最适合投资者的资产配置方案也许是投资者最想要的测试结果。

通过对历史数据进行回测，投资者可以找到最适合自己的资产配置方案。在这个资产配置方案中，如果股权类资产占 A%，债权类资产占 B%，现金类资产占 C%，其他类资产占 D%，那么投资者可以将不同类型的性价比相对较高的基金产品分别放入各大类资产中。具体来说，投资者可以将优秀的股票型基金产品配置到股权类资产中，将优秀的债券型基金产品配置到债权类资产中，将优秀的货币型基金产品配置到现金类资产中，将优秀的另类资产配置到其他类资产中。至于如何筛选优秀的或者性价比相对较高的基金产品，投资者可以参考第 3 章的具体内容。

第 7 步：投资者定期复盘梳理组合基金的配置方案。市场行情是实时变化的，而投资者的配置方案是静态不变的，这就要求投资者要定期复盘检视自己的配置方案是否能够适应当前市场行情的发展。具体来说，投资者可以分以下三种情况对组合基金的配置方案进行复盘梳理。

第一，当基金市场的行情呈现整体上涨的趋势时，如果投资者的组合基金长期跑输业绩基准，那么投资者需要认真分析、研究其组合基金出现亏损的原因，并决定是否要对组合基金进行适当的调整。

第二，当基金市场的行情呈现整体下跌的趋势时，如果投资者的组合基金长期跑赢业绩基准，那么投资者可以继续坚持科学的基金定投并耐心等待"微笑曲线"的到来。值得投资者注意的是，当基金市场行情整体较差时，如果基金产品本身没有问题，那么投资者可以继续坚持基金定投并在熊市行情中不断积攒基金份额，进而在行情转好的时候赚取投资收益。

第三，如果投资者的组合基金里面有一只基金出现了重大风险事件，那么投资者需要认真考虑一下是否要对组合基金进行适当的调整。

综上所述，投资者在买完基金产品后，需要定期（如每个月、每两个月或者每三个月等）关注基金市场的整体行情与具体基金产品的业绩情况。换句话说，投资者需要定期复盘梳理组合基金的配置方案并根据市场行情进行适当性的调整。

8.3 单一基金定投与组合基金定投的比较

对单一基金产品来说，当不同基金产品的投资风险的差异相对较小时，投资者可以优先选择那些投资收益相对较高的基金产品；当不同基金产品的投资收益的差异相对较小时，投资者可以优先选择那些投资风险相对较小的基金产品。与此同时，投资者还可以参考一些重要的金融指标来帮助自己筛选优质的基金产品。投资者在筛选完单一基金产品后，就可以采用科学的方法来进行基金定投了。

但是，值得投资者注意的是，单一基金定投的投资风险相对较大。我们以股票型基金产品为例来说明。2014 年 8 月 8 日，由中国证监会发布的《公开募集证券投资基金运作管理办法》正式开始实施。在该管理办法中，股票型基金的仓位下限由原来的 60%调整为 80%。也就是说，当 80%以上的基金资产投资于股票时，该基金产品才可以被划分为股票型基金产品。换句话说，当市场出现较大程度的单边下跌行情时，如果投资者的单一基金定投持仓恰好是股票型基金产品，那么他的基金账户在大概率上会出现较大程度的净值回撤。如果投资者不想只依靠单一基金定投，那么他可以优先选择组合基金定投的投资方式来提高投资收益。同时，组合基金定投也可以更大程度地分散投资风险。

对组合基金产品来说，投资者可以先将多款基金产品按照各大类资产"最优"配置比例进行综合配置，然后尽可能地做到定期复盘梳理组合基金的配置方案。

在本章的内容中，投资者学习了如何使用组合基金定投的投资方式来分散投资过程中可能会遇到的非系统性风险。首先，投资者学习了投资组合理论的定义、前提假设条件、投资组合有效边界模型、资本资产定价模型，以及投资组合与相关系数等方面的具体内容。其次，投资者学习了如何按照 7 个步骤来具体实践组合基金定投。具体步骤如下所示。

（1）投资者综合评估自己的基本情况、投资经验、风险承受能力，以及可投资金的额度。

（2）投资者对各大类资产进行分类。

（3）投资者确定各大类资产的投资比例。

（4）投资者对各大类资产进行数据收集与整理。

（5）投资者对各大类资产进行数据回测与分析。

（6）投资者筛选最优的测试结果。

（7）投资者定期复盘梳理组合基金的配置方案。

通过对比，投资者可以发现：当市场出现较大程度的单边下跌行情时，如果投资者只采用单一基金定投的投资方式，那么他的基金账户可能会出现较大程度的亏损。为了避免基金账户出现较大程度的亏损，投资者可以通过组合基金定投的投资方式来有效地降低投资过程中可能会遇到的非系统性风险。

9

第 9 章

写给投资小白的几点建议

在前面的章节中，我们一起学习了基金与基金定投的基础知识、如何筛选优质的基金产品、如何比较不同的基金产品、如何进行基金定投、基金定投与风险控制，以及如何进行组合基金定投等重要内容。

在本章中，笔者为投资小白梳理了一些实用的投资建议。这些建议具体包括写给投资小白的理财建议、投资小白购买银行理财产品的注意事项、投资小白购买私募基金的注意事项。

9.1 写给投资小白的理财建议

1. 理财从何时开始

当人们谈论投资理财时，很多投资小白会说："等我有空了，我得好好学习一下理财知识与方法；等我有钱了，我得好好规划一下自己的理财计划。"在通常情况下，投资小白在说完这些话之后，就真的只是说完了，没有了下文。现在，就让笔者来回答投资小白这些常见的问题。

第一，投资小白想学理财知识与方法，但是没有时间，怎么办？关于这个问题，正在阅读本书的你应该已经有了答案，那就是坚持基金定投。第二，投资小白想制订自己的理财计划，但是没有很多钱，怎么办？关于这个问题，正在阅读本书的你应该也已经有了答案，那就是通过基金定投来强制自己储蓄，哪怕每个月存下 500 元或者 1000 元。只要长期坚持基金定投，投资小白就可以为自己存下一笔数目不小的资金。第三，投资小白有时间学习但没学明白理财知识，怎么办？关于这个问题，正在阅读本书的你应该已经可以抢答了，那就是通过阅读本书的内容，投资小白可以全面系统地学习基金定投的基础知识与重要内容。

投资理财很重要，将投资理财付诸实践更加重要。投资理财从何时开始都不算晚，只要你肯开始规划投资理财，就已经迈出了非常重要的一步。

2．理财不应只追求高收益

绝大多数人都想在相对较短的时间内赚取相对较多的资金，进而让家人与自己的生活质量变得更好。为了实现这个美好的心愿，投资小白需要正确认识理财产品和自己的风险承受能力。具体分析如下所示。

第一，投资小白需要正确认识理财产品。投资小白在正确认识理财产品之前，需要先正确认识投资的收益性、风险性、流动性三者之间的关系。当投资小白在某款理财产品的宣传标语上看到"高收益、低风险或零风险"等字样时，需要保持高度谨慎的投资态度。这是因为投资的收益性与风险性之间是正比关系。当投资小白想要获取较高的投资回报时，需要承受一定的投资风险。也就是说，单纯地追求投资理财的高收益而不想承受与之相对应的风险是不现实的。

第二，投资小白需要正确认识自己的风险承受能力。首先，投资小白可以根据自己的资产情况、负债情况、家庭情况等因素全面地评估自己的风险承受能力。其次，投资小白可以根据自己的风险承受能力来对基金产品或者其他理财产品进行综合筛选。在通常情况下，基金产品或者其他理财产品的风险等级可以分为 R1 级、R2 级、R3 级、R4 级、R5 级五个等级。其中，R1级风险最低，R5 级风险最高。投资者可以根据自己的风险承受能力来选择适合自己的理财产品，不能只追求高收益而忽视与之相对应的风险。

3．每月赚多少钱可以理财

在现实生活中，投资理财是一门必修课，尤其是基金定投。不论是投资小白还是经验丰富的投资者，他们都应该充分利用自己的金融知识来管理手中的资产，努力让财富实现保值或者增值。

通过学习本书前几章的内容，投资小白可以知道即使每个月只能节余1000 元钱，只要长期坚持基金定投，也可以在大概率上获得一份不错的投资回报。现在，我们直接用基金定投的历史数据来举例。

例 1：假设投资者从 2010 年 9 月 1 日开始，每个月强制自己储蓄 1000 元并坚持定投基金产品"博时精选混合 A"（中等偏上排名的基金产品），那么截至 2020 年 9 月 1 日，该投资者的账户总资产高达 220510.38 元，如表 9-1 所示。期间，该投资者累计投入的本金为 12 万元，基金定投总收益为 100510.38 元，定投总收益率约为 83.76%。

例 2：假设投资者从 2010 年 9 月 1 日开始，每个月强制自己储蓄 1000 元并坚持定投基金产品"景顺长城新兴成长混合"（头部排名的基金产品），那么截至 2020 年 9 月 1 日，该投资者的账户总资产高达 410922.56 元，也如表 9-1 所示。期间，该投资者累计投入的本金为 12 万元，基金定投总收益为 290922.56 元，定投总收益率约为 242.44%。

表 9-1 基金定投（10 年）收益测算

定投基金名称	博时精选混合 A	景顺长城新兴成长混合
基金排名	中等偏上排名	头部排名
定投开始日	2010 年 9 月 1 日	
定投结束日	2020 年 9 月 1 日	
定投周期	每月 1 次	
定投日	每月 1 日	
定投金额（元）	1000	
申购费率	1%	
分红方式	红利再投资	
开始日是否首次扣款	是	
投资期数	120	
投资总本金（元）	120000	
平均申购成本（元）	1.3210	0.8051
期末总资产（元）	220510.38	410922.56
定投总收益（元）	100510.38	290922.56
定投总收益率	**83.76%**	**242.44%**
定投年化收益率	11.70%	23.26%

数据来源：东方财富 Choice 数据，笔者测算。

通过分析上述两款基金产品的历史定投数据，我们可以发现：即使投资者每个月定投的资金并不多，他依然可以在定投期末获得一份很不错的投资回报。因此，无论投资者的资金量是大还是小，只要他坚持基金定投，坚持用科学的方法进行理财，他都可以获得一份不错的投资回报。

4. 选择合适的投资品种

在金融市场上，现存的投资品种主要有银行固定收益类产品、股票、基金（公募基金、私募基金）、商品投资、信托产品及期权等。不同的投资品种具有不同的投资门槛。与此同时，不同的投资品种也具有不同的收益性、风险性、流动性。投资者可以根据自己的资金情况、风险承受能力、风险偏好水平决定选择哪些投资品种进行投资。

对普通投资者来说，基金定投也许是性价比最高的投资方式，原因主要有以下三点。第一，基金定投可以实现强制储蓄。对没有大量存款或者闲置资金的普通投资者来说，坚持基金定投可以帮助他们轻松实现强制储蓄。通过长期坚持基金定投，普通投资者可以存下一笔数目不小的资金。

第二，基金定投无须盯盘。对"上班族"来说，基金定投无须盯盘，只需要在手机交易软件上设置好每月自动扣款的日期与金额即可。

第三，基金定投无须自己择时。对绝大多数普通投资者来说，如何准确地择时是非常具有挑战性的一件事。投资小白经常满怀信心地进入股市，期待着自己能够在股市中赚到一笔可观的收入。实际上，梦想很美好，现实很残酷。投资小白经常发现自己又成功地做了"反指小能手"，从而遗憾地亏损离场。如果投资小白选择定时、定额地进行基金定投，那么他就无须自己费心地进行择时了，进而也可以避免主观判断的失误。总之，无论投资者选择哪种投资品种，只要适合自己的实际情况就好。

5. 学习科学的投资方法

理财是一件说起来容易但执行起来比较困难的事情。对投资小白来说，基金是性价比最高的投资品种，基金定投是性价比最高的投资方式。为了实现资产的保值与增值，投资小白要学习并掌握科学的投资方法，具体表现为以下三点。

第一，要提前做好理财知识的储备。投资小白在决定进行基金定投之前，要认真学习基金与基金定投的基础知识，如基金的净值、基金的份额、基金的收益与风险、基金的分类、如何筛选一款优秀的基金产品，以及如何对持有的基金产品进行止盈或止损管理等内容。

第二，要避免进入常见的基金定投误区。我们将常见的基金定投误区归纳为以下六个，供投资小白参考。

> ➢ 误区一：等到将来有钱再投资。

> ➢ 误区二：盲目止损。

> ➢ 误区三：频繁进行短线交易。

> ➢ 误区四：误解分散投资。

> ➢ 误区五：只追求收益而忽略风险。

> ➢ 误区六：偏听理财顾问的理财建议。

第三，要避免盲目自信。投资小白充满自信是好事，但是过度自信则是负面的，也会影响投资决策与投资收益。如果投资小白掌握了科学的投资方法并坚持基金定投，那么他可以在很大程度上避免决策失误。

6. 长期管理好三大类资产

在通常情况下，我们可以将资产主要分为投资性资产、流动性资产、保障性资产，这三类资产在我们普通人的日常生活中至关重要，缺一不可。具体分析如下所示。

1）理财要管理好长期投资性资产

投资性资产是指那些可以长期用来投资的资产。在实际投资过程中，我们建议投资小白将未来 3～5 年甚至在更长时间内不会用到的资金放入投资性资产中。具体来说，投资小白可以将投资性资产投资于银行固定收益类理财产品、股票、债券、基金及金融衍生品等投资品种中，进而实现资产的保值与增值。对投资小白来说，公募基金的投资门槛相对较低，投资思路相对较容易理解，投资操作也相对较容易执行。

通过长期坚持基金定投，投资小白不仅可以每月强制自己储蓄，还可以有效地管理好自己的长期投资性资产，充分提高投资性资产的投资效率，进而让自己的"钱袋子"越来越"鼓"。

2）理财要预留好短期流动性资产

流动性资产是指日常生活开销及应急管理资金。我们在管理好投资性资产后，还要预留个人或者家庭的流动性资产用来应对日常生活中的固定开销及其他临时性支出。在实际投资过程中，我们建议投资小白将 1 年内需要使用的资金放入流动性资产中。对于这部分资产的数目是多少，没有一个统一的标准，大家可以根据自己的实际情况来决定。

3）理财要预备好终身保障性资产

保障性资产是指那些用来保障人们基本生存与生活的资产，如患急性重大疾病时治病的钱、发生意外事故时应急的钱，以及为了应对其他可能会严重影响人们基本生活质量的事件而不得不支付的钱。

在现实生活中，虽然大部分人都有社会医疗保险，但是依然有不少家庭会面临各种各样的实际困难。如果这样的家庭还有房贷与车贷要还，那么巨额的医疗费用与银行贷款会让他们的经济情况更加捉襟见肘。所以我们建议投资者提前理性地做好应对风险事件的规划。

7. 理财要有持之以恒的耐心

在投资理财的道路上，无论是投资小白还是投资经验丰富的高手，大家都要保持终身持续学习的心态。毕竟投资理财是一辈子的事，投资者要不断迭代自己的知识储备，学会以不变应万变。

如果我们将投资理财比喻成心中爱慕已久的"女神"，那么我们可以总结出一条规律——"你不理她，她不理你；你若爱她，必须懂她。我们必须常常关心心爱的女神，也要明白她的心思。只要我们长期以一颗真诚的心不断努力，获得美人心的概率就会不断提高"，正所谓"精诚所至，金石为开"。换句话说，我们必须常常关心投资理财，也要理解与投资理财相关的各种知识与交易规则。当我们以持之以恒的耐心去坚持基金定投时，投资理财的收益率也会在不经意间提高，最终迎来喜人的投资收益。

8. 理财会让我们的生活更加美好

坚持科学地筛选基金、坚持科学地基金定投，以及坚持科学地投资理财，会让我们的资产实现保值与增值，会让我们的心态更加理性、平和，会让我们有更多的时间去陪伴家人，会让我们有更多的精力去做自己喜欢的事情，进而会让我们的生活更加美好。

美国斯坦福大学心理学教授卡罗尔·德韦克在《终身成长》一书中表达了这样的思想：在追求目标实现与获取成功的过程中，人的思维模式往往起着决定性的关键作用，而人的能力与天赋并不是最核心的影响因素。也就是说，在我们追求投资回报的过程中，我们的思维模式是最重要的，而我们的能力与天赋相对来说没有那么重要。在投资理财的过程中，坚持科学地筛选基金与坚持基金定投对投资理财的收益情况起着决定性的作用。与此同时，基金定投对投资者的能力与天赋也没有特别的要求，投资者只需要持之以恒地采用科学且正确的方法做好基金定投即可。

9.2　投资小白购买银行理财产品的注意事项

当投资小白计划购买银行理财产品时，主要可以从以下七个方面来考虑，具体分析如下。

第一，产品是否有保本条款。当投资小白决定在银行购买一款理财产品时，他需要先确认自己是要购买保证收益理财产品还是要购买非保证收益理财产品。如果投资小白要买到期能够保本的理财产品，那么他需要在产品合同中找到保本条款。如果产品合同中未提及到期保本条款，那么投资者需要谨慎对待。此外，值得注意的是，"保本保息"的理财产品将逐渐成为过去式。

第二，关于产品的预期收益率。在通常情况下，产品的预期收益率是一个估计值，并不能代表日后产品的实际收益率。同时，理财产品的宣传海报与理财经理的口头介绍也不能代表日后产品的实际收益率。如果一款银行理财产品的收益率特别高，是其他产品的两三倍甚至更高，此时投资小白要特别小心，因为高收益与高风险是与生俱来的"好朋友"，千万不要只顾着高收益而忽视了潜在的投资风险。

第三，关于产品的存续期限。银行理财产品的存续期限有长有短，如果投资小白只想投资一年，那么就不要购买存续期限为两年或者更长时间的理财产品。投资小白在签产品购买合同之前，需要确认一下产品的存续期限。

第四，关于产品的结构。如果一款银行理财产品属于结构性理财产品，那么投资小白需要了解产品的挂钩标的属于哪种金融衍生品。对于不熟悉或者风险较大的挂钩标的，投资小白需要谨慎对待。

第五，关于产品的赎回条款。有的银行理财产品是不允许提前赎回的，而有的银行理财产品虽然允许提前赎回，但是需要投资者缴纳一定的赎回费用。因此，投资者在购买银行理财产品之前，需要确认产品的赎回条款，以备未来不时之需。

第六，关于产品的资金投向。很多投资者在购买银行理财产品之后，大概只记得投资期限与预期收益率。如果要问理财产品的具体投资方向，投资者可能就回答不出来了。因此，投资小白需要仔细阅读产品合同中的投资范围，同时也要对计划买入的理财产品的具体投资方向了如指掌，避免买入风险极大的理财产品。

第七，并不是所有的理财产品都适合在银行购买。在通常情况下，投资者可以在银行看到两种类型的理财产品，即银行自营的理财产品与银行代销的理财产品。银行自营的理财产品是指银行自己发行的理财产品，银行对该类产品最终的本金与收益情况负有责任。为了避免买到"假冒的"银行自营理财产品，投资小白可以按照以下 3 个步骤来确认一款理财产品是否属于银行自营的理财产品。

第 1 步：找到产品登记编码。在理财产品的产品说明书或产品合同中找到相应的产品登记编码。产品登记编码通常以大写英文字母 C 开头，随后跟着 13 位阿拉伯数字，累计共 14 位。

第 2 步：打开中国理财网。中国理财网是经原中国银行业监督管理委员会同意建立的银行业金融机构理财业务服务网站。投资小白可以利用该网站进行相关银行理财产品的查询。

第 3 步：输入产品登记编码。在中国理财网首页的搜索框里，投资小白可以输入产品登记编码，如图 9-1 所示。在输入产品登记编码之后，如果投资小白可以查询到相应的理财产品，那么该款产品就是货真价实的银行自营理财产品；如果投资小白查询不到相应的理财产品，那么该款产品就是"假冒的"的银行自营理财产品。

图9-1 中国理财网首页的搜索框

银行代销的理财产品包括基金产品、保险产品、信托产品、贵金属产品、外汇产品、国债产品等。银行对其代销的理财产品最终的本金与收益情况并不负有责任，只是为客户提供购买该理财产品的渠道。因此，投资小白在购买银行理财产品之前要明确一下自己买的是银行自营的理财产品还是银行代销的理财产品。如果购买的是银行代销的理财产品，那么投资小白需要提前了解管理该理财产品的机构的基本情况、过往投资业绩及风控能力等。

9.3 投资小白购买私募基金的注意事项

私募基金是指以非公开的方式向特定对象募集资金并进行证券投资、股权投资、创业投资、其他私募投资或者私募资产配置的基金。相较于公募基金，私募基金的投资门槛相对比较高，最低投资金额为 100 万元。同时，私募基金不能随时申购或者赎回，只能在合同约定的开放期内申购或者赎回。

当一个投资小白想要投资私募基金时，他主要可以从以下 5 个方面来考虑，即私募基金的分类、如何查询私募基金管理人的信息、如何查询私募基金产品的信息、私募基金的信息披露，以及私募基金的风险提示。

1. 私募基金的分类

私募基金管理人大致分为以下四类：一是私募证券投资基金管理人，二是私募股权、创业投资基金管理人，三是其他私募投资基金管理人，四是私募资产配置类管理人。截至 2020 年 10 月 24 日，市场上现存 8793 家私募证券投资基金管理人，14891 家私募股权、创业投资基金管理人，673 家其他私募投资基金管理人，以及 9 家私募资产配置类管理人，如表 9-2 所示。

表 9-2 私募基金管理人与私募基金分类

私募基金管理人类型	私募基金管理人数量（家）	发行的私募基金类型
私募证券投资基金管理人	8793	私募证券投资基金
私募股权、创业投资基金管理人	14891	私募股权、创业投资基金
其他私募投资基金管理人	673	其他私募投资基金
私募资产配置类管理人	9	私募资产配置基金

资料来源：中国证券投资基金业协会，数据截至 2020 年 10 月 24 日。

在通常情况下，私募证券投资基金管理人发行的基金产品称为私募证券投资基金；私募股权、创业投资基金管理人发行的基金产品称为私募股权、创业投资基金；其他私募投资基金管理人发行的基金产品称为其他私募投资基金；私募资产配置类管理人发行的基金产品称为私募资产配置基金。接下来，我们将为投资者分别介绍每种私募基金的情况。

第一，关于私募证券投资基金。私募证券投资基金是指以证券投资为主要投资方向的私募基金。其中，证券投资的标的主要包括股票、债券、基金等有价证券。截至 2020 年 10 月 24 日，市场上现存的私募证券投资基金管理人有 8793 家。

第二，关于私募股权、创业投资基金。私募股权、创业投资基金是指以股权投资与创业投资为主要投资方向的私募基金。截至 2020 年 10 月 24 日，市场上现存的私募股权、创业投资基金管理人有 14891 家。私募股权、创业投资基金的投资方向主要为一级或者一级半市场，与投资于二级市场的股票型基金有着本质的不同。

第三，关于其他私募投资基金。其他私募投资基金的投资范围比较广泛，如影视文化、基础设施建设、地产、养老、艺术品等。换句话说，如果一款私募基金产品的投资方向不是证券、股权、创业投资或者资产配置，那么该基金产品在大概率上属于其他私募投资基金。截至 2020 年 10 月 24 日，市场上现存的其他私募投资基金管理人有 673 家。

第四，关于私募资产配置类基金。2019 年 2 月，首批私募资产配置类管理人获准备案登记。同年 7 月，业内首只私募资产配置基金完成协会备案。截至 2020 年 10 月 24 日，市场上现存的私募资产配置类基金管理人有 9 家。

2．如何查询私募基金管理人的信息

在通常情况下，如果一个投资小白想要购买私募基金产品，那么他需要先对私募基金管理人的基础情况进行了解。他可以具体参考以下 5 个步骤。

第 1 步：打开中国证券投资基金业协会的官网首页。根据《中华人民共和国证券投资基金法》和《社会团体登记管理条例》，中国证券投资基金业协会是由国务院批准的证券投资基金行业的自律性组织。同时，中国证券投资基金业协会也是受中国证监会监督管理的组织。换句话说，中国证券投资基金业协会官方网站披露的信息是值得投资者信赖的信息。在这里，投资小白可以查询到市场上现存的在监管机构进行备案的阳光私募基金管理人，以及它们发行的相关私募基金产品等公示信息。

第 2 步：在中国证券投资基金业协会官网首页找到"信息公示"一栏。在这里，投资者可以查询到具体的"机构公示"信息，如图 9-2 所示。

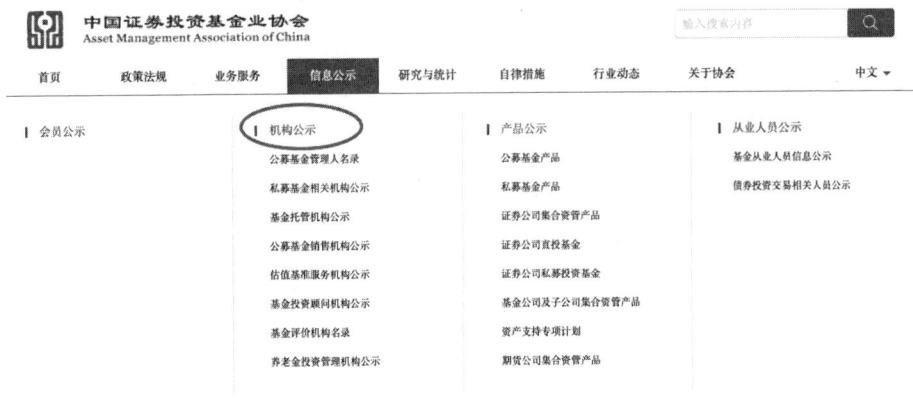

图 9-2　中国证券投资基金业协会官网首页"信息公示"一栏中的"机构公示"

第 3 步：找到"私募基金相关机构公示"一项。在"机构公示"中，投资者可以找到"私募基金相关机构公示"一项，如图 9-3 所示。在单击"私募基金相关机构公示"后，投资小白可以在界面中查询到"私募基金管理人

分类查询公示"与"私募基金管理人登记办理流程公示"等信息，如图 9-4
所示。

图 9-3　"机构公示"中的"私募基金相关机构公示"

图 9-4　"私募基金相关机构公示"界面

　　第 4 步：查看私募基金管理人的具体情况。如果一个合格的高净值投资
者想要购买私募基金产品，但是他又不知道应该如何筛选私募基金管理人，
那么他可以先从私募基金管理人的分类进行了解。在"私募基金管理人分类
查询公示"中，投资者可以查询到私募基金管理人的基金规模、诚信信息、
提示信息等，如图 9-5 所示。

图9-5　"私募基金管理人分类查询公示"界面

具体来说，在"基金规模"一栏中，投资者可以看到私募证券基金（自主发行或者顾问管理）、私募股权基金、创业投资基金、其他私募基金、私募资产配置基金这些更细的分类，如图9-6所示。投资者可以根据自己的投资偏好来选取不同规模的私募基金管理人。

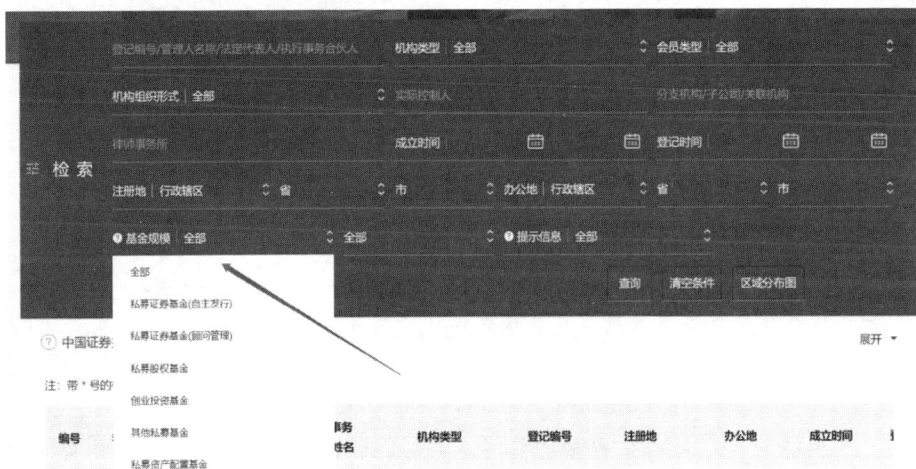

图9-6　私募基金管理人的"基金规模"

在"诚信信息"一栏中，投资者可以看到全部、不存在诚信信息、存在诚信信息三项内容，如图9-7所示。当投资者对私募基金管理人进行筛选时，应选取长期诚信记录较为良好的私募基金管理人。

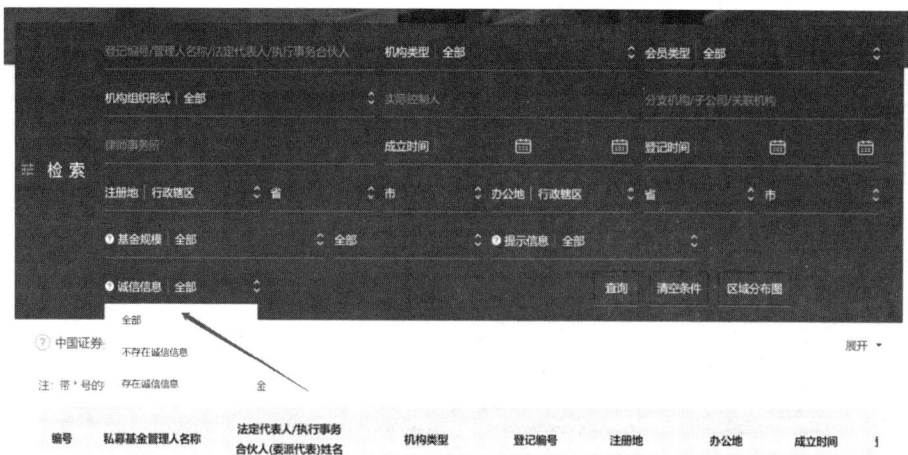

图9-7　私募基金管理人按照"诚信信息"进行分类

在"提示信息"一栏中，投资者可以看到全部、不存在提示信息、存在提示信息三项内容，如图9-8所示。当投资者对私募基金管理人进行筛选时，应优先选择"不存在提示信息"的私募基金管理人。

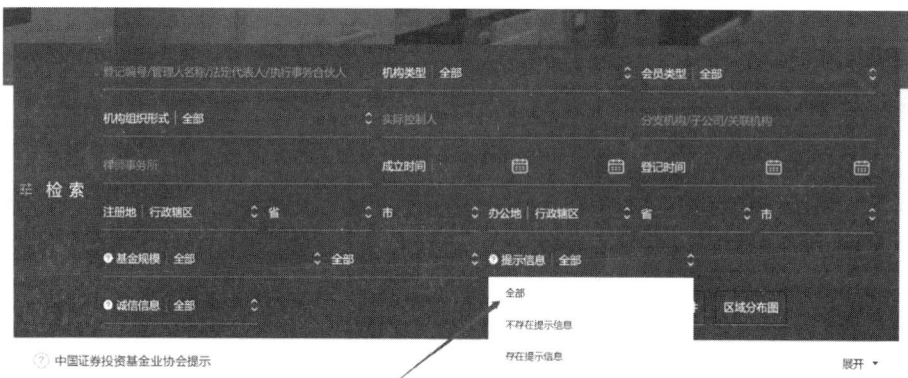

图9-8　私募基金管理人按照"提示信息"进行分类

第5步：查看具体私募基金管理人的综合情况。通过上述4个步骤，投资者可以筛选出具体的私募基金管理人。

3．如何查询私募基金产品的信息

在通常情况下，如果一个投资小白想要购买私募基金产品，那么他需要对该基金产品的综合情况进行了解。具体来说，他可以参考以下4个步骤。

第 1 步：在中国证券投资基金业协会官网首页找到"信息公示"一栏。在这里，投资小白可以查询到具体的"产品公示"信息，如图 9-9 所示。

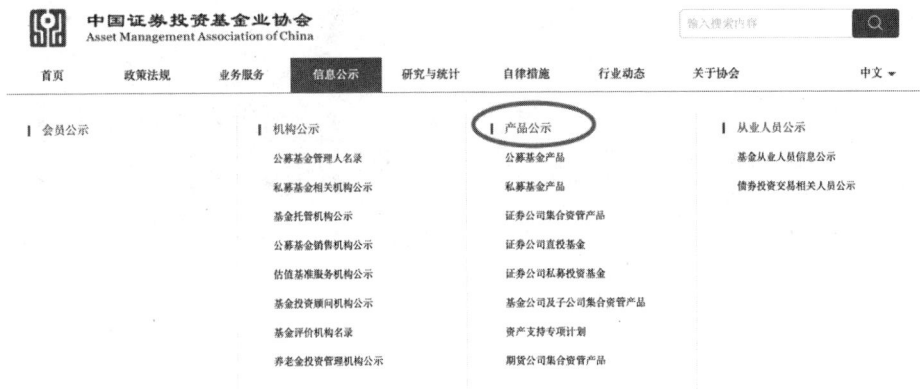

图 9-9　中国证券投资基金业协会官网首页"信息公示"一栏中的"产品公示"

第 2 步：找到"私募基金产品"一项。在"产品公示"一栏中，投资小白可以找到"私募基金产品"一项，如图 9-10 所示。在单击"私募基金产品"后，投资小白可以在界面中查询到"私募基金公示"信息，如图 9-11 所示。

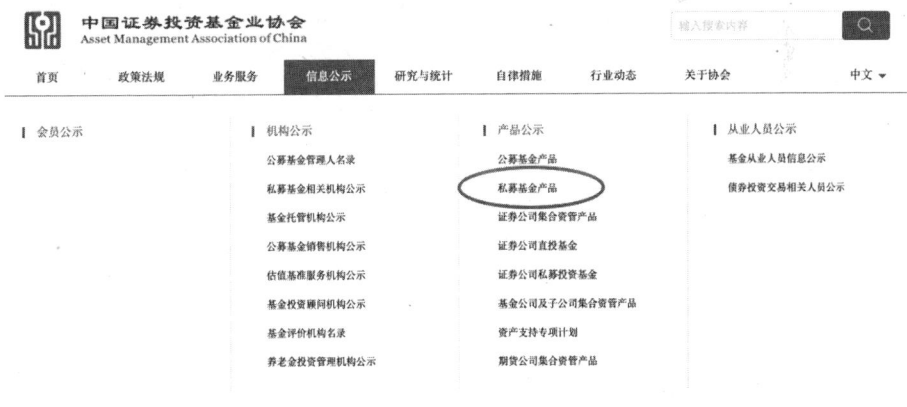

图 9-10　"产品公示"一栏中的"私募基金产品"

图 9-11 "私募基金公示"界面

第 3 步：查看具体私募基金产品的综合情况。在图 9-11 中，如果投资小白有心仪的私募基金管理人，那么他可以直接在"私募基金公示"界面中输入私募基金管理人的名称，然后找到该私募基金管理人旗下管理的所有基金产品。随后，投资小白可以对具体的基金产品进行分析研究。如果投资小白有心仪的私募基金产品，那么他可以直接在"私募基金公示"界面中输入基金产品的名称，然后单击"查询"进行检索。

第 4 步：查看私募基金产品的具体情况。投资者可以从 12 个方面对一款私募基金产品进行了解，这 12 个方面分别是基金名称、基金编号、成立时间、备案时间、基金类型、币种、私募基金管理人名称、管理类型、托管人名称、运作状态、基金信息最后更新时间，以及基金业协会特别提示（针对基金）。其中，投资者可以重点关注私募基金管理人名称、托管人名称、成立时间，以及备案时间等信息。

由于私募基金产品的投资门槛相对较高，涉及的投资金额也相对较大，我们建议投资小白在购买私募基金产品之前要在中国证券投资基金业协会的官网上进行查询。

在通常情况下，投资小白需要确认以下四点内容。第一，投资小白需要确认一家私募基金管理人是否真实存在。也就是说，投资小白需要确认该私募基金管理人是否已经在中国证券投资基金业协会完成备案公示。第二，投资小白需要确认一款私募基金产品是否真实存在。换句话说，投资小白需要确认该私募基金产品是否已经在中国证券投资基金业协会完成备案公示。第三，投资小白需要确认一款私募基金产品是否处于正常的运行状态中。如果投资小白看好一款私募基金产品，他还需要确认该基金产品是否还在正常运行。第四，投资小白需要确认一家私募基金管理人的机构类型和一款私募基金产品的管理类型分别是什么。

4．私募基金的信息披露

私募基金是指以非公开的方式向特定对象募集资金并进行证券投资、股权投资、创业投资、其他私募投资或者私募资产配置的基金。在私募基金的定义中，我们可以看到两个关键短语，即"非公开的方式"与"特定对象"。也就是说，私募基金管理人是不能通过公开宣传的方式（如公众媒体广告、讲座、报告分析会、微博、微信朋友圈、短信、邮件等）向广大投资者进行资金募集的。同时，参与购买私募基金产品的投资者必须是合格的个人或者投资机构。

私募基金是不能对外进行公开宣传的，这就使得外界大部分的投资者对私募基金的了解相对较少。如果投资者想要了解私募基金管理人与其管理运行的基金产品的备案情况，他可以在中国证券投资基金业协会官网首页"信息公示"一栏中查询具体的公示信息。值得投资者注意的是，这些公示信息并不包括基金产品的业绩信息。也就是说，外部投资者很难及时准确地了解私募基金产品具体的业绩信息。

针对这种情况，中国证券投资基金业协会要求私募基金管理人定期就其发行的私募基金产品的运行情况向本协会进行信息披露。具体来说，私募基金管理人要定期披露其旗下管理的私募基金产品的月报、季报、半年报，以及年报的信息。与此同时，私募基金管理人也要定期向它的投资者披露基金业绩与产品运行情况，以确保投资者知晓其持有的基金产品的最新情况。与私募基金相比，公募基金的信息披露就显得更加公开、及时、透明。

5．私募基金的风险提示

关于私募基金的风险提示，投资者主要可以从以下几个方面进行考虑。

第一，私募基金管理人不得承诺保本、保收益。根据中国证监会发布的《私募投资基金监督管理暂行办法》，私募基金管理人在募集资金的过程中需要遵循两项"不得"的法律法规，即私募基金管理人不得向投资者承诺投资本金不受损失、私募基金管理人不得向投资者承诺投资的最低收益。换句话说，如果一家私募基金管理人向投资者"口头承诺"了投资保本或者投资的最低收益，那么投资者在做出投资决策时是需要提高警惕的，因为这种"口头承诺"是不受法律法规保护的。

第二，私募基金管理人是否已经完成基金业协会备案。如果投资者想要了解某家私募基金管理人的基本信息，那么该投资者需要先确认该私募基金管理人是否已经在基金业协会完成备案。如果该投资者在中国证券投资基金业协会官网的"私募基金相关机构"公示信息中没有查询到相关的私募基金管理人的信息，那么他可能需要保持谨慎的决策态度。

第三，私募基金产品是否已经完成基金业协会备案。如果投资者想要购买某款私募基金产品，那么投资者可以参考以下两个步骤。第一步，确认发行该私募基金产品的私募基金管理人是否已经完成基金业协会备案。第二步，确认该私募基金产品是否已经完成基金业协会备案。具体来说，在中国证券投资基金业协会官方网站首页，投资者可以找到"私募基金产品"一项。在这里，投资者可以直接输入私募基金产品的名称进行检索查询。如果投资者在"私募基金公示"界面中没有查询到相关的私募基金产品的信息，那么他可能需要保持谨慎的决策态度。

第四，私募基金产品的流动性风险。对开放式私募基金产品来说，私募基金管理人可以在私募基金合同中约定的基金开放日为投资者进行申购或者赎回操作。如果投资者急需赎回基金，那么他也可以跟私募基金管理人进行协商，看看能否设置一个基金临时开放日以进行相关的操作。如果基金合同已经明确约定了基金的封闭期或锁定期，那么投资者在该封闭期或锁定期内是不能随意进行申购或者赎回操作的。此时，投资者可能要面临一定的资金流动性风险。

综上所述，投资者在选取私募基金产品之前，要从多个方面对私募基金产品进行综合评估。